DER GROSSE ERZIEHUNGSRATGEBER

Das 3 in 1 Buch

Gewaltfreie Kommunikation

Hochsensible Kinder

Pubertät

Für eine positive Entwicklung und eine harmonische Eltern-Kind-Beziehung

mit praxiserprobten Methoden

Katharina Herz

Anna Marie Wagner

Originale Erstauflage

Softcover: 978-3-98512-079-6

Redaktion: ENKHCHULUUN LEEGE

Lektorat: Matthias Kramer

Druck/Auslieferung: Amazon.com oder eine Tochtergesellschaft

Cover: Evgeny Atamanenko - shutterstock.com

Impressum:

Enckchuluun Leege

YouVenture! GmbH

Rathausallee 76

22846 Norderstedt

Wir wünschen viel Vergnügen beim Lesen!

DER GROSSE ERZIEHUNGSRATGEBER

YouVenture! GmbH

INHALTSVERZEICHNIS

GEWALTFREIE KOMMUNIKATION **5**

Vorwort **6**

Kapitel 1: Grundlagen der gewaltfreien Kommunikation **12**

Kapitel 2: Was ist heutzutage unter Kommunikation zu verstehen? **15**

Kapitel 3: Wo beginnt die psychische Gewalt? **24**

Kapitel 3.1: Mögliche Folgen der psychischen Gewalt 31

Kapitel 4: Die Rosenberg-Methode **38**

Kapitel 4.1: Beobachten 40
Kapitel 4.2: Gefühl 41
Kapitel 4.3: Bedürfnis 42
Kapitel 4.4: Bitten 42

Kapitel 5: Zu einem Konflikt gehören immer zwei **43**

Kapitel 5.1: Wie streitet man eigentlich richtig? 51

Kapitel 6: Sympathie & gewaltfreie Kommunikation **57**

Kapitel 7: Was löst eine gewaltvolle Kommunikation aus? **60**

Kapitel 7.1: Wie umgehen wir die gewaltvolle Kommunikation? 63
Kapitel 7.2: Mein Kind mobbt andere Kinder 68

Kapitel 8: Auflösen von Gewalt geprägten Kommunikationen .. **72**

Kapitel 9: Was tun, wenn wir selber die Ursache sind? **75**

Kapitel 10: Typen: Welcher sind Sie? **78**

Kapitel 10.1: Die jeweiligen Typen und ihre Stärken & Schwächen (für Erwachsene) 80
Kapitel 10.2: Die jeweiligen Typen und ihre Stärken & Schwächen (für Eltern und Kinder) 82

Kapitel 11: Was fördert nicht die gewaltfreie Kommunikation? **84**

Kapitel 12: Über den Tellerrand schauen **86**

Kapitel 12.1: Wie wollen wir wahrgenommen werden? 87
Kapitel 12.2: Was löst gewaltvolle Kommunikation bei Kindern aus? 91

Kapitel 13: Gehe hundert Schritte in den Schuhen des anderen, wenn du ihn verstehen willst **93**

Resümee **95**

HOCHSENSIBLE KINDER **96**

Vorwort **97**

Kapitel 1: Hochsensibel oder hochsensitiv? **101**

Kapitel 1.1: Hochsensibel – in eine komplett andere Welt eintauchen und sie verstehen 104

Kapitel 2: Umgang mit Mobbing und Präventivmaßnahmen ... **109**

Ursachen von Mobbing 110
Mobbing als System 112
Was ist der No Blame Approach? 113
Wie Sie als Eltern Mobbing-Prävention leisten können 114
Wie Sie Ihr Kind stark gegen Mobbing machen 115
Wie Sie erkennen, dass Ihr Kind gemobbt wird 116
Was Sie tun sollten, wenn Ihr Kind gemobbt wird 118
Was tun bei Cybermobbing? 121
Wie weit Sie als Eltern gehen dürfen 122

Kapitel 3: Grundlegendes über die Sinne eines Menschen **123**

Kapitel 3.1: Fühlen 126
Kapitel 3.2: Schmecken 131
Kapitel 3.3: Riechen 135
Kapitel 3.4: Hören 139
Kapitel 3.5: Sehen 144
Kapitel 3.6: Gravierende Unterschiede zwischen uns und den Hochsensiblen 150

Kapitel 4: Verschiedene Typen der Hochsensibilität **153**

Kapitel 4.1: Introversion 154
Kapitel 4.2: Neurotizismus 156
Kapitel 4.3: Empathie 157
Kapitel 4.4: Freimütigkeit 158
Kapitel 4.5: Alltägliche Herausforderungen für Hochsensible 160
Kapitel 4.6: Warum Hochsensibilität nicht schlecht sein muss 168

Kapitel 5: Hochsensibles Kind und nun? **171**

Kapitel 5.1: Erfolgreich alltägliche Kommunikation und Herausforderungen mit Kindern meistern 173
Kapitel 5.2: Die Hochsensibilität meines Kindes unterstützen – aber wie? 177
Kapitel 5.3: Hochsensibilität in der Schule 184

Kapitel 6: Hochsensibilität - Positiv gesehen **188**
Kapitel 6.1: Umgang in der Schule 190
Kapitel 6.2: Privater Umgang 195
Kapitel 7: Konzentrationstraining für hochsensible Kinder **199**
Kapitel 8: Hochsensibilität - Handy und Co. **202**
Kapitel 9: Hochsensibel - Der Test **204**
Résumé: Der Erwachsene achtet auf Taten, das Kind auf Liebe **205**
PUBERTÄT **206**
Vorwort **207**
Kapitel 1: Pubertät verstehen **210**
Kapitel 1.1: Pubertät - allgemeine Anzeichen der Anbahnung 214
Kapitel 1.2: Formen der verfrühten Pubertät 216
Kapitel 1.3: Biologisch gesehen 219
Kapitel 1.4: Pubertät kommt immer früher! 222
Kapitel 2: Pubertäre Prozesse im Körper **225**
Kapitel 2.1: Pubertät bei Jungs 226
Kapitel 2.2: Pubertät bei Mädchen 228
Kapitel 2.3: Gift für die Pubertät 230
Kapitel 3: Psychische Veränderungen **233**
Kapitel 3.1: Psychische Veränderungen bei Jungs 234
Kapitel 3.2: Psychische Veränderungen bei Mädchen 236
Kapitel 4: Die richtige Aufklärung **238**
Kapitel 4.1: Generationsunterschiede 241
Kapitel 4.2: Was bedeutet Sex für Jungs? 243
Kapitel 4.3: Und was bedeutet Sex für Mädchen? 244
Kapitel 4.4: Tinder und andere Dating Apps 246
Kapitel 4.5: Pornos 248
Kapitel 4.6: Missbrauch 249
Kapitel 5: Die erste Beziehung - echte Challenge **253**
Kapitel 5.1: Erste Übernachtung 255
Kapitel 5.2: Die Sache mit den Eltern 256
Kapitel 6: Interesse am gleichen Geschlecht **258**
Kapitel 6.1: Was Sie auf keinen Fall sagen sollten 260

Kapitel 7: Das Internet: Gefahren und Chancen 261

Kapitel 7.1: Generation Internet 262
Kapitel 7.2: Instagram, TikTok, Facebook, YouTube und Co. 264

Kapitel 8: Drogen, Zigaretten, Alkohol und Spielsucht 266

Kapitel 8.1: Warum gerade Pubertierende anfällig sind 268
Kapitel 8.2: Aufklärung als oberstes Gebot 269

Kapitel 9: Die Grenzen des Respekts 271

Kapitel 9.1: Wo liegen die Grenzen? Wie weit darf es gehen? 273
Kapitel 9.2: Wo beginnt Toleranz? 275

Kapitel 10: Von Gruftis, Ravern, Rappern bis hin zu Metalheads 277

Kapitel 10.1: Damals und heute - ein Generationenunterschied 279
Kapitel 10.2: Wann ist es genug? 280
Kapitel 10.3: Schattenseiten der Extreme 281

Kapitel 11: Leistungen in der Schule 282

Kapitel 12: Die schönen Seiten der Pubertät 284

Resümee 286

GEWALTFREIE KOMMUNIKATION

Vorwort

Immer wieder ist in den Medien von Gewalt gegen Kinder und Frauen in Deutschland zu hören oder zu lesen. Die Statistiken sind erschütternd. Nicht nur in Deutschland, sondern auch in zahlreichen anderen Ländern ist Gewalt an der Tagesordnung. Physische Gewalt, die körperliche Misshandlung sind offensichtlich. Die Folgen sind mitunter gravierend. Es kommt nicht nur zu schwerwiegenden körperlichen Verletzungen, sondern häufig auch zum Tod. Umso wichtiger ist es, bei physischer Gewalt gegen Kinder nicht die Augen zu verschließen, sondern einzugreifen. Das muss kein brutales Zurückschlagen gegen denjenigen sein, von dem die Gewalt ausgeht. Es gibt Mittel und Wege, die physische Gewalt zu bekämpfen. Eine wichtige Anlaufstelle ist die Polizei. Den Jugendämtern kommt bei der Bekämpfung physischer Gewalt gegen Kinder und Jugendliche eine zentrale Rolle zu.

Neben der physischen Gewalt ist die psychische Gewalt, die verbal stattfindet, nicht zu vergessen. Sie kann auf vielfältige Weise erfolgen, doch sie ist mit ihren Folgen im Gegensatz zur physischen Gewalt nicht sofort sichtbar. Umso schwerer ist es, verbale Gewalt zu erkennen. Kinder werden eingeschüchtert, gedemütigt oder ausgegrenzt. Auch Mobbing ist eine Form der psychischen Gewalt. Es ist wichtig, die Anzeichen von verbaler Gewalt zu kennen, um einzuschreiten, wenn es nötig ist. Dieses Buch beschreibt, welche Anzeichen es für gewaltvolle Kommunikation gibt, was Sie dagegen tun können und wie die gewaltfreie Kommunikation bei Kindern funktioniert. Um Kindern eine gute Zukunft zu bieten und sie für die vielfältigen Aufgaben im späteren Leben fit zu machen, ist eine gewaltfreie Kommunikation eine wichtige Voraussetzung.

Nicht nur die Gewalt, die direkt gegen Kinder ausgeübt wird, schadet der Persönlichkeitsentwicklung und ist prägend für den weiteren Lebensweg eines Kindes. Kinder haben ein feines Gefühl und feine Sinne. Sehr wohl bekommen sie mit, wenn es Spannungen im Elternhaus gibt und wenn im Haushalt physische oder verbale Gewalt ausgeübt wird. Eltern meinen häufig, dass Kinder Differenzen zwischen beiden Elternteilen nicht bemerken würden. Das ist jedoch sehr wohl der Fall.

Die Statistiken über häusliche Gewalt in Deutschland sind alarmierend. Mindestens einmal in ihrem Leben wird jede dritte Frau in Deutschland Opfer physischer oder sexualisierter Gewalt. Opfer körperlicher oder sexueller Gewalt durch den aktuellen oder einen früheren Partner wird etwa jede vierte Frau. Das betrifft nicht nur die unteren sozialen Schichten. Die körperliche, sexuelle oder verbale Gewalt zieht sich durch alle sozialen Schichten. Wie Statistiken zeigen, sind mehr als 81 Prozent der Opfer von Gewalt in der Partnerschaft Frauen. Die Gewalt geht also zum größten Teil von Männern aus. Von den betroffenen Frauen hat fast die Hälfte im gemeinsamen Haushalt mit dem Tatverdächtigen gelebt, wie eine Kriminalstatistische Auswertung zur Partnerschaftsgewalt des Bundeskriminalamtes für das Jahr 2018 zeigt:

- Zahl der Opfer von Partnerschaftsgewalt insgesamt: 140.755
- davon Frauen: 114.393

Die Statistik informiert über die Zahl der versuchten und vollendeten Delikte von Gewalt gegen Frauen:

- vorsätzliche, einfache Körperverletzung: 68.500 Frauen
- gefährliche Körperverletzung: 12.100 Frauen
- Stalking, Nötigung, Bedrohung: 28.700 Frauen
- Freiheitsberaubung: 1.612 Frauen
- Mord und Totschlag: 324 Frauen.

Die Opfer von sexuellen Übergriffen, sexueller Nötigung bis hin zu Vergewaltigung in Partnerschaften sind zu 98,4 Prozent Frauen. Opfer von Stalking und Bedrohung sind zu 88,5 Prozent weiblich, während 77 Prozent der Opfer von vorsätzlicher einfacher Körperverletzung, Totschlag und Mord Frauen sind. Die Dunkelziffer über die Fälle und über den Anteil der Frauen ist noch weitaus höher.

Wie die Studie „Gewalt gegen Frauen in Paarbeziehungen" von 2009 zeigt, verstärkt sich die Gewalt häufig bei Trennungs- oder Scheidungssituationen. Nicht nur Frauen, sondern auch ihre Kinder sind einem hohen Gewaltrisiko ausgesetzt. Ein Risikofaktor ist auch erlebte Gewalt der Eltern in der Kindheit und Jugend.

Alarmierend sind nicht nur die Zahlen zur Gewalt gegen Frauen. Kinder dürfen nicht vergessen werden, denn sie haben noch ihr gesamtes Leben vor sich und müssen gewaltfrei auf den künftigen Lebensweg vorbereitet werden.

Die Statistiken über die Gewalt gegen Kinder sind erschütternd. In Deutschland verzeichneten die Jugendämter 2017 in knapp 22.000 Fällen von häuslicher Gewalt eine akute Gefährdung des Kindeswohls. Ist das Kindeswohl gefährdet, muss der Staat eingreifen. Eine zentrale Rolle in der Präventionsarbeit können Ärzte spielen.

Nicht nur in Deutschland, sondern weltweit lassen die Zahlen von Gewalt gegen Kinder aufhorchen. Schätzungsweise erleben drei Viertel der Kinder im Alter zwischen zwei und vier Jahren weltweit körperliche oder verbale Gewalt durch ihre Erziehungsberechtigten. Das sind insgesamt ungefähr 300 Millionen Jungen und Mädchen.

Die Zahlen von Gewalt gegen Kinder und Jugendliche weltweit unterscheiden sich, abhängig von den Regionen. In Konfliktländern des Nahen Ostens werden vor allem Jugendliche von 10 bis 19 Jahren Opfer von kollektiver Gewalt. In Lateinamerika ist ungefähr die Hälfte der Opfer von Tötungsdelikten zu beklagen. Alle sieben Minuten stirbt weltweit ein Jugendlicher im Alter zwischen 10 und 19 Jahren durch Gewalt.

Gewalt findet nicht nur zu Hause, sondern auch in Schulen und anderen Bildungseinrichtungen statt. Gesetze für eine gewaltfreie Erziehung gibt es nur in 59 Ländern, darunter auch in Deutschland. Körperliche Strafen durch Lehrer sind noch in vielen Entwicklungs- und Schwellenländern erlaubt.

Mobbing an Schulen ist ein weltweites Problem. Im Schnitt wird jeder dritte Schüler im Alter von 13 bis 15 Jahren ein Mobbingopfer. Das sind immerhin fast 130 Millionen Kinder.

Sexuelle Übergriffe stellen eine schwere Verletzung der Kinderrechte weltweit dar. Schätzungen zufolge sind ungefähr 15 Millionen Mädchen im Alter von 15 bis 19 Jahren bereits Opfer von sexueller Gewalt geworden. Von diesen Mädchen gaben 90 Prozent aus Ländern mit verfügbaren Daten an, dass sie die Peiniger kannten.

Kinder, die Gewalt selbst erleben oder miterleben, sind in ihrer kindlichen Entwicklung unmittelbar beeinträchtigt. Die Gewalterfahrung von Kindern wirkt sich nachhaltig auf das Erwachsenenleben aus. Erlebten Frauen in der Kindheit körperliche Auseinandersetzungen ihrer Eltern mit, sind sie mehr als doppelt so häufig von Gewalt durch ihren Partner betroffen wie diejenigen, die keine elterliche Gewalt erlebt haben. Erlebten die Frauen in ihrer Kindheit Gewalt durch Erziehungspersonen, werden sie dreimal so häufig Opfer von Gewalt durch den Partner wie diejenigen, gegen die in der Kindheit keine Gewalt ausgeübt wurde. Das zeigt, wie wichtig ein früher Schutz von Kindern gegen Gewalt ist.

Wie die Statistiken zeigen, erleben Frauen, die in ihrer Kindheit selbst Gewalt erlebt oder miterlebt haben, später deutlich häufiger Gewalt in der Partnerschaft. Das lässt umgekehrt auch darauf schließen, dass Jungen, die in ihrer Kindheit Gewalt ihrer Eltern miterleben oder selbst Gewalt durch ihre Erziehungspersonen erleben, später häufiger zu Gewalt ihrer Partnerin gegenüber neigen. Das liegt daran, dass Kinder ein Gespür für den Umgang der Erwachsenen miteinander haben und die Erwachsenen nachahmen. Umso wichtiger sind daher Gewaltprävention und eine gewaltfreie Erziehung von Kindern.

Eine Studie der Technischen Universität München vom Mai 2020 belegt die Zunahme von häuslicher Gewalt gegen Kinder während der Corona-Pandemie. Die Grundlage für die Studie lieferte eine Online-Befragung von 3.800 Frauen zwischen 18 und 65 Jahren zu deren Erfahrungen mit Gewalt gegen Kinder und sich selbst im Vormonat. Die Pandemie könnte als Katalysator bei häuslicher Gewalt gewirkt haben. Die Studie informiert über die Gewalt zu Beginn der Ausgangsbeschränkungen.

In insgesamt 6,5 Prozent der befragten Familien wurden Kinder Opfer häuslicher Gewalt. In Familien mit mindestens einem Kind unter 10 Jahren erlitten sogar 9,2 Prozent der Kinder häusliche Gewalt. Die Studie informiert auch über die Bedeutung von Risikofaktoren für häusliche Gewalt während der Corona-Krise. Der Anteil der Kinder, die Gewalt erlitten, betrug

- in Familien, in denen mindestens ein Partner aufgrund der Pandemie arbeitslos oder in Kurzarbeit war, 9,3 Prozent
- in Familien mit akuten finanziellen Sorgen 9,8 Prozent

- bei Befragten, die sich zu Hause in Quarantäne befanden, 10,5 Prozent
- in Familien, in denen mindestens ein Partner unter Angst oder Depressionen litt, 14,3 Prozent.

Für eine mögliche zweite Corona-Welle leiteten die Wissenschaftler Empfehlungen ab. Auch für Kinder, deren Eltern nicht in systemrelevanten Berufen arbeiten, sollen Notbetreuungen geschaffen werden. Depressionen und Angstzustände erhöhen das Gewaltpotential. Als Prävention sollten psychologische Beratungen und Therapien auch online verfügbar sein. (https://de.statista.com/infografik/21886/gewalt-gegen-kinder-waehrend-der-corona-pandemie/)

Generell müssen verschiedene Akteure wie die Polizei, Ärzte, Psychologen und Jugendämter wirkungsvoll zusammenarbeiten, um häusliche Gewalt in Familien möglichst frühzeitig zu erkennen und einzugreifen. Der Schlüssel für eine erfolgreiche Gewaltprävention liegt im Elternhaus. Die Kompetenzen der Eltern müssen ausgebaut und gestärkt werden.

Erleben Kinder häusliche Gewalt, tragen sie den Verlust von Vertrauen und Sicherheit ihr Leben lang mit sich herum. Kinder erleben Gewalt in der Familie, gegen sich selbst, gegen Geschwister oder ein Elternteil als existenzbedrohend.

Einer Prävalenzstudie des Nationalen Zentrums Frühe Hilfe zufolge werden rund 3 Prozent der Kinder im Alter bis zu drei Jahren in Deutschland Opfer oder Zeuge von häuslicher Gewalt. Wie der Vorstandsvorsitzende der Stiftung Deutsches Forum Kinderzukunft, Dr. Wilfried Kratzsch, bemerkte, können die daraus resultierenden Traumata wirksam behandelt werden, wenn die Risikofaktoren möglichst früh erkannt werden. Schon während der Schwangerschaft der Mutter gilt es, ein mögliches Gewaltpotential zu erkennen und die Gewaltspirale zu unterbrechen. Durch Botenstoffe kann mütterlicher Stress über die Plazenta auf das ungeborene Kind übertragen werden und dessen Gehirnentwicklung negativ beeinflussen.

Eine Studie zur Gesundheit von Kindern und Jugendlichen in Deutschland (KiGGS) des Robert-Koch-Instituts (RKI) mit Jungen und Mädchen im Alter von 11 bis 17 Jahren zeigte, dass auch bei denjenigen, die vergleichsweise geringfügig von Gewalt betroffen waren, negative Auswirkungen auf den Gesundheitszustand festgestellt wurden. Diese Kinder und Jugendlichen zeigten häufiger aggressiv-dissoziale Verhaltensweisen, Merkmale des Aufmerksamkeitsdefizitsyndroms ADHS, aber auch Somatisierung und Depressivität. Bei den Kindern, die Opfer von Gewalt wurden, kam es häufiger zu sozialen Problemen mit Gleichaltrigen, emotionalen Beeinträchtigungen sowie Ess- und Schlafstörungen. Eine besondere Risikogruppe stellten Kinder dar, die gleichzeitig Täter und Opfer sind. Sie zeigten hyperaktives Verhalten, soziale und emotionale Probleme, Wahrnehmungsstörungen und Konzentrationsschwächen.

Der Vorstandsvorsitzende der Kassenärztlichen Vereinigung Nordrhein, Dr. Frank Bergmann, setzte sich mit den Auswirkungen und Spätfolgen häuslicher Gewalt auseinander. Die Geschädigten teilen das Erlebte aus Scham häufig nicht mit. Eine Intervention ist wichtig, damit die Geschädigten nicht ihr Leben lang von den traumatischen Erlebnissen bestimmt werden. Solche Folgen sind beispielsweise

- Beziehungs- und Bindungsstörungen
- Störungen des Körperselbstbildes
- Essstörungen
- Depressionen
- soziale Isolation
- Drogen- oder Alkoholabhängigkeit.

Dieses Buch soll zeigen, wie wichtig die gewaltfreie Kommunikation bei Kindern für den späteren Lebensweg ist. Es erläutert, wie Eltern, aber auch alle, die beruflich oder privat mit Kindern zu tun haben, eine gewaltfreie Kommunikation pflegen können. Es gewährt theoretische Einblicke und Erläuterungen, doch bietet es auch viele Beispiele, Erfahrungen, Ratschläge und Methoden der gewaltfreien Kommunikation.

Kapitel 1: Grundlagen der gewaltfreien Kommunikation

Um Kindern einen gewaltfreien Lebensweg zu ermöglichen und sie fit für das spätere Leben zu machen, kommt es auf gewaltfreie Kommunikation an. Kinder, die gewaltfrei aufwachsen, neigen später weniger zu Gewalt gegen ihre Mitmenschen und laufen auch weniger die Gefahr, selbst Opfer von Gewalt zu werden. Eine gewaltfreie Kommunikation bedeutet nicht generell die Vermeidung von Streit. Es ist durchaus möglich, zu streiten, doch es kommt darauf an, wie gestritten wird. Gewaltfreie Kommunikation bedeutet, die richtigen Worte beim Streit zu finden und konstruktiv zu streiten. Dieses Kapitel erläutert kurz die gewaltfreie Kommunikation und führt in deren Geschichte ein. Als Begründer der gewaltfreien Kommunikation gilt Marshall Rosenberg. Im Kapitel 4 wird näher auf die von Marshall Rosenberg entwickelte Methode eingegangen. Im zweiten Kapitel wird der Begriff „Kommunikation" genauer erläutert. Bei Kommunikation handelt es sich längst nicht nur um Reden und Schreiben. Auch die Mimik und die Körpersprache machen einen wichtigen Teil der Kommunikation aus. Im Kapitel 2 erfahren Sie auch, wann die gewaltvolle Kommunikation anfängt und worum es sich dabei handelt.

Was ist eigentlich gewaltfreie Kommunikation? Es handelt sich um einen Prozess, der dafür sensibilisiert, was Worte anrichten können. Worte können Fenster für Menschen öffnen, doch können sie auch Mauern errichten, schmerzen und trennen. Gewaltfreie Kommunikation bedeutet, dass Sie einem Menschen mit einem Satz die Hände reichen können und ihm signalisieren, dass Sie ihn verstehen und ihn sehen.

Der Begründer der gewaltfreien Kommunikation, Marshall Rosenberg, verweist auf den indischen Rechtsanwalt und Widerstandskämpfer Mahatma Gandhi, der zu Beginn des 20. Jahrhunderts das Prinzip der Gewaltlosigkeit entwickelte. Es ist keine Waffe der Schwachen, sondern eine Waffe von geistiger Stärke. Danach erlaubt es bei der Suche nach der Wahrheit nicht, Gewalt gegen den Gegner auszuüben. Vielmehr geht es darum, den Gegner durch Geduld und Mitgefühl von seinem Irrtum abzubringen.

Marshall Rosenberg hat die Grundlagen der gewaltfreien Kommunikation geschaffen und war damit beschäftigt, hinzuschauen, was Menschen verbindet und was Menschen trennt. Er entwickelte die gewaltfreie Kommunikation aus eigenem Erleben heraus. In den 1940er Jahren erlebte er als Jugendlicher Konflikte unter Menschen unterschiedlicher Hautfarbe in den USA. Wegen seiner jüdischen Wurzeln wurde er häufig ausgegrenzt. Diese Erlebnisse waren für ihn prägend. Als Psychologe verfolgte er den Grundgedanken, dass derjenige, der Frieden schaffen will, nicht nur darauf achten muss, was er sagt, sondern auch, wie er es sagt. Das Modell der gewaltfreien Kommunikation entwickelte Marshall Rosenberg in den 1970er Jahren. Es stellt eine Sprache der Verbindung dar. Konflikte sollen von beiden Seiten gelöst werden. Es soll dabei keinen Sieger und keinen Verlierer geben. Dieser Ansatz kam vor etwa 30 Jahren auch nach Deutschland. Er hat sich inzwischen in der ganzen Welt verbreitet.

Das Konzept der gewaltfreien Kommunikation von Marshall Rosenberg beruht auf der Annahme, dass die Ursache der meisten zwischenmenschlichen Konflikte darin besteht, dass die Menschen in den Dialogen ihre Bedürfnisse falsch kommunizieren. Das liegt in der wertenden und verurteilenden Sprache. Die gewaltfreie Kommunikation ist in allen Konflikten anwendbar, in der Familie ebenso wie bei diplomatischen Auseinandersetzungen.

Die Methode der gewaltfreien Kommunikation nach Marshall Rosenberg basiert auf den vier Schritten Beobachtung, Gefühl, Bedürfnis und Bitten. Marshall Rosenberg weist darauf hin, dass gewaltfreie Kommunikation nicht kompliziert ist, doch dass die Menschen oft die bekannten Regeln vergessen.

Marshall Rosenberg hat die gewaltfreie Kommunikation selbst vorgelebt, wie das folgende Beispiel zeigt. In einem seiner Vorträge kam die Frage aus dem Publikum, wie man sich Selbsteinfühlung geben soll. Marshall Rosenberg berichtete daraufhin von einem einprägsamen Erlebnis aus einem seiner Seminare. Eine

Teilnehmerin aus dem Publikum wollte sich unbedingt mitteilen. Sie war laut und aufgebracht. Marshall Rosenberg reagierte anders als erwartet und fragte nach, was er selbst wahrnimmt und in dieser Teilnehmerin sieht. Die Teilnehmerin reagierte auf das von Marshall Rosenberg entgegengebrachte einfühlsame Verhalten mit offenen und ehrlichen Antworten. Im Verhalten der Dame sah er ein unbefriedigtes Bedürfnis. Sie hatte das Bedürfnis, gehört zu werden. Mit seiner Empathie konnte Marshall Rosenberg die aufgebrachte Dame beruhigen.

In seinen Seminaren symbolisierte Marshall Rosenberg die gewaltfreie Kommunikation mit der Giraffe und die gewaltvolle, aggressive Kommunikation mit dem Wolf.

Kapitel 2: Was ist heutzutage unter Kommunikation zu verstehen?

Jeder weiß, was Kommunikation ist. Neben der verbalen Kommunikation, die sich im Reden und Schreiben äußert, gibt es noch die nonverbale Kommunikation, die sich in Mimik und Gestik ausdrückt. Wie tief die Kommunikation in unserem täglichen Leben reicht und wie tief sie bereits im Alltag verwurzelt ist, weiß nicht jeder. Es gibt einfach kein Leben ohne Kommunikation. Selbst dann, wenn wir nicht reden und uns stur stellen, kommunizieren wir. Unbewusst drücken wir etwas aus, das von unserem Gegenüber gedeutet wird. Stellen wir uns stur und verweigern wir unserem Gegenüber eine Antwort, kann das schon den Beginn der gewaltvollen Kommunikation darstellen, da wir nicht versuchen, dem Gegenüber eine Chance zu geben oder die Hände zu reichen. Nicht nur Menschen, sondern auch Tiere kommunizieren miteinander. Auch wenn sie nicht sprechen können, verständigen sie sich untereinander. Wer ein Haustier hat, weiß, dass dieses Haustier auch mit seinem Besitzer kommuniziert. Es macht deutlich, wenn es Hunger oder Schmerzen hat.

Es gibt kein Leben ohne den Kontakt zu anderen Menschen. Jeden Tag kommunizieren wir, um uns mitzuteilen oder unsere Kontakte zu pflegen. Dabei können wir auch aneinander vorbeireden oder Gedanken lesen. Die Kommunikation kann auf verschiedene Weise verlaufen.

Kapitel 2: Was ist heutzutage unter Kommunikation zu verstehen?

Zwischen den Menschen ist die Kommunikation das wahrscheinlich wichtigste Bindeglied. Sie erfüllt verschiedene Zwecke:

- Austausch von Informationen
- über unsere Gefühle sprechen
- jemanden auffordern, etwas Bestimmtes zu tun oder nicht zu tun.

In jedem Fall ist die Kommunikation auf Wechselseitigkeit ausgelegt. Die Kommunikationspartner reagieren aufeinander, indem sie die Fragen des anderen beantworten, aber auch mit Worten, mit der Mimik über das Gesicht oder mit der Körpersprache als Gestik. Sie interagieren miteinander.

Es ist von allen beteiligten Kommunikationspartnern abhängig, wie die Kommunikation aussieht und ob sie gelingt. Kommunikationswissenschaftler haben verschiedene Modelle entwickelt, um Streit und Konflikte zu verstehen oder ihnen vorzubeugen.

Einer der wichtigsten Kommunikationsexperten ist der Psychologe Friedemann Schulz von Thun. Er hat untersucht, was Kommunikation ausmacht, und verschiedene Bücher darüber veröffentlicht. Für sein Vier-Ohren-Modell wurde er weltberühmt. Die Modelle des Psychologen werden nicht nur in der Psychologie und in der Psychotherapie, sondern auch als Coaching und in den Medienwissenschaften angewendet.

Sprechen wir mit jemandem, geht es nicht nur um den sachlichen Inhalt, sondern auch darum, wie wir es sagen. Mit der Kommunikation vermitteln wir unbewusst oder bewusst auch eine Aussage über die Beziehung zum Gesagten und zu unserem Gegenüber. Wir sagen etwas über uns selbst aus und können unserer Botschaft Ausdruck verleihen, sodass sie vom anderen als Appell verstanden wird. Eine simple Aussage wie „Die Ampel ist rot" des Ehemannes kann von der fahrenden Ehefrau völlig anders als nur eine sachliche Aussage verstanden werden. Die Ehefrau kann das als Ermahnung oder als Beleidigung ihrer Fahrkünste verstehen. Eine so simple Aussage kann einen massiven Streit auslösen.

Die fünf Sinne des Menschen – Sehen, Hören, Riechen, Schmecken und Fühlen – spielen auch in der Kommunikation eine wichtige Rolle.

Wir hören unser Gegenüber nicht nur, sondern wir sehen unseren Kommunikationspartner, seine Mimik und seine Gestik. An der Mimik und Körpersprache können wir erkennen, ob unser Kommunikationspartner tatsächlich hinter dem Gesagten steht, ob er vielleicht lügt oder ob er seinen Botschaften Nachdruck verleihen will.

Wir hören unseren Kommunikationspartner. Dabei geht es nicht nur darum, dass wir die Botschaft akustisch wahrnehmen, sondern auch wie wir sie wahrnehmen. Die Lautstärke und der Tonfall spielen eine Rolle. Auch beim Hören können wir erkennen, ob unser Gegenüber es ernst meint oder vielleicht unsicher ist. Eine feste Stimme unseres Gesprächspartners signalisiert, dass er es ernst meint und hinter dem Gesagten steht. Die Stimme und der Tonfall des Gesprächspartners verraten auch viel über dessen Gemütszustand.

Das Riechen spielt eine untergeordnete Rolle und erfolgt eher unbewusst. Jeder kennt Fälle, dass wir einen Menschen „nicht riechen können" und er uns deshalb unsympathisch ist. Unangenehmer Körpergeruch kann signalisieren, dass der Kommunikationspartner ungepflegt ist. Er kann ausdrücken, dass der Kommunikationspartner eigentlich gar nicht mit uns kommunizieren will.

Wie sieht es eigentlich mit dem Schmecken aus? Wir können unseren Gesprächspartner nicht schmecken. Allerdings kann uns eine negative Kommunikation „auf den Magen schlagen". Sie beschäftigt uns mitunter noch lange, sodass wir keinen Appetit haben und uns dann sogar unser Lieblingsessen nicht schmeckt.

In der Kommunikation kann auch das Fühlen eine Rolle spielen. Mit sanften Berührungen kann uns unser Gesprächspartner trösten und signalisieren, dass er hinter uns steht und es gut mit uns meint. Eine negative, gewaltvolle Kommunikation kann der Kommunikationspartner mit Handgreiflichkeiten, also mit körperlicher Gewalt, untermauern.

Mit der menschlichen Kommunikation und Interaktion hat sich auch der Kommunikationswissenschaftler Paul Watzlawick intensiv beschäftigt. Er stellte Ende der 1960er Jahre fünf Axiome auf, um die Funktionsweise der Kommunikation zu erklären. Dabei handelt es sich um theoretische Grundsätze, die auch ohne empirische Beweise gelten. Mit den Axiomen von Paul Watzlawick sollen wir Fallstricke in der Kommunikation rechtzeitig erkennen und Problemen vorbeugen.

Kommunikation macht die Menschen glücklicher. Menschen haben das natürliche Bedürfnis, miteinander zu reden, sich auszutauschen und sich mitzuteilen.

Ein wichtiger Grundsatz ist, dass man nicht „nicht kommunizieren" kann. Das ist das erste und bekannteste Axiom von Watzlawick. Ein Ausdruck dafür ist beredtes Schweigen. Der Moment, in dem wir entschlossen nichts sagen, kann aussagekräftiger als jedes Wort sein. Das gilt auch für Gestik und Mimik. Völlig ohne Ton können wir unsere Antworten und Gefühle herausschreien. Es ist zwecklos, zu versuchen, der Kommunikation zu entkommen. Jeder ist dazu in der Lage, die Kommunikation bewusst zu steuern und zu beeinflussen.

Jede Kommunikation hat einen Inhalts- und Beziehungspunkt. Der Beziehungspunkt bestimmt den Inhaltspunkt. Es ist nicht möglich, in einer Diskussion nur rein sachlich die Fakten darzulegen. Wie wir kommunizieren, hängt von unserer Beziehung zum Gesprächspartner ab. Wenn wir unser Gegenüber mögen, drücken wir das mit Wortwahl, Tonfall und Mimik aus. Ist die Beziehung zu unserem Gegenüber schon vorbelastet, gelingt selbst Small-Talk kaum noch. Sind wir uns dessen bewusst, wird es uns gelingen, auch schwierige Gespräche überlegt anzugehen, um der Kommunikation überhaupt eine Chance zu geben. Die Beziehung zu unserem Gesprächspartner kann darüber entscheiden, wie unsere Botschaft bei ihm ankommt. Der Blick von außen kann dabei helfen. Stehen wir mittendrin, entdecken wir die Auslöser für die Missverständnisse und Störungen häufig nicht mehr.

Interpunktionen der Kommunikationsabläufe seitens des Partners bedingen die Natur einer Beziehung. „Hast du schon den Entwurf für die Einladungskarten fertig?" Das ist eine harmlose Frage für den, der sie stellt. Er hat keine Hintergedanken, sondern er hat nur gefragt, da er gerade daran gedacht hat. Derjenige, der gefragt wird, regt sich darüber auf und fühlt sich provoziert, da es bereits vor zwei Wochen Streit darüber gab. Die beiden Kommunikationspartner gehen mit unterschiedlichen Perspektiven in das Gespräch. Die Interpunktion ist unterschiedlich. Der Fragende sieht nicht die Ursache, warum sich der Gefragte aufregt. Der Gefragte fragt sich wiederum, warum der Fragende die Vorgeschichte ignoriert. Es kommt für beide jetzt darauf an, sich darüber klar zu werden, dass es neben der eigenen Perspektive noch andere Perspektiven gibt. Damit die Interaktion nicht vollständig außer Kontrolle gerät, kommt es jetzt darauf an, einen gemeinsamen Ausgangspunkt zu finden.

Die Kommunikation der Menschen findet digital und analog statt. Noch vor der Digitalisierung wurden diese Axiome entwickelt. Digital und analog bezeichnen keine technischen Kategorien. Die digitale Kommunikation bezieht sich auf die Sprache und das Geschriebene. Die analoge Kommunikation ist nonverbal und steht für Bilder, Mimik und Gestik. Zur besseren Funktion der Kommunikation werden analoge und digitale Kommunikationsarten mitunter miteinander verbunden. Bei einem ironischen Kommentar oder einem relativierenden Grinsen sollten Sie daher genauer überlegen, ob das ernst gemeint war. Geschriebene Botschaften sollten mit Bildern unterlegt werden, um den Inhalt besser zu transportieren und verständlich zu machen. Ein einfaches Beispiel im digitalen Zeitalter sind WhatsApp-Nachrichten oder Tweets, die wir mit Smileys untermauern.

Die zwischenmenschlichen Kommunikationsabläufe sind symmetrisch oder komplementär. Wie wir kommunizieren, hängt davon ab, in welchem Verhältnis wir zu unserem Gesprächspartner stehen. Die Kommunikation auf Augenhöhe mit dem Gesprächspartner ist symmetrisch. Bei einer Hierarchie unter den Gesprächspartnern kann die Kommunikation komplementär erfolgen. Die Kommunikation gelingt nicht mehr, wenn wir uns mit unserem Gesprächspartner nicht mehr einig sind. Es kommt zu Missverständnissen. Eine komplementäre Kommunikation, beispielsweise zwischen Auszubildendem und den erfahrenen Kollegen, kann sich zu einer symmetrischen Kommunikation entwickeln, wenn der Auszubildende seine Ausbildung erfolgreich gemeistert und sich einen festen Platz im Unternehmen erarbeitet hat.

In irgendeiner Weise kommunizieren wir immer und überall miteinander. Der Teufel steckt im Detail, denn ein Wort oder eine Geste können dazu führen, dass die Botschaft beim Gesprächspartner nicht so ankommt, wie sie soll.

Mit einigen einfachen Mitteln können Sie zu einer gelungenen Kommunikation beitragen:

- gute Vorbereitung, um die Kommunikation mit der richtigen Strategie von Beginn an in die richtige Richtung zu lenken.
- zusätzlich zur verbalen Kommunikation die analoge Kommunikation einsetzen, damit die Botschaft bei der Zielgruppe richtig ankommt.
- auf den Beziehungsaspekt zum Gesprächspartner und das damit verbundene Vertrauen achten.

Auch wenn wir uns immer um eine gelungene Kommunikation bemühen, kommt es vor, dass uns Kommunikationsversuche misslingen. Die Folgen sind Beleidigungen, Missverständnisse und Gekränktheit. Es gibt verschiedene Modelle, die von Kommunikationsexperten entwickelt wurden. Machen Sie sich mit diesen Modellen vertraut und wenden Sie sie an, könnten Sie ein besseres Verständnis für die Kommunikation gewinnen.

Sender-Empfänger-Modell

Das Sender-Empfänger-Modell stammt aus der Nachrichtentechnik und macht deutlich, wie zwei Menschen kommunizieren. Um eine Nachricht von einem Kommunikationspartner zum anderen zu übertragen, kommt es auf folgende Schritte an:

- Der erste Kommunikationspartner hat eine Absicht
- die er in Worte fasst (er verschlüsselt seine Absicht).
- Er sendet die Nachricht, indem er die Worte ausspricht.
- Die Nachricht übermittelt er über einen Kanal in Form von Schallwellen.
- Der zweite Kommunikationspartner empfängt die Nachricht, indem er die Worte hört.
- Der zweite Kommunikationspartner verarbeitet die Worte und entschlüsselt sie.

- Der zweite Kommunikationspartner misst den Worten aufgrund seiner Erfahrung eine Bedeutung bei.
- Der zweite Kommunikationspartner reagiert auf den ersten Kommunikationspartner und gibt ihm eine Rückmeldung.

Betrachten Sie diese Abläufe genauer, werden Sie feststellen, dass sie an sich schon kompliziert sind. Durch interne Faktoren der beiden Kommunikationspartner können sie beeinträchtigt werden:

- Kommunikationsabsicht:

Der erste Gesprächspartner verfolgt bewusst oder unbewusst eine andere Absicht, als er tatsächlich formuliert. Er kann sich auch damit schwertun, seine Gefühle zu formulieren.

- Verschlüsselung:

Formuliert der erste Gesprächspartner ungenau oder unüberlegt, kann er damit seine eigentliche Botschaft verändern.

Sendung, Übermittlung und Empfang können beispielsweise durch Umgebungslärm, undeutliches oder leises Sprechen oder schlechtes Hören beeinträchtigt werden.

- Entschlüsselung:

Der zweite Gesprächspartner misst den Worten eine andere Bedeutung bei, als der erste Gesprächspartner gemeint hat. Probleme bei der Entschlüsselung können auch darin begründet sein, dass der zweite Gesprächspartner nicht interessiert ist oder sich schwertut, sich in den ersten Gesprächspartner hineinzuversetzen.

Der Verhaltensforscher Konrad Lorenz hat das Problem zusammengefasst:

Nicht immer heißt gedacht gesagt und nicht immer heißt gesagt gehört. Nicht immer heißt gehört verstanden und verstanden heißt nicht immer einverstanden. Einverstanden muss noch nicht angewendet heißen, während angewendet nicht immer beibehalten heißt.

Eisberg-Modell der Körpersprache

Zu den rein verbalen Botschaften kommt die Körpersprache hinzu, deren Bedeutung mit einem Eisberg verglichen wird. Die Spitze des Eisbergs, ungefähr 20 Prozent der Kommunikation, stellen verbale Signale dar. Die übrigen 80 Prozent der Kommunikation erfolgen durch Körpersprache.

Die Körpersprache umfasst Mimik, Gestik, Blickkontakt, Körperhaltung und Bewegung. Auch die Proxemik, wo Sie im Raum stehen und welchen Platz Sie im Raum einnehmen, gehört zur Körpersprache. Mit ihr wird häufig die besondere Ausdrucksfähigkeit von Gefühlen, Stimmungen und Empfindungen verbunden.

Stimmen die verbale und die nonverbale Kommunikation in ihren Botschaften überein, handelt es sich um eine authentische Kommunikation.

Die vier Ebenen einer Botschaft

Der Kommunikationsexperte Friedemann Schulz von Thun hat ein Modell entwickelt, das mögliche Fehlkommunikationen deutlich macht. Äußert ein Lehrer eine Botschaft, ist er auf vierfache Weise wirksam. In jeder Äußerung sind vier Botschaften gleichzeitig enthalten:

- Sachinformation, worüber informiert wird.
- Selbstoffenbarung, was er von sich zu erkennen gibt.
- Beziehungshinweis, was er von den anderen hält.
- Appell, was er bei den anderen erreichen möchte.

Die bewusste Aufmerksamkeit bei der Entschlüsselung einer Botschaft durch den Empfänger wird häufig nur auf den Sachinhalt gerichtet. Die Selbstoffenbarung und die Beziehungsbotschaft werden oft nur wenig beachtet. Nonverbale Botschaften übermitteln und empfangen das, was sonst noch bei einer Mitteilung mitschwingt. Wir gehen jedoch zumeist davon aus, dass beim Empfänger dieselbe Botschaft ankommt, die vom Sender gemeint ist.

Der Kommunikationsexperte Paul Watzlawick bringt es auf den Punkt: Nicht das ist wahr, was A sagt, sondern das, was B hört.

Das Prinzip der vier Ohren

Abhängig von der Tagesverfassung und vom emotionalen Zustand kann der Empfänger die Botschaft entschlüsseln, wie er will. Die Verantwortung für eine gelungene Kommunikation liegt nicht allein beim Sender. Der Empfänger entscheidet darüber, wie die Botschaft entschlüsselt wird. Das folgende Beispiel macht das deutlich.

Beim Abendessen sitzen Mann und Frau zusammen und essen Suppe, auf der Schnittlauch schwimmt. Der Mann als Sender der Botschaft sagt: „In der Suppe ist etwas Grünes!" Diese Botschaft betrifft vier Ebenen:

- Sachebene: Der Mann sieht etwas Grünes.
- Selbstoffenbarung: Er weiß nicht, was es ist.
- Beziehung: Die Frau weiß es sicher.
- Appell: Die Frau soll sagen, was es ist.

Die Frau hört „In der Suppe ist etwas Grünes."

- Sachebene: Der Mann sieht etwas Grünes.
- Selbstoffenbarung: Dem Mann schmeckt das Essen nicht.
- Beziehung: Der Mann hält die Frau für eine schlechte Köchin.
- Appell: Die Frau soll nur das kochen, was der Mann mag.

Daraufhin antwortet die Frau: „Du kannst ja selber kochen, wenn es dir nicht schmeckt."

Eigentlich wollte der Mann nur wissen, was das Grüne in der Suppe war. Er hat die Kochkunst seiner Frau nicht kritisiert. Dieses Beispiel zeigt also, dass Sender und Empfänger für eine erfolgreiche Kommunikation verantwortlich sind.

Kapitel 3: Wo beginnt die psychische Gewalt?

Physische Gewalt ist leicht erkennbar und kann schwerwiegende Folgen haben. Auch wenn es bei der psychischen Gewalt nicht zu körperlichen Verletzungen kommt, können die Folgen der psychischen, der verbalen Gewalt, genauso schwerwiegend sein. Schnell kann die psychische Gewalt in physische Gewalt übergehen. Es ist daher wichtig, zu erkennen, wann die Gewalt in der Kommunikation beginnt und wann sie ausartet. Menschen, die gewaltbereit sind, neigen schnell zu spontaner Gewalt. Sie kann richtig gefährlich werden und hat großen Einfluss auf Kinder sowie deren spätere Entwicklung.

Die häufigste Form von Gewalt ist die psychische Gewalt. Sie ist noch häufiger als physische Gewalt und wird von vielen Kindern täglich erlebt. Sie kann Kindern ungewollt und unbewusst, aber auch bewusst zugefügt werden. Im Grunde genommen handelt es sich bei verbaler Gewalt in Form von jähzornigem Verhalten und Beleidigungen schon um gewaltvolle Kommunikation. Für Kinder, die zwischen den Streitigkeiten ihrer Eltern stehen, ist das gefährlich. Kinder übernehmen häufig die Verhaltensweisen der Eltern und können daher selbst gewaltbereit oder Opfer von Gewalt werden.

Psychische Gewalt ist Teil jeder anderen Form von Gewalt wie Misshandlung, Vernachlässigung, sexuelle Ausbeutung oder sexueller Missbrauch. Kinder erleben auch dann psychische Gewalt, wenn sie in der Familie nicht das unmittelbare Ziel von Gewalt sind.

Um psychische Gewalt gegen Kinder handelt es sich, wenn:

- Kinder ausgegrenzt, eingeschüchtert oder isoliert werden.
- Kindern mutwillig Angst gemacht wird.
- Kinder verspottet oder zur Verspottung dargeboten werden.
- Kinder entwertet oder missachtet werden.

- Kinder bewusst entmutigt werden.
- Kinder abgewertet, kleingemacht oder kleingehalten werden.
- die Erziehung von Kindern mit Druck oder Unterdrückung erfolgt.
- Kindern keine Grenzen aufgezeigt werden.
- Kindern von den Eltern die Orientierung verweigert wird oder die Eltern sich ihrer Verantwortung entziehen.
- ein Kind zu einem Zeitpunkt bestraft wird, an dem es die Strafe nicht als Konsequenz seiner Handlung erkennen kann, da es gar nicht mehr weiß, was es getan hat.
- Eltern ihrem Kind sozusagen ihr Leben auferlegen, da sie vom Kind das verlangen, was sie selbst gern getan hätten.
- bei einem Kind Gefühle der Hilflosigkeit und schutzlosen Preisgabe ausgelöst werden und das Selbst- und Weltverständnis des Kindes erschüttert wird.
- ein Kind von einem Elternteil, beispielsweise bei einer Scheidung, als Spielball für dessen Interessen missbraucht und das Kindeswohl bewusst zur Durchsetzung der Interessen dieses Elternteils vorgeschoben wird.
- die Grenzen von Kindern zur Durchsetzung der eigenen Interessen nicht respektiert werden.
- Loyalitätskonflikte zwischen den Eltern über Kinder ausgetragen werden.
- Kinder häusliche Gewalt miterleben müssen.
- Sachen, die einen besonderen Wert für das Kind haben, zerstört oder weggenommen werden.
- das Verhalten des Kindes den Eltern wichtiger als das Kind selbst ist.

Um psychische Gewalt handelt es sich auch, wenn Angst zur Erziehung eingesetzt wird. Psychische Gewalt ist schwerer erkennbar als körperliche Gewalt, da am Körper keine sichtbaren Narben entstehen. Psychische Gewalt wird individuell erlebt. Daher ist sie schwer fassbar. Von außen kann ihre Wirkung nicht immer erkannt und eingeschätzt werden. Sie ist subjektiv zu verstehen, da das subjektive Erleben des Kindes im Vordergrund steht. Psychische Gewalt entzieht sich der wissenschaftlichen Analyse und zwingt zur Auseinandersetzung mit vielen Themen. Sie ist schwer fassbar und daher nur schwer zu definieren. Sie muss nicht laut sein, doch ist sie ausdauernd und nachhaltig.

Häufig passiert psychische Gewalt ohne böse Absicht. Sie kann entstehen, wenn Eltern den Druck durch Arbeit und Gesellschaft an ihre Kinder weitergeben. Haben die existenziellen Bedürfnisse keinen Platz und sind Kinder der Dynamik von zu viel oder zu wenig ausgesetzt, entsteht psychische Gewalt. Können Kinder für schwierige Erfahrungen oder Erlebnisse keine Ausdrucksform finden, manifestiert sich psychische Gewalt. Zumeist tritt sie nicht allein, sondern zusammen mit anderen Gewaltformen auf.

Deutlicher erkennbar als die psychische Gewalt ist die physische Gewalt, zu der alle Handlungen zählen, mit denen einem Kind Schmerzen zugefügt werden. Dabei kann es sich um Schlagen, Stoßen, Schütteln, Werfen von Gegenständen, Boxen, Treten, Prügeln mit Fäusten oder Gegenständen, an den Haaren ziehen, mit dem Kopf gegen die Wand stoßen, Verbrennen, Waffengewalt bis hin zum Mordversuch oder Mord handeln.

Es ist erschütternd, dass selbst in unserem Nachbarland, der Schweiz, in der ein hoher Lebensstandard herrscht, noch einige Formen physischer Gewalt akzeptiert und als normale Erziehungsmittel gesellschaftlich toleriert werden. Klapse auf den Po, Stoßen, Festhalten, Schütteln, Zwicken, an den Haaren ziehen oder kaltes Abduschen gehören ebenfalls dazu.

Die Folgen von schweren körperlichen Misshandlungen können durch Knochenbrüche, Schnitte, Stiche, Verbrennungen, Quetschungen oder innere Blutungen sichtbar werden. Zumeist müssen sie medizinisch behandelt werden.

Sexuelle Gewalt oder sexueller Missbrauch muss nicht immer mit Körperkontakt einhergehen. Eine Person nimmt unter Ausnutzung ihres Machtverhältnisses eine sexuelle Handlung an einer anderen Person vor. Um sexuellen Missbrauch von Kindern handelt es sich, wenn sich ein Erwachsener am Körper eines Kindes bewusst und absichtlich befriedigt oder sich von einem Kind befriedigen lässt. Es ist das gewaltsame Eindringen in die Psyche oder den Körper eines Kindes durch Gegenstände oder Körperteile, aber auch schon durch Blicke oder Bemerkungen. Körperliche und psychische Gewalt dient als Mittel zur Gewinnung von Macht und Überlegenheit. Auf

Kosten eines Schwächeren werden die Bedürfnisse nach Macht, Körperkontakt, Anerkennung und Sexualität befriedigt. Das Vertrauen von Kindern wird missbraucht. Kinder können sich nur dann entfalten, wenn sie vertrauen können. Sexueller Missbrauch ist eine starke Gefährdung der Entwicklung eines Kindes.

Sexueller Missbrauch beginnt, wenn Situationen zur sexuellen Erregung oder zum Machtmissbrauch von Erwachsenen bewusst geplant oder herbeigeführt werden. Auch eine nicht altersgemäße Aufklärung über Sexualität ist sexueller Missbrauch, genau wie die fachmännische Beurteilung der körperlichen Entwicklung eines Kindes. Sexueller Missbrauch ist auch die voyeuristische Beobachtung eines Kindes beim Baden, Waschen oder Ausziehen. Auch der Exhibitionismus, das Zeigen der eigenen Genitalien, gehört dazu.

Schwere Formen von sexuellem Missbrauch sind:

- Zeigen pornografischer Bilder
- Masturbation in Anwesenheit von Kindern
- sexualisierte Küsse
- Berührung oder Manipulation der Genitalien eines Kindes
- Reiben des Penis am Körper eines Kindes
- ein Kind zur Berührung der Genitalien eines Erwachsenen zwingen
- mit Finger, Penis oder Fremdkörper in Scheide oder After eines Kindes eindringen
- Kinderpornografie und Kinderprostitution

Häufig beginnt der sexuelle Missbrauch mit sexualisierten Gesten. Sie steigern sich oft zu sexuellen Handlungen. Der sexuelle Missbrauch kann über viele Jahre und bis ins Erwachsenenalter dauern. In jedem Fall ist er strafbar.

Werden die grundlegenden Bedürfnisse eines Kindes wie Nahrung, Fürsorge oder Zuwendung bewusst oder unbewusst nicht beachtet, liegt Vernachlässigung vor. Ihre Folgen können Entwicklungs- und Persönlichkeitsstörungen sowie körperliche Schäden sein.

Vernachlässigung ist die andauernde oder wiederholte Unterlassung der Fürsorge durch Personen, die für das Kind verantwortlich sind. Vernachlässigung ist eine Form von Missbrauch. Erfolgt sie über einen längeren Zeitraum, kann die körperliche, geistige und seelische Entwicklung stark beeinträchtigt werden. Ein Kind wird beispielsweise vernachlässigt, wenn es nicht ausreichend gepflegt, ernährt, gesundheitlich versorgt, gefördert, beaufsichtigt und vor Gefahren geschützt wird. Das Risiko für bleibende seelische und körperliche Schäden ist umso größer, je jünger das Kind ist.

Vernachlässigung trifft nicht nur sozial schwache, sondern alle Schichten der Gesellschaft. Sie kann durch finanzielle Sorgen, Arbeitslosigkeit, Misshandlungen in der eigenen Kindheit oder Beziehungsprobleme begünstigt werden. Bei der Vernachlässigung werden die körperliche und die psychische Vernachlässigung unterschieden. Die beiden Formen sind nicht immer klar voneinander zu trennen.

In der Erziehung haben alle Formen von Gewalt und deren Mischformen verheerende Auswirkungen auf die Kinder. Da Kinder nicht wissen, an wen sie sich wenden sollen, geraten sie häufig in extreme Notsituationen. Kinder zweifeln oft an der Verschwiegenheit unbeteiligter Personen und trauen sich daher nicht, sich solchen Personen anzuvertrauen. Sie haben oft auch Angst, dass sie in ein Heim kommen oder ein Elternteil ins Gefängnis kommt.

Nun kann es vorkommen, dass Eltern aus verschiedenen Gründen in der Kindererziehung überfordert sind. Zahlreiche Stellen bieten kostenlos Hilfe an. Starke Eltern holen sich Hilfe und müssen nicht das Gefühl haben, versagt zu haben. Hilfe holen ist ein positives Eingeständnis. Eltern gestehen sich ein, dass sie sich aktuell in Schwierigkeiten befinden, ihre Situation ändern wollen und der Familie zuliebe Hilfe holen wollen. Es gibt Erziehungsberatungsstellen, doch kann auch der Kinderarzt ein Ansprechpartner sein.

Die Formen der psychischen Gewalt können sich nicht nur gegen Kinder richten. Häufig sind auch Frauen davon betroffen. Auch Frauen werden häufig Opfer von sexuellem Missbrauch. Frauen, die psychische, physische oder sexuelle Gewalt erleben, können sich an die Polizei wenden. Es gibt auch verschiedene Beratungsstellen für Frauen. Die Polizei oder eine Beratungsstelle können eine Adresse von einem Frauenhaus vermitteln, wenn es die Wohnsituation nicht mehr zulässt, dass die Frau mit ihrem gewaltbereiten Partner unter einem Dach lebt.

Häusliche Gewalt – weit verbreitet

Um häusliche Gewalt handelt es sich bei körperlicher, psychischer oder sexueller Gewalt innerhalb einer häuslichen Gemeinschaft. Belastend für die Betroffenen ist, dass die Übergriffe in einer Umgebung erfolgen, die eigentlich Schutz bieten sollte. Sie kann in der eigenen Wohnung und in der Öffentlichkeit passieren. Die meisten Opfer von häuslicher Gewalt sind Frauen, doch können auch Männer betroffen sein.

Oft ist häusliche Gewalt nur schwer zu erkennen, da sie schleichend beginnt. Umso mehr kommt es darauf an, frühzeitig die Warnsignale zu erkennen. Ein Anzeichen ist, wenn sich der Partner plötzlich beleidigend oder jähzornig verhält. Auch die Kontrolle von Ausgaben, sozialen Kontakten oder Handy kann ein Anzeichen häuslicher Gewalt sein. Häufig wiederholt sich häusliche Gewalt und wird immer schlimmer.

An verschiedenen Anzeichen können Sie häusliche Gewalt erkennen:

- plötzlicher Rückzug einer Freundin, Kollegin oder Verwandten aus dem sozialen Umfeld
- Unsicherheit, Nervosität oder Gereiztheit der Betroffenen
- erhöhter Konsum von Suchtmitteln wie Alkohol, Tabak oder Tabletten
- ständige Erschöpfung oder Verletzungen

Die veränderte Lebenssituation von Paaren wie Arbeitslosigkeit, Schulden, Suchterkrankungen, Geburt eines Kindes oder Trennung kann Anlass für häusliche Gewalt sein.

Häusliche Gewalt ist strafbar. Bemerken Sie Anzeichen von häuslicher Gewalt, sollten Sie sich an die Polizei, an eine Frauenberatungsstelle oder an ein anonymes Hilfetelefon wenden.

Verbale Gewalt

Verbale Gewalt ist eine Form der psychischen Gewalt. Sie kann sich gegen jeden richten, doch am häufigsten sind Kinder und Frauen davon betroffen. Es handelt sich um die Erniedrigung einer Person durch Worte. Es muss sich nicht immer um einen Streit handeln. Auch wenn der Täter ganz ruhig spricht, kann er Gewalt ausüben. Häufig werden Drohungen ausgesprochen, durch die das Opfer stark verletzt werden kann. Zwischen Täter und Opfer besteht häufig ein Abhängigkeitsverhältnis, aus dem sich das Opfer nur schwer entziehen kann.

Zumeist ist seelische Gewalt ein schleichender Prozess, der nicht sofort bemerkt wird. Demütigungen treten anfangs nur in schwierigen Situationen auf und häufen sich dann über Monate und Jahre. Derjenige, von dem die Gewalt ausgeht, ist häufig intelligent und perfide. Das Verhalten geht zumeist mit psychischen Störungen einher.

Verbale Gewalt können Sie an verschiedenen Anzeichen erkennen:

- Schlafstörungen oder Panikattacken des Betroffenen
- psychosomatische Erkrankungen
- das Selbstbewusstsein des Opfers rutscht in den Keller
- Kontaktabbruch des Opfers nach außen

Sind Kinder im Spiel, kann die gedemütigte Person versuchen, die Kinder zu schützen. Die verbale Gewalt wird von Außenstehenden oft erst zu spät bemerkt. Der Täter betont nach außen hin häufig Liebe in der Partnerschaft. Opfer erleiden häufig eine posttraumatische Belastungsstörung.

Kapitel 3.1: Mögliche Folgen der psychischen Gewalt

Psychische Gewalt kann schwerwiegende Folgen für die Betroffenen haben. Sie kann bei Kindern zu schwerwiegenden Störungen in der geistigen, seelischen und körperlichen Entwicklung führen. Folgen können Ess- oder Schlafstörungen, verschiedene psychosomatische Erkrankungen, aber auch schwerwiegende körperliche Erkrankungen. Eine häufige Folge ist sozialer Rückzug oder soziale Isolation. Die Opfer holen häufig keine Hilfe, da sie anderen Personen nicht mehr vertrauen können, Angst davor haben, bestraft zu werden oder sich schämen. Sie halten nach außen den Eindruck einer heilen Welt aufrecht und versuchen häufig, die psychische Gewalt zu vertuschen.

Bei Freunden oder Verwandten sollten die Alarmglocken spätestens dann läuten, wenn sie merken, dass ein Partner über den anderen regelrecht herrscht. Bei Kindern ist psychische Gewalt besonders schwerwiegend, da die Verletzungen durch seelische Gewalt häufig irreparabel sind.

Psychische Gewalt kann so verheerend sein wie körperliche Folter.

Eine Studie des Psychologen Metin Basoglu von der University of London, bei der 279 Opfer von Folter und Gewalt aus den Bürgerkriegen im früheren Jugoslawien befragt wurden, zeigte, dass psychische Gewalt ähnliche Langzeitfolgen wie körperliche Gewalt bei Gefangenen hat. Die Befragten litten unter ähnlichen Folgen wie Opfer körperlicher Folter, wenn sie über lange Zeit extremem psychischem Stress wie Erniedrigungen und gezielter Manipulation ausgesetzt waren. Ähnliche Folgen wie körperliche Misshandlung haben beispielsweise Drohungen oder Isolation. Es kann zu posttraumatischen Belastungsstörungen mit Schlafstörungen, Flashbacks oder Alpträumen kommen. Auch Panik, körperlicher Schmerz und plötzliche Bewusstlosigkeit sind möglich.

Von dieser Art von Folter können nicht nur Erwachsene in Kriegsgebieten, sondern auch Kinder in friedlichen Ländern betroffen sein. Basoglu weist darauf hin, dass in seiner Studie keine Kinder befragt wurden, doch können die Ergebnisse möglicherweise auf

Kinder übertragen werden. Maßnahmen, die bei Erwachsenen zu posttraumatischen Belastungsstörungen führen, können bei Kindern ähnliche Folgen haben.

Im Fachjargon wird der Entzug von Nestwärme als Deprivation bezeichnet und stellt eine Form von Kindesmisshandlung dar. Ernst Pfeiffer von der Kinder- und Jugendpsychiatrie der Charité in Berlin sagt, dass sich die Ergebnisse der Studie von Basoglu absolut auf Kinder übertragen lassen. Die Belastung führt bei 30 bis 50 Prozent der betroffenen Kinder zu psychiatrischen und kognitiven Schäden, wie Studien anderer Forschergruppen belegen.

Auch Wissenschaftler der New York University haben die Auswirkungen von Deprivation auf die Entwicklung von Kindern untersucht. Sie verfolgten zusammen mit britischen Kollegen die Entwicklung von Kindern unter elenden Bedingungen in staatlichen Kinderheimen unter der Herrschaft des rumänischen Diktators Nicolae Ceaucescu. Diese Kinder wurden zwar von westlichen Familien adoptiert, doch noch sieben Jahre nach der Eingliederung in ein harmonisches Umfeld zeigten sie im Vergleich zu Gleichaltrigen, die unter normalen Bedingungen aufwuchsen, Mängel in der geistigen Entwicklung. Der Intelligenzquotient dieser Heimkinder lag um etwa 15 Punkte niedriger als bei den Altersgenossen.

Schwerwiegende Auswirkungen auf die psychische Gesundheit und die Entwicklung von Kindern haben emotionale und psychische Misshandlungen durch die Eltern. Oft treten solche Handlungen wie Einschüchterungen, Drohungen, Ablehnung oder permanente Kritik wiederholt auf. Eltern ahnen oft gar nicht, dass sie ihren Nachwuchs psychisch misshandeln. Auch die Bevorzugung von Geschwisterkindern ist eine solche Misshandlung.

Für Ernst Pfeiffer und seine Kollegen sind nicht nur die durch psychischen und emotionalen Druck verursachten Entwicklungsstörungen Grund zur Besorgnis. Auch Psychiatrie oder Jugendarrest können die Folgen sein und hohe Kosten für die Gesellschaft verursachen.

Psychische Misshandlung kann sich auf verschiedene Weise bemerkbar machen, wie die folgenden Beispiele zeigen:

Der siebenjährige Konstantin wird ständig von seinen Eltern wegen seiner Unruhe beschimpft und gegenüber seiner älteren Schwester als dumm hingestellt. Er wird von seinen Eltern in den Keller gesperrt, da von der Schule mitgeteilt wurde, dass er seine Hausaufgaben nicht erledigt hatte. Die Eltern wissen, dass sich ihr Sohn vor Dunkelheit fürchtet und sie sich selbst nicht um die Vollständigkeit der Hausaufgaben gekümmert haben. Die Eltern sprechen vor anderen Erwachsenen abfällig über Konstantins Schwierigkeiten, was seine depressiv-resignative Gefühlslage noch verstärkt. Für Konstantin sind Schläge als Form der körperlichen Gewalt selbstverständlich. Die Eltern lehnen eine vorgeschlagene Diagnostik ihres Sohnes ab.

Seelische Misshandlung hat auch der 13-jährige Martin erlebt, der lernschwach und überfordert ist. Er wurde vom Lehrer vor der gesamten Klasse mit Abschätzigkeit behandelt und lächerlich gemacht. Er hat in der Klasse einen schlechten Stand, gilt als Außenseiter und wird ausgegrenzt. Immer wieder fordert der Lehrer ihn zu unmöglichen Unterrichtsbeiträgen auf und bewertet auch richtige Antworten als falsch.

Zur psychischen Gewalt und seelischen Misshandlung gehört auch Mobbing, wie es der 12-jährige Johann erlebt hat, der das Gymnasium besucht. In der Pause wurde er von seinen Mitschülern am Boden fixiert. Diese Szene spielt sich immer dann ab, wenn keine Erwachsenen Zeugen des Geschehens werden. Johann wird auch vor anderen lächerlich gemacht und als blöd dargestellt. Mit der Klassensituation sind die Lehrkräfte überfordert. Ein Studienrat, der selbst psychisch belastet ist, steht weinend vor der Klasse, da er die Situation nicht beherrscht. Erst als zwei sozial kompetente Mädchen den Unterricht verweigern und nicht mehr weiter in der Klasse beschult werden möchten, wird die Situation richtig deutlich.

Eine seelische Misshandlung kann von den Bezugspersonen ausgehen, doch sie wird von den Bezugspersonen nicht immer wahrgenommen.

Ein Beispiel dafür kann die Einbeziehung eines Jugendlichen in einen Partnerkonflikt sein. Der elfjährige Dennis ist zu seinem Vater emotional stark hingezogen. Die Eltern sind geschieden. Die Mutter entfremdet ihn vom Vater und spricht von einer durch den Vater verschuldeten finanziellen Situation und von körperlicher Gewalt durch den Vater, auch wenn diese Ereignisse gar nicht stattgefunden haben.

Eltern können auch überzogene Leistungserwartungen an die Kinder haben, wie es beim 13-jährigen lernbehinderten Robert der Fall ist. Trotz massiver Einschränkungen muss er täglich zu Hause sechs bis acht Stunden üben, da seine Eltern ihn auf eine weiterführende Schule schicken wollen.

Auch die Einbeziehung eines Kindes in elterliche Probleme bei einer psychiatrischen Störung der Eltern kann eine seelische Misshandlung darstellen. Die 16-jährige Luisa erlebt ständig die wechselseitigen Androhungen ihrer Eltern von Selbsttötung oder einander zu töten mit. Da bei einem wiederholten Suizidversuch der Mutter durch den Notarzt das Alter von Luisa verkannt wird, empfiehlt der Notarzt, dass sich Luisa nicht im Haushalt ihrer Eltern aufhalten sollte, falls sich dort eine Waffe befindet.

Welche Folgen seelische Misshandlung haben kann, zeigt das Beispiel von Theresa, die bereits im Kindergarten von ihrer Mutter regelmäßig Kleidung erhielt, wegen der sie sich schämte. Um die Kleidung nicht tragen zu müssen, nässte sie ein. Die Mutter kaufte daraufhin mehrere gleiche Garnituren. In der Stadt musste das Mädchen bei Einkäufen oft stundenlang auf die Mutter an bestimmten Örtlichkeiten warten. In der Grundschule wurde Theresa systematisch demotiviert, da ihr vorgehalten wurde, dass sie dumm sei und zu nichts tauge. Die besondere Fürsorglichkeit der Mutter wurde durch häufige Kinderarztbesuche demonstriert. Das Kind wurde in Ängste über medizinische Themen versetzt. Eine Kinderpsychologin wurde zwar im frühen Jugendalter eingeschaltet, doch ließ sie sich von der glaubhaften Besorgnis und den perfekten Umgangsformen der Eltern blenden. Die Eltern gaben vor, dass sich das Kind einer weiterführenden Therapie verweigern würde. Das missachtende Verhalten der Eltern steigerte sich im Jugendalter. Verwandte wussten zwar, wie es um Theresa stand, doch da das Mädchen gut versorgt war, sahen sie keine Chancen für eine Intervention. Die Eltern wünschten eine geschlossene Unterbringung ihrer Tochter im Heim, doch da sich Theresa angepasst zeigte, schlug das Jugendamt eine ambulante Hilfe statt der geschlossenen Unterbringung vor. Die Eltern nahmen diese Hilfe nicht an. Theresa brach die Schule kurz vor der Volljährigkeit ab und flüchtete aus der häuslichen seelischen Misshandlung zu einem Partner. Sie konnte die Hilfen des Jugendamtes aufgrund ihrer Vorerfahrungen nicht mehr annehmen. Angesichts der scheinbar guten Versorgung wurde das tatsächliche Ausmaß der erzieherischen Missstände nicht erkannt.

Ist physische Gewalt schlimmer als psychische Gewalt?

Die Frage, ob physische Gewalt schlimmer als psychische Gewalt ist, wird immer wieder heiß diskutiert. Es hat gravierende Folgen, wenn Kinder immer wieder erniedrigt, angebrüllt oder eingeschüchtert werden. Die Kinder stehen unter immensem psychischem Druck. Wie eine Studie der Universität von Minnesota aus 2015 belegte, wirkt sich emotionale Gewalt ähnlich schlimm wie körperliche Gewalt auf die psychische Gesundheit aus. Die Würzburger Psychologin Elisabeth Kirchner vom Verein „Wildwasser" betont, dass die Folgen von psychischer Gewalt häufig unterschätzt werden. Viele meinen, dass verbale Gewalt weniger zähle als körperliche Gewalt. Viele Menschen litten jedoch nachhaltig, oft noch bis in das Erwachsenenalter, unter den Demütigungen mit Worten in der Kindheit.

Ein Beispiel, wie schwerwiegend psychische Gewalt sein kann, liefert der 19-jährige Würzburger Eiskunstläufer Isaak Droysen. Er wurde vom früheren Bundestrainer Karel Fajfr häufig geschlagen, doch erlitt er in seiner Kindheit und Jugend auch psychische Gewalt durch den Trainer. Bereits Mitte der 1990er Jahre wurde Fajfr in einem aufsehenerregenden Prozess wegen Kindesmisshandlung rechtskräftig verurteilt. Er bestreitet die Vorwürfe des jungen Eiskunstläufers. Die Psychologin Elisabeth Kirchner sagt, dass anbrüllen, schimpfen, beleidigen und hart angehen nicht zum Training gehören sollte. Leider ist im Sport noch immer die Meinung gängig, dass Schimpfen und Brüllen im Training normal wären. Genau das führt gemäß Elisabeth Kirchner dazu, dass seelische Gewalt und ihre Folgen unterschätzt werden. Die bayerische Familienministerin Kerstin Schreyer sagt, dass in ihrem Ministerium seelische Gewalt klar definiert sei. Es handelt sich dabei um alle Haltungen, Äußerungen und Handlungen von Bezugspersonen, die ein Kind oder einen Jugendlichen überfordern und das Gefühl von eigener Wertlosigkeit und Ablehnung vermitteln. Wird ein Kind in zynischer oder sadistischer Weise herabgesetzt, bedroht oder terrorisiert, erleidet es seelische Misshandlung.

Regelmäßig diskutieren Experten die Frage, wo im Sporttraining und allgemein die Grenze im Umgang mit Kindern und Jugendlichen sein sollte. Elisabeth Kirchner erklärt, dass das Ausgeliefertsein der Schwächeren umso größer ist, je größer die Abhängigkeit ist. Mit zunehmender Abhängigkeit wird auch die Verantwortung des Mächtigeren immer größer.

Experten verstehen unter seelischer Gewalt fortwährende Demütigungen wie „Du bist doch nur blöd" oder „Du fettes Schwein". Werden Kinder solchen Botschaften tagtäglich ausgesetzt, können sie nur schwer ein gesundes Selbstvertrauen aufbauen. Sie glauben irgendwann selbst daran, dass sie wertlos sind. Auch die Androhung von körperlicher Gewalt ist seelische Gewalt.

Fortwährende Demütigungen und Drohungen werden als Mikrotraumatisierungen bezeichnet und wirken in der Folge wie eine große Misshandlung. Eine Mikrotraumatisierung liegt vor, wenn sich ein Kind nach dem Training bewusst von seinem Sport abgrenzen muss. Traut sich das Kind nichts mehr zu, hat es Angst vor der nächsten Begegnung und ist sein Selbstwertgefühl erschüttert, steht es unter erheblichem Leidensdruck. Ein Kind trägt eine solche Situation weiter in sich, auch wenn sie bereits vorbei ist.

Demütigungen in der Öffentlichkeit, wie sie beim Sport häufig an der Tagesordnung sind, wirken sich noch schwerwiegender aus. Die Kinder werden zusätzlich von einem großen und belastenden Schamgefühl geplagt. Das Kind schämt sich als Opfer, doch müsste sich eigentlich der Trainer schämen. Werden Erwachsene Zeugen solcher Behandlungen von Kindern, müssten sie eingreifen und zumindest dem Kind signalisieren, dass sie es gesehen haben und dass dies nicht in Ordnung ist. Elisabeth Kirchner ist der Meinung, dass Erwachsene verpflichtet seien, sich einzumischen.

Nach Ansicht von Elisabeth Kirchner ist es unvermeidlich, dass im Sport mal gebrüllt wird. Sind Demütigungen und Anschreien jedoch Methode, ist Gewalt im Spiel. Leistungssportler sollten sich darüber klar sein, dass das Training nicht nur für den Körper quälend sein kann. Während Erwachsene das überblicken können, sind Kinder dazu noch nicht in der Lage. Erwachsene tragen daher Kindern gegenüber eine hohe Verantwortung.

Aus Scham über die Demütigungen sagen Kinder ihren Eltern oder anderen Bezugspersonen oft nichts davon. Ältere Kinder wollen ihre Eltern damit nicht belasten, da sie wissen, dass Eltern viel tun, um ihnen den Sport zu ermöglichen. Elisabeth Kirchner betont, dass viele Kinder ihre Qual subtil äußern, indem sie regelmäßig Ausreden erfinden oder sagen, dass sie keinen Spaß mehr am Sport hätten, um nicht mehr zum Training zu müssen.

Elisabeth Kirchner sagt, dass sich ein Trainer Hilfe holen muss, wenn er sich nicht mehr unter Kontrolle hat und immer wieder cholerische Anfälle bekommt. Er dürfe nicht mehr in diesem Bereich arbeiten, wenn die Therapie nicht wirkt oder er keine Hilfe in Anspruch nimmt.

Das Recht auf gewaltfreie Erziehung ist seit 2000 im Bürgerlichen Gesetzbuch verankert. Oberste Priorität haben die seelische Gesundheit von Schutzbefohlenen und der Kinderschutz. Bei Züchtigungen wie Prügel oder Ohrfeigen drohen Geldstrafen oder eine Freiheitsstrafe bis zu fünf Jahren.

Kapitel 4: Die Rosenberg-Methode

Als Vater der gewaltfreien Kommunikation gilt der US-amerikanische Psychologe Marshall Rosenberg. Er wurde am 6. Oktober 1934 in Canton im US-Bundesstaat Ohio geboren und verstarb am 7. Februar 2015 in Albuquerque im US-Bundesstaat New Mexiko. Er promovierte 1961 als klinischer Psychologe. Da er jüdische Wurzeln hatte, wurde er als Kind in den 1940er Jahren von Gleichaltrigen häufig ausgegrenzt und erlebte Konflikte zwischen Menschen unterschiedlicher Hautfarbe. Diese Erlebnisse in seiner Kindheit prägten ihn für sein späteres Leben. Er begründete in den 1970er Jahren das Modell der gewaltfreien Kommunikation. Dabei geht es darum, die Sprache als Verbindung zu nutzen, sich aufrichtig mitzuteilen und einander zuzuhören. Die gewaltfreie Kommunikation nach der Rosenberg-Methode soll dazu dienen, Konflikte zu verhindern und bestehende Konflikte zu lösen, ohne dass es Gewinner und Verlierer gibt.

Die Rosenberg-Methode wird heute in vielen Ländern angewendet, darunter auch in Deutschland. Sie ist einer der weltweit meistgenutzten Trainingsansätze für die Kommunikation. Im Grunde kann die gewaltfreie Kommunikation als Sprache des Herzens bezeichnet werden. Mit dem Training kann das Einfühlungsvermögen gestärkt werden. Sogar in Krisengebieten wird die Rosenberg-Methode häufig angewendet. Rosenberg geht davon aus, dass wir ein Nein nur akzeptieren können, wenn wir dazu in der Lage sind, die Beobachtungen, Gefühle, Bedürfnisse und Bitten unseres Gegenübers wahrzunehmen. Wir können dann auch ein Streitgespräch führen, indem wir nicht destruktiv, sondern konstruktiv streiten.

Die gewaltfreie Kommunikation nach der Rosenberg-Methode gliedert sich in vier Schritte:

1. Beobachtung:

Beobachtung ist die Wahrnehmung und Beschreibung einer Situation, bei der noch keine Interpretation erfolgt.

Die Beobachtung könnte folgendermaßen geäußert werden:

„Mir ist aufgefallen, dass du mir gestern und heute nicht beim Hereintragen meiner Einkäufe geholfen hast."

2. Gefühl:

Emotionen sollen erspürt und mit Worten beschrieben werden.

Das ist folgendermaßen möglich:

„Ich war davon enttäuscht, da ich mich eigentlich auf ein bisschen mehr gemeinsame Zeit mit dir gefreut hatte."

3. Bedürfnis:

Das Bedürfnis kann aus dem Gefühl heraus erkannt werden.

Im Beispiel kann das Bedürfnis so geäußert werden:

„Ich wünsche mir von dir mehr Hilfe und Wertschätzung."

4. Bitten:

Wurde das Bedürfnis klar erkannt, sollte eine Bitte daraus formuliert werden. Sie kann mit einer konkreten Handlung formuliert werden:

„Könntest du mir das nächste Mal helfen, wenn ich vom Einkaufen nach Hause komme?"

Die vier Schritte der gewaltfreien Kommunikation fasst Marshall Rosenberg mit einer Faustformel zusammen: Ich sehe a

(Beobachtung) und fühle b (Gefühl), da ich c brauche (Bedürfnis). Ich möchte deshalb gern d (Bitte).

Marshall Rosenberg arbeitete in seinen Seminaren häufig mit den beiden Handpuppen Wolf und Giraffe, um die beiden verschiedenen Formen der Kommunikation zu erläutern. Der Wolf steht für das aggressive, gewaltvolle Auftreten. Es ist der Grund dafür, dass die Menschen sich als getrennt wahrnehmen. Die Giraffe symbolisiert das freundliche, mitfühlende, aber auch klare und kraftvolle Verhalten. Sie lässt den anderen die Verbindung mit seinem Gegenüber spüren. Marshall Rosenberg ahmte in seinen Workshops auf der Bühne nach, wie die Kommunikation mit Wolf und Giraffe ablaufen könnte.

Kapitel 4.1: Beobachten

Beobachten ist der erste Schritt in der gewaltfreien Kommunikation nach der Rosenberg-Methode. Die Beobachtung beinhaltet eine möglichst objektive Beschreibung eines Sachverhalts. Es handelt sich um die Wahrnehmung und Beschreibung einer Situation ohne Interpretation. Beim Formulieren der Beobachtung geht es darum, Killerphrasen wie „immer", „nie", „keiner von euch" oder „alle" zu vermeiden. Solche Phrasen lenken die Kommunikation oft schon in eine bestimmte Richtung. Mit diesen Phrasen erfolgt keine sachliche Beschreibung, sondern wir weisen unseren Kommunikationspartnern damit bereits die Schuld zu.

Bei nahezu allen Menschen wecken solche Vorwürfe schon das Bedürfnis, sich sofort zu verteidigen. Solche Verteidigungen werden als Reaktanz bezeichnet. Sagen Sie zu jemandem: „Immer kommst du zu spät", hat der Angesprochene das Bedürfnis, sich zu verteidigen. Er wird dann sagen: „Gerade bei unseren beiden letzten Verabredungen bin ich zu spät gekommen." Unabhängig davon, wie gerechtfertigt unser Anliegen im Grunde genommen sein mag, will sich der Angesprochene verteidigen. Unser Anliegen löst einen Konflikt aus, da wir es nicht entsprechend dargelegt haben. Wir haben uns selbst mit einer solchen Formulierung den Weg zu einer effizienten Kommunikation versperrt.

Besser ist die Formulierung: „Du bist bei unseren letzten beiden Verabredungen eine halbe Stunde zu spät gekommen."

Die Situation wird damit beschrieben, indem Sie genau sagen, dass derjenige zweimal jeweils eine halbe Stunde zu spät gekommen ist.

Machen Sie sich solche Muster der Kommunikation bewusst und achten Sie in den verschiedenen Situationen danach, kann es Ihnen selbst dann gelingen, so sachlich wie möglich zu bleiben, wenn Sie eigentlich wütend sind.

Kapitel 4.2: Gefühl

Das Gefühl ist der zweite Schritt in der gewaltfreien Kommunikation nach der Rosenberg-Methode. Der Sender stellt seine eigenen Gefühle in der Nachricht an den Empfänger in den Vordergrund, nachdem er seine Beobachtung geäußert hat. Er erspürt Emotionen und benennt sie mit Worten. Das tut er nicht in egoistischer Absicht, sondern er beschreibt, wie es im Moment um seine eigenen Befindlichkeiten steht.

Um sich den Weg zu einer effizienten Kommunikation nicht zu versperren, muss er bei sich selbst bleiben und sachlich sein. Er darf den Fokus nicht auf den anderen richten. Das gelingt mit den sogenannten Ich-Botschaften am besten. Im Beispiel können wir beim Zuspätkommen bleiben. Nachdem er vorgetragen hat, dass sein Gegenüber bei den letzten beiden Verabredungen zu spät gekommen ist, kann er nun sagen: „Ich war enttäuscht, denn auf die Treffen mit dir hatte ich mich so gefreut."

Im Regelfall löst diese Art der Kommunikation durch den Sender beim Empfänger eine völlig andere Art der Empathie aus. Der Empfänger kann sich in die Gefühle des Senders hineinversetzen. Der Konflikt kann effizient bearbeitet werden.

Kapitel 4.3: Bedürfnis

Der dritte Schritt der gewaltfreien Kommunikation ist das Bedürfnis. Das Bedürfnis lässt sich aus dem Gefühl erkennen. Der Sender äußert das Bedürfnis, das er zusammen mit dem Anliegen an den Empfänger hat. Er teilt dem Empfänger mit, was er sich auf emotionaler Ebene von ihm wünscht. Er sagt, was er braucht, damit er sein Ziel erreichen oder den Streit bereinigen kann.

Mit dem Bedürfnis schafft der Sender Klarheit. Er gibt dem Empfänger eine Chance. Der Empfänger hat die Gelegenheit, etwas zu tun, was der Sender durch das Gespräch erreichen möchte.

Im Beispiel mit dem Zuspätkommen kann das sein: „Ich wünsche mir mehr Wertschätzung von dir."

Dabei greift er den anderen nicht an. Der andere kann künftig Wertschätzung zeigen, indem er bei den nächsten Verabredungen pünktlich ist.

Kapitel 4.4: Bitten

Das Bedürfnis kann im vierten Schritt nach der Rosenberg-Methode mit einer Bitte bekräftigt werden. Eine Bitte ist immer dann erlaubt, wenn sie mit dem richtigen Tonfall vorgetragen wird. Der andere hat nochmals die Möglichkeit, für seinen Gesprächspartner etwas Positives zu tun. Eine Bitte fordert zu einer konkreten Handlung auf.

Im Beispiel mit dem Zuspätkommen hat der andere die Möglichkeit, sein Verhalten zu ändern und pünktlich zu sein. Die Bitte können Sie folgendermaßen vortragen: „Könntest du dich bitte bemühen, bei unserer nächsten Verabredung pünktlich zu sein?"

Mit einer solchen Bitte fühlt sich der Kommunikationspartner nicht angegriffen. Er sieht, dass Sie ihm damit eine Chance geben.

Kapitel 5: Zu einem Konflikt gehören immer zwei

Wie bereits in den vier vorangegangenen Kapiteln beschrieben, gehören zur Kommunikation immer mindestens zwei Leute. Das bedeutet auch, dass mindestens zwei Leute dazugehören, wenn es zu einem Konflikt kommt. Nicht immer ist nur der eine an einem Konflikt schuldig. Albert Einstein hat bereits definiert, dass auf jede Aktion eine Reaktion folgt. Marshall Rosenberg hat eine Formel für eine effiziente Kommunikation entwickelt. Diese Formel gilt insbesondere bei Konflikten.

Kindern ist es oft noch nicht bewusst, dass mindestens zwei Leute zu einem Konflikt gehören. Die wichtigste Aufgabe der Eltern ist, ihnen zu helfen. Sie als Eltern sollten Ihrem Kind zeigen, wie eine gewaltfreie Kommunikation erfolgt. Ganz wichtig ist, dass Sie Ihrem Kind die gewaltfreie Kommunikation bewusst und aktiv vorleben.

Unter Kindern, unabhängig davon, wie alt sie sind, kommt es häufig zu Konflikten. Die Anlässe dafür sind vielfältig. Eltern, aber auch andere Personen, die sich mit Kindern beschäftigen, sollten die Konflikte achtsam begleiten. Jeder Konflikt birgt auch eine Chance. Er kann unterschiedliche Standpunkte und Meinungen verdeutlichen. Finden die Bedürfnisse der Einzelnen und der Gruppe Beachtung, kann eine soziale Gemeinschaft entstehen.

Die Reaktion von Menschen in Konflikten hängt zum großen Teil von ihren Erfahrungen in Konflikten und im frühen Alter ab. Wird es schwierig, neigen alle dazu, auf solche Erfahrungen und daraus entstandene Handlungsmuster zurückzugreifen. Pädagogische Fachkräfte müssen bereits in der Kita Konflikte von Kindern begleiten oder Konflikte austragen. Auch Kinder und Eltern werden mit Konflikten konfrontiert. Die meisten Menschen wünschen sich eine konfliktfreie Umgebung, doch Konflikte gehören zum Leben dazu.

Das kleine Beispiel zeigt, wie es in der Kita zu einem Konflikt kommen kann. Mit Decken bauen Karl und Nele eine Höhle. Anna, Leonie und Maja kommen hinzu und wollen dort auch spielen. Sie nehmen die Decken und Kissen, die für Karl und Nele als Baumaterial dienen, weg, und wollen sich damit verkleiden. Darüber empört sich Nele: „Das brauchen wir alles, das gehört uns." Karl zieht an einer Decke, um sie Maja zu entreißen. Aus der Ferne beobachtet die Erzieherin die Situation.

Der Konflikt an sich ist nicht problematisch, aber der Umgang damit. Konflikte bieten ein hohes Lernpotential für die einzelnen Kinder und für die gesamte Gruppe. Die Kinder können durch die Konfrontation andere Sichtweisen kennenlernen. Sie lernen, soziale Werte aufzubauen und Regeln auszuhandeln. Damit ihnen das gelingt, benötigen sie verlässliche Erwachsene, die sie beim Aushandlungsprozess unterstützen und sie in den Auseinandersetzungen wertschätzend begleiten.

Zu einem Konflikt kommt es, wenn sich Menschen mit unterschiedlichen Meinungen, Interessen oder Bedürfnissen begegnen. Ein Konflikt ist ein Zusammenstoß oder ein Zwiespalt. Letztendlich kann er die Veränderung und Entwicklung unter Menschen ermöglichen. Kinder können in einem solchen Konflikt eine Perspektivübernahme entwickeln.

Damit die Abstimmung auf die entsprechende Situation und die beteiligten Kinder gelingt, ist das Wissen um verschiedene Konfliktarten, Konflikttypen und Konfliktmotive hilfreich. Nicht immer sind Motive und Auslöser auf den ersten Blick zu erkennen. Auch wenn Eltern oder Erzieher eingreifen, sollten sie im Auge behalten, dass Konflikte wichtig für die Entwicklung von Kindern sind.

Unabhängig davon, ob es sich um Konflikte zwischen Kindern oder Erwachsenen handelt, werden fünf Konfliktarten unterschieden:

- Interessenkonflikt, bei dem Besitzverhältnisse ausgehandelt werden.
- Beziehungskonflikt, bei dem es um die Sicherung von Freundschaften geht.
- Sachverhaltskonflikt, hinter dem sich oft unklare Absprachen, Ursachen oder Missverständnisse verstecken, die geklärt

werden müssen.

- Strukturkonflikt, der durch Strukturen, ungünstige Räumlichkeiten oder Rahmenbedingungen ausgelöst wird.
- Wertekonflikt, der häufig auftritt, wenn es um die Verständigung über verschiedene Standpunkte und die Einhaltung gemeinsamer Regeln geht.

Bei Konflikten zwischen Kindern und Erwachsenen werden vier verschiedene Konflikttypen unterschieden:

- diejenigen, die kämpfen.
- diejenigen, die die Flucht antreten.
- diejenigen, die interessiert an Aushandlungen oder Lösungen sind.
- diejenigen, die vermeidend sind und sich dem Schiedsspruch unterwerfen.

Bei Kindern können verschiedene Konfliktmotive auftreten:

- Unterbrochene Handlung, wenn Kinder auf die Störung ihres Tuns reagieren und sich ihr Spielobjekt erkämpfen, um die Handlung fortzusetzen.
- Neugier oder Exploration, da das Kind bespielte Objekte erlangen möchte, um sie zu entdecken. Durch die Bewegung durch ein anderes Kind können solche Objekte besonders interessant wirken.
- Erweckte Bedürfnisse, wenn ein Kind beispielsweise durch ein anderes Kind, das trinkt, an den eigenen Durst erinnert wird. Um sein Bedürfnis zu stillen, möchte das Kind dem anderen Kind die Flasche wegnehmen.
- Besitz, wenn das Kind bestimmte Objekte erlangen möchte, um sie sein Eigen zu nennen.
- Hierarchie, wenn ein Kind um einen Gegenstand kämpft, dessen Besitz es stärker wirken und in der Rangordnung wachsen lässt.
- Kontakt- und Erregungssuche, wenn Kinder Langeweile oder Einsamkeit entkommen und Aufmerksamkeit erhalten möchten und dafür unkontrollierte Kontakte aufnehmen.

Auch wenn die Motive eines Konflikts bekannt sind, so wie in dem kleinen Beispiel, ist die Bedeutung nicht immer leicht zu erkennen, da sie tiefer liegt. Wie bei einem Eisberg liegen die Interessen, Themen und Forderungen sichtbar an der Oberfläche. Weniger greifbar sind die individuellen Ängste, Emotionen und Wünsche.

Um Konflikte zu bewältigen, müssen Kinder Handlungsstrategien erwerben. Sie brauchen dafür eine gute Begleitung. Eltern und Erzieher sollten eine Vorstellung von den verschiedenen Konflikttypen haben. Ein Konflikt ist ein komplexes Geschehnis und lässt sich in den wenigsten Fällen auf eine einzelne Ursache zurückführen oder rein objektiv erklären. Eltern und Erzieher sind immer auch mit den eigenen Empfindungen beteiligt und sollten daher ihre eigenen Einstellungen zu Konflikten reflektieren. Dabei können die folgenden Fragen helfen:

- Welcher Konflikttyp bin ich?
- Wie bewerte ich grundsätzlich Konflikte?
- Wie reagiere ich zumeist auf Konflikte?
- In welchen Situationen zeige ich eine angespannte Reaktion?
- Warum reagiere ich so?
- Wie sollte für mich eine gute Konfliktlösung erfolgen?

Stressbelastet sind akute Streitsituationen mit aggressiven Auseinandersetzungen. Stress und Überforderung können Ängste und Wut auslösen, die zu unbedachten Reaktionen wie Gewalt oder Strafen führen und eine professionelle Konfliktlösung verhindern. Erzieher sollten eine weitere pädagogische Fachkraft einbeziehen, wenn sie merken, dass sie ihre Impulse nicht mehr unter Kontrolle haben und den Konflikt nicht mehr mit Ruhe lösen können.

Wie Konfliktbegleitung funktionieren kann

Erwachsene sollten Konflikte zwischen Kindern nicht vorzeitig beenden oder bewerten. Sie sollten sich Zeit nehmen und die Situation überblicken. Dabei helfen folgende Fragen:

- Wer ist beteiligt?
- An welcher Stelle des Konflikts stehen die Kinder?
- Kann jemand zu Schaden kommen?

Droht der Konflikt zu eskalieren und wollen Erwachsene aktiv einschreiten, ist das Interaktionsverhalten größtenteils entscheidend dafür, wie der Konflikt verläuft, ob er gelöst wird und welche Möglichkeiten für die Kinder bestehen. Abhängig vom Zeitpunkt des Eingreifens durch die Erwachsenen können verschiedene Strategien als Handlungsorientierung helfen.

Im Beispiel mit den Decken kann eine Rückmeldung eines Erwachsenen helfen, wenn klar wird, dass zwei Bedürfnisse nicht miteinander vereinbar sind. Erwachsene können den Kindern ihre Wahrnehmung darlegen und ihnen eine Perspektive ermöglichen, doch ist es nicht sinnvoll, eine Lösung vorzugeben.

Eine solche Aussage oder ein Rückzug aus einer Konfliktsituation werden nicht möglich sein, wenn sich die Kinder in einer direkten Konfrontation befinden. Kinder brauchen einen erwachsenen Streitschlichter, wenn sie schreien oder zu weinen anfangen, ohne ihr eigenes Bedürfnis aufzugeben.

Destruktive Konflikte sollten von Erwachsenen unterbrochen werden. Ein Notfallprogramm mit der Drei-Stufen-Regel kann helfen:

1. Auseinandersetzung stoppen.
2. Die Kinder trennen.
3. Kinder ansprechen, um die Situation zu regulieren.

Erwachsene sollten dabei Sicherheit ausstrahlen und Ruhe bewahren. Im Beispiel mit den Decken kann das so erfolgen: „Karl, du hältst die Decke fest, da du nicht möchtest, dass Maja sie nimmt. Ich habe gesehen, wie du noch fester gezogen hast, und gehört, wie du ganz laut „Lass los" gerufen hast."

Wir können Kindern zwei Möglichkeiten aufzeigen, um ihnen einen überschaubaren Handlungsrahmen zu bieten, wenn sie auch dann noch in einer Situation verharren, in der eines als Verlierer hervorgehen würde. Eine offene Frage wie „Was können wir da machen?" könnte die Kinder überfordern. Mit einer Auswahl an Möglichkeiten können wir Kinder handlungsfähig machen. An der Reaktion der Kinder können wir erkennen, ob wir die richtige Variante gewählt haben.

Kinder wollen nach einem Konflikt häufig berichten, was geschehen ist. Nicht immer ist es einfach, festzustellen, was, warum und in welcher Art passiert ist. Wir sollten daher das aktuelle Bedürfnis dieses Kindes ergründen. Nähe und Trost können dabei helfen. Mit Ideen können wir dem Kind einen Anhaltspunkt geben, was es beim nächsten Mal in einer solchen Situation tun kann.

Um empathisch und gewaltfrei miteinander zu agieren, benötigen Kinder Handlungsmöglichkeiten. Wir müssen ihre Vorschläge und Ideen ernst nehmen. Erwachsene sollten Kindern signalisieren, dass es bei jeder Auseinandersetzung eine Lösung gibt.

Geraten Kinder häufig in Konflikte, ist eine gute Konfliktbegleitung wichtig, um ihnen mehr Handlungsspielräume zu geben. Kinder müssen noch lernen, mit Konfliktsituationen umzugehen.

Streiten Kinder miteinander, ist es die Aufgabe der Eltern, ihnen zu zeigen, wie sie einen solchen Streit lösen können. Versuchen Erwachsene, die Konflikte der Kinder zu lösen, untergraben sie häufig das Bedürfnis nach Anerkennung der Kinder. Nicht die Eltern sollten den Konflikt lösen, sondern den Kindern dabei zur Seite stehen, den Konflikt eigenverantwortlich zu lösen.

Kinder lernen zuzuhören, ihre Meinung zu vertreten und selbst eine Lösung zu finden, wenn sie selbst ihre Konflikte austragen. Diese Werte erfahren sie auch von ihrem Gegenüber, da sie gehört werden und ihre Meinung vertreten dürfen. Diese Eigenschaften sind für ein friedvolles Zusammenleben wichtig. Sie sollten daher auf Schuldzuweisungen, Schimpfen und Sätze wie „Der Klügere gibt nach" oder „Streitet euch nicht" verzichten.

Kinder möchten, dass ihre Version der Dinge gehört wird. Verurteilen Sie die Kinder nicht, müssen sie sich auch nicht vor Ihnen verteidigen. Ihr Vertrauen in uns als Erwachsene wächst in dem Umfang, in dem Kinder ihre Sicht der Dinge erklären dürfen. Als Erwachsene sollten wir als Konfliktvermittler auftreten.

Auch hier dient wieder ein Beispiel zur Veranschaulichung. Lena und Tim spielen mit Legosteinen. Lena bittet Tim, ihr den roten Legostein zu geben, den er in der Hand hält. Tim will ihr den Legostein nicht geben und will mit ihr verhandeln: „Du kannst einen anderen Stein nehmen, der gelbe ist schöner." Lena lässt sich von ihrem Wunsch nicht abbringen. Sie gibt noch nicht auf und sagt: „Ich bin nicht mehr deine Freundin, wenn du mir den roten Stein nicht gibst." Sie reißt Tim den roten Legostein aus der Hand. Nun schlägt ihr Tim auf den Kopf. Ein Konflikt ist entstanden.

Sie können folgendermaßen handeln, indem sie zu den beiden gehen und sagen: „Tim und Lena, legt bitte die Spielsachen weg und setzt euch zu mir. Ich möchte mit euch reden." Setzen Sie sich dabei auf den Boden, bringt das Ruhe in die Situation. Mit den Kindern können Sie auf Augenhöhe reden. Zu Tim können Sie sagen: „Tim, ich habe gesehen, du hast Lena auf den Kopf geschlagen." Das ist keine direkte Anschuldigung an Tim, da Sie auf eine Bewertung verzichten. Tim kann nun erklären: „Lena hat mir meinen Legostein weggenommen. Das will ich nicht." Zu Lena können Sie sagen: „Lena, Tim sagt, du hast ihm den Legostein weggenommen. Er will das nicht." So haben Sie die Worte wiederholt, ohne Lena eine Schuld zuzuweisen.

Es ist möglich, dass sich Lena und Tim noch gegenseitig die Schuld zuweisen. Sie können die beiden fragen, ob sie eine Idee haben, wie sie wieder zusammen spielen können.

Da Kinder noch nicht selbst Lösungen für ihre Konflikte finden können, ist die Führung durch einen Erwachsenen wichtig. Bei den Kindern liegt jedoch die Verantwortung für die Lösung des Konflikts.

Im Beispiel könnte Tim jetzt sagen, dass sich Lena einen anderen Legostein aus der Kiste suchen soll. Sie können Lena nun sagen, welche Idee Tim hat, und sie fragen, ob das in Ordnung für sie ist. Der Konflikt ist gelöst, wenn sich Lena einen Stein aus der Kiste sucht und die beiden wieder friedlich weiterspielen.

Gewaltfreie Regelung von Konflikten mit Kindern und Jugendlichen

Kinder können Konfliktfähigkeit lernen. Daher gilt es, Gewalt in Familie und Schule vorzubeugen.

- Gewalt und Aggressivität werden begünstigt, wenn Kinder in Familie und Schule nicht dazugehören.
- Gewaltfreies Verhalten wir durch familiäre Gemeinsamkeit gefördert.
- Gesunde Aggression sollte zur Verhinderung von Destruktion unterstützt werden. Sie dient der Selbstbehauptung.
- Verständigung ist anzustreben, damit Kinder lernen, Konflikte in Familie und Schule gewaltfrei zu regeln.
- Eltern und Lehrer sollten sich mit dem eigenen Denken und Fühlen begreifen lassen.
- Zuhören trägt zur Konfliktlösung bei.
- Gefühle von Kindern und Jugendlichen müssen respektiert werden. Die Angst wird angenommen und bearbeitet.
- Statt zu strafen, sollten Eltern Versöhnung ermöglichen.
- Kinder können lernen, Frieden zu führen, indem sie die Regelung von Konflikten lernen.
- Eltern sollten ihre eigene Aggression nicht unterdrücken, sondern konstruktiv machen.
- Kinder müssen Halt bekommen und Grenzen erfahren. Konflikte werden mit dem Zwang zu guten Gewohnheiten erspart.
- Zur Festigung des Selbstwertgefühls brauchen aggressive Kinder eine Ich-Stärkung.
- Eltern sollten für ihre Kinder ein Vorbild sein und achtungsvoll miteinander umgehen.
- Eltern und Lehrer sollten ihre Kinder nicht unter Druck setzen, sondern ihnen Zeit für den Lernprozess geben.
- In der Schule können Kinder Demokratie lernen, indem sie den Unterricht mitgestalten dürfen.

Erwachsene, die sich offen gegen Gewalt einmischen, handeln nachhaltig und können ein Vorbild für die Kinder sein.

Kapitel 5.1: Wie streitet man eigentlich richtig?

Gewaltfreie Kommunikation bedeutet nicht, dass nicht gestritten wird. Es kommt nur darauf an, wie gestritten wird. Ziel der Rosenberg-Methode ist das konstruktive Streiten. Ein Leben ohne Konflikte gibt es nicht, doch kommt es durch das richtige Streiten darauf an, die Konflikte ohne Gewalt zu lösen. Für Erwachsene kommt es ebenso wie für Kinder darauf an, richtig zu streiten. Erwachsen können Kindern die Rosenberg-Methode nahebringen und ihnen zeigen, wie man richtig streiten kann. Auch ein Streit der Eltern gehört dazu, doch kommt es darauf an, wie er geführt wird.

In jeder Familie gehören Konflikte zum Alltag. Damit der Streit nicht eskaliert, muss richtiges Streiten gelernt werden. Kleine Anlässe wie ein unordentliches Zimmer, verschütteter Saft oder ein Missverständnis können Anlass zu Streit sein. Streiten ist nicht negativ, da Kinder dadurch wichtige Dinge wie die friedliche Beilegung von Konflikten, sich Konflikten zu stellen oder einfach nachzugeben lernen. Eltern und Kinder müssen Regeln beachten, damit der Streit respektvoll verläuft und durch eine Klärung endet. Für die Eltern kommt es darauf an, Ruhe zu bewahren, klare Regeln durchzusetzen und klare Strukturen zu bewahren. So erhalten Kinder eine Orientierung. Konflikte können dadurch vermieden werden.

Bei einem Streit sollten Sie nicht vergessen, dass sich Kinder und Erwachsene unbedachte Äußerungen viel mehr zu Herzen nehmen, wenn sie von denjenigen kommen, die ihnen viel bedeuten. Ein Streit vermittelt viel über die Bedürfnisse unseres Gegenübers. Das Ziel sollte immer eine Lösung des Konflikts sein, damit ein Streit der Entwicklung zwischenmenschlicher Beziehungen dienen kann. Erst dann, wenn die andere Partei mit Äußerungen im Streit herabgewürdigt, gedemütigt oder verletzt wird, kann ein Streit problematisch werden. Die folgenden Regelungen können bei der Entwicklung einer gesunden Streitkultur helfen:

Jedes Familienmitglied zählt

Die Meinung und Gefühle aller Beteiligten sollten in einem Streit ernst genommen werden. Wichtig ist, dass jedes Mitglied zu Wort kommt und ausreden kann. So bekommt niemand das Gefühl, dass er nicht ernst genommen wird oder seine Gefühle nicht zählen.

Komplettes Vermeiden von Beleidigungen

Bei einem Streit auf Augenhöhe haben Schimpfwörter und Beleidigungen nichts verloren. Beleidigungen treffen meistens tiefer, wenn sich derjenige, von dem sie kommen, so richtig in Rage befindet. Als Eltern sollten Sie den Kindern eine Streitkultur ohne Beleidigungen vorleben. Äußern Kinder Beleidigungen, sollten Sie nicht die Persönlichkeit der Kinder, sondern nur deren Verhalten kritisieren. Ihr Kind hat dann die Sicherheit, dass Sie es lieben, auch wenn es sich falsch verhalten hat.

Entschuldigungen annehmen

Nun kann es trotz Versuche, Beleidigungen und Schimpfwörter zu vermeiden, dazu kommen, dass sie fallen. Es kommt jedoch darauf an, dass sich derjenige, von dem sie kommen, für sein Verhalten entschuldigt. Auch wenn die Wut nicht automatisch verschwindet, sollten Sie die Entschuldigung annehmen und würdigen.

Streit reflektieren

Ist der Streit vorbei, können alle Beteiligten daraus für das Leben lernen. Die Situation sollte noch einmal reflektiert werden. Wie kam es zu dieser Streitsituation? Wie können künftig Streite zu diesem Thema vermieden werden?

Wie Eltern Kinder konfliktfähig machen können

Als Eltern können Sie eine gesunde Streitkultur Ihrer Kinder fördern, indem Sie Ihre Kinder bei der Entwicklung der Konfliktfähigkeit unterstützen.

Jüngere Kinder können sich sprachlich noch nicht so gut ausdrücken. Sie sollten versuchen, die Probleme Ihrer Kinder zu übersetzen, indem Sie schildern, was Sie beobachtet haben.

Einen Streit sollten Sie aufgreifen und ernst nehmen. Sprechen Sie die Kinder darauf an, dass Sie bemerkt haben, dass sie streiten.

Hören Sie sich alle Seiten an, indem Sie jedem beteiligten Kind zuhören.

Sie sollten keine Partei für ein Kind ergreifen, sondern den Kindern mitteilen, dass Sie verstehen, worum es geht.

Werden Sie von den Kindern um Hilfe gebeten, sollten Sie fragen, wie Sie helfen könnten.

Suchen Sie gemeinsam mit den Kindern nach Alternativen und fragen Sie, was sie bereits ausprobiert haben, um das Problem zu lösen. Schlagen Sie einige Lösungen vor, wenn die Kinder noch keine Lösung gefunden haben.

Wählen Sie gemeinsam die beste Lösung aus und besprechen Sie die Umsetzung.

Freuen Sie sich, wenn es geklappt hat, und bestärken Sie die Kinder, dass sie die Probleme lösen können.

Suchen Sie nach weiteren Möglichkeiten, wenn sich die gefundene Lösung nicht bewährt.

Streitigkeiten als wichtige Erfahrungen für Kinder

Kinder streiten sich häufig, da sie noch nicht wissen, wie sie Konflikte lösen können. Für Eltern ist es naheliegend, dazwischenzugehen und die kleinen Streithähne einfach zu trennen oder mit ihnen zu schimpfen. Kinder lernen daraus nicht und vergessen auch den Streit nicht. Es geht oft schon nach wenigen Minuten wieder von vorn los. Mit Streitigkeiten demonstrieren Kinder ihre Macht. Sie machen Besitzansprüche geltend und demonstrieren ihren sozialen Status in der Gruppe. Kinder brauchen solche Erfahrungen, da sie den Umgang mit Grenz- und Konfliktsituationen trainieren.

Als Eltern sollten Sie es nicht negativ bewerten, wenn Kinder sich nicht einig sind oder laut werden. Bis zu einem bestimmten Maß sollten Sie das tolerieren. Das ist von den Kindern nicht böse gemeint. Kinder wollen damit keinen verletzen, sondern nur ihren Standpunkt klären. Erlauben Sie den Kindern solche Streitigkeiten nicht, werden die Kinder in einem wichtigen Lernprozess gestört.

Sie sollten den Streit beobachten und darauf achten, ob die Kinder in der Lage sind, den Streit selbstständig beizulegen. Häufig streiten Kinder, die sozial sehr aktiv sind. Diese Kinder haben später mehr Lösungsansätze für schwierige Situationen. Kinder, die nie streiten, werden als Erwachsene Probleme im Umgang mit Konfliktsituationen haben.

Nur dann, wenn es richtig heftig wird, sollten Sie eingreifen. Das ist dann notwendig, wenn der Streit nicht nur verbal, sondern auch mit körperlichen Verletzungen ausgetragen wird. Sie sollten nicht die komplette Kontrolle übernehmen, sondern neutral bleiben. Auch in solchen Situationen sollten Sie die Kinder nicht anschreien oder zurechtweisen. Stehen Sie neutral zwischen den kleinen Konfliktpartnern, lehren Sie den Kindern schon frühzeitig Fairness und Gerechtigkeit.

Häufig sind Eltern nicht bestrebt, eine Lösung für den Konflikt, sondern für ihre eigene Ruhe zu suchen. Sie versuchen daher, den Streit durch Anschreien oder Zurechtweisen der Kinder beizulegen. Die Eltern haben dann zwar für einen Moment ihre Ruhe, doch wird der Konflikt nicht gelöst, da die Kinder weiterhin ein Problem haben.

In der Familie, zwischen Erwachsenen und unter Kindern sollten drei einfache Regeln gelten:

1. Streitigkeiten werden nur verbal, aber niemals mit körperlicher Gewalt ausgetragen.

Sie sollten Kindern die Folgen von gewalttätigen Handlungen erklären und sie an die Schmerzen bei den letzten Verletzungen erinnern.

2. Nur zu zweit wird gestritten.

Ein einzelnes Kind wird nicht von einer Gruppe angefeindet. Sie können das an bisher erlebten Situationen erklären oder ein Rollenspiel anwenden.

3. Nach jedem Streit wird Frieden geschlossen.

Eine akzeptable Einigung muss geschlossen werden, ohne dass es Gewinner und Verlierer gibt. Kinder schaffen das meistens von allein. Sollten sie es nicht schaffen, dann kann eine Notfalllösung helfen. Bei kleinen Kindern hat es sich bewährt, dass sie sich zusammen in einem Zimmer aufhalten müssen. Sie finden meistens eine Lösung.

Bei Kindern und Jugendlichen kann es immer wieder zu Streit kommen. Er macht Probleme innerhalb einer Gruppe deutlich und bietet die Chance, Probleme zu entdecken, zu analysieren und zu lösen.

Nicht die Kinder, sondern die Eltern sind oft das Problem bei einem Streit. Häufig machen sie aus einer Mücke einen Elefanten. Kommt es zu Problemen zwischen Kindern in der Schule, greifen Eltern häufig zum Telefon, um die Eltern des Gegners anzurufen. Eltern sollten sich nicht einmischen, sondern die Kinder unterstützen. Sie sollten die Position eines Beraters einnehmen. Eltern können das Problem hinterfragen, beispielsweise:

- Was ist vorgefallen?
- Wie hast du das empfunden?
- Wie hat der andere das vielleicht empfunden?

Es geht nicht darum, einen Schuldigen zu finden, sondern neue Sichtweisen aufzuzeigen. Schon bald kann das Kind dann wieder auf den anderen zugehen oder wieder zur Freundschaft bereit sein, wenn der andere den ersten Schritt macht.

Eltern sollten bei einem Streit von Kindern nicht als Schiedsrichter, sondern als Moderator einschreiten. Nur dann, wenn Gewalt im Spiel ist, sollten Eltern einschreiten.

Konfliktsituationen positiv beeinflussen

Egal, ob es sich um Streitigkeiten unter Kindern oder um Konflikte bei Erwachsenen handelt, können Sie mit den folgenden Tipps Konfliktsituationen positiv beeinflussen:

- Wünsche klar und ehrlich aussprechen.
- Nicht vom ursprünglichen Thema abweichen und das Ziel im Auge behalten.
- Den anderen aussprechen lassen.
- Aktiv zuhören.
- Nicht mit Stolz, sondern mit Humor reagieren.

Kapitel 6: Sympathie & gewaltfreie Kommunikation

Was haben eigentlich Sympathie und gewaltfreie Kommunikation gemeinsam? Eigentlich sehr viel, denn wer sympathisch ist, kann gewaltfrei kommunizieren. Er ist empathisch und kann sich in andere hineinversetzen. Manche Menschen mögen wir auf den ersten Blick, sie sind uns auf Anhieb sympathisch. Das kann daran liegen, dass sich diese Menschen gut in die Probleme des anderen hineinversetzen und entsprechend kommunizieren können. Andere Menschen mögen wir schon auf den ersten Blick nicht. Wir haben ein ungutes Gefühl, wenn wir ihnen zum ersten Mal begegnen.

Mitgefühl, Empathie und Sympathie sind eng miteinander verwandt, auch wenn sie unterschiedliche Bedeutungen haben. Menschen verwenden diese Wörter daher häufig für denselben Zweck. Der Sinn dieser drei Wörter lässt sich in drei Stufen erklären:

- Sympathie als erste Stufe bedeutet, das Problem zu verstehen.
- Empathie als zweite Stufe bedeutet, den Schmerz fühlen zu können.
- Mitgefühl als dritte Stufe bedeutet, den Mut für eine Lösung zu finden.

Bei allen drei Begriffen geht es darum, dass Menschen, die sich durch diese Eigenschaften auszeichnen, gewaltfrei kommunizieren. Die gewaltfreie Kommunikation ist die Grundlage dafür, dass jemand die Probleme eines anderen überhaupt verstehen kann.

Mitgefühl ist die Fähigkeit, den Schmerz eines anderen zu fühlen. Jemand, der nicht nur das Leiden des anderen spürt, sondern auch die Mittel zur Linderung der Schmerzen bereitstellt, hat Mitgefühl. Oft wird Mitgefühl mit Empathie verwechselt.

Empathie bedeutet nur, dass jemand den Schmerz des anderen fühlt, während Mitgefühl die Bereitstellung einer Lösung für die leidende Person bedeutet. Wissenschaftler haben die biologischen Grundlagen erforscht, warum Menschen gegenüber einem anderen mitfühlend sind und nur dann mit der anderen Person mitfühlen, wenn sie denselben Schmerz empfinden oder tief mit dieser Person verbunden sind. Die Herzfrequenz der mitfühlenden Person sinkt in einer solchen Situation. Die mitfühlende Person scheidet das Bindungshormon Oxytocin aus.

Empathie ist die Fähigkeit, in die Fußstapfen eines anderen zu treten und dessen Situation zu verstehen. Jeder Einzelne besitzt dieses Merkmal, doch es unterscheidet sich abhängig von der Erziehung und den Erfahrungen von Person zu Person. Während einige Personen den Schmerz einer anderen Person verstehen, sind andere dazu nicht in der Lage. Das liegt an eigenen Erfahrungen. Zur Erleichterung von Beziehungen und des Lebens muss eine wichtige Fähigkeit erlernt werden.

Sympathie ist das Verständnis für eine Situation, in der sich ein anderer befindet. Wer sympathisch ist, zeigt, dass er sich um diese Person kümmert. Die Person soll sich wohlfühlen und den Eindruck bekommen, dass es immer eine Lösung gibt, um das Problem zu bewältigen, egal, wie groß es ist.

Wir fühlen vielleicht nicht mit jedem und haben auch nicht mit jedem Mitgefühl, doch haben wir für die Personen Mitgefühl, deren Probleme uns als ernst erscheinen. Sehen wir beispielsweise einen Bettler, verstehen wir sein Problem und sind darüber traurig, doch fahren wir in eine andere Straße, wird das Problem wieder vergessen sein.

Zwischen Sympathie und Empathie gibt es einen großen Unterschied. Sympathie ist die Fähigkeit, eine andere Person unterstützen zu können. Hat sich beispielsweise Ihre Freundin von ihrem Partner getrennt, wollen Sie ihr zuhören und sie unterstützen. Sie sind jedoch nicht in der Lage, die Schmerzen zu erleiden, unter denen Ihre Freundin leidet. Damit Ihre Freundin das Gefühl bekommt, dass Sie sich für sie interessieren, können Sie sie anrufen.

Sind Sie einfühlsam, empathisch, bedeutet das, dass Sie so besorgt sind und nicht nur anrufen, sondern auch wollen, dass Ihre Freundin aus der schwierigen Situation herauskommt. Sie begleiten Ihre Freundin, bis ihr Schmerz vollständig beseitigt ist.

Hat eine Person nicht das Stadium der Empathie gespürt, kann sie nicht das Stadium des Mitgefühls durchlaufen. Empathie bedeutet, nicht nur den Schmerz zu verstehen, sondern auch den Schmerz des anderen zu spüren. Mitgefühl geht noch weiter. Es bedeutet nicht nur das Verständnis und das Fühlen des Schmerzes, sondern auch das Anbieten einer Lösung für die betroffene Person.

Wer Mitgefühl hat, spürt den Schmerz einer anderen Person und fühlt selbst den Schmerz. Er investiert seine Zeit und Energie in die Lösung des Problems, egal, wie groß das Problem ist. Mitfühlende Menschen laufen vor Problemen nicht davon und zeigen nicht nur, dass sie besorgt sind.

Niemand erwartet von Ihnen, dass Sie Mitleid mit jeder Person haben. Allerdings sollten Sie mit denjenigen Mitgefühl haben, die Ihnen nahestehen, also mit Ihrer Familie und Ihren Freunden.

Abneigung kommt zustande, wenn eine Person keine Sympathie, keine Empathie und kein Mitgefühl zeigt. Umgekehrt empfinden wir Zuneigung für Personen, die uns sympathisch sind, da sie Verständnis für die Probleme anderer haben, mitfühlen können und Lösungen für die Probleme anbieten.

Kann jemand nicht gewaltfrei kommunizieren, werden wir eine starke Abneigung gegen ihn empfinden. Umgekehrt können wir Zuneigung zu einer Person empfinden, wenn sie in der Lage ist, gewaltfrei zu kommunizieren.

Kapitel 7: Was löst eine gewaltvolle Kommunikation aus?

Jeder von uns hat diese Situation schon mehr als einmal erlebt: Wir ärgern uns über jemanden, egal, was der Grund dafür ist. Das kann beispielsweise eine unberechtigte Mahnung sein, da die Rechnung schon längst bezahlt wurde. Wir möchten die Situation aus der Welt schaffen und rufen an. Dabei sind wir nicht gerade freundlich, da wir uns ärgern und ungerecht behandelt fühlen. Wir sind gewaltbereit und verärgert. Unseren Gesprächspartner am Telefon können wir nicht körperlich angreifen, doch hier beginnt schon eine gewaltvolle Kommunikation. Unser Tonfall, die Art, wie wir die Botschaft darlegen, aber auch die Wortwahl können einer gewaltvollen Kommunikation entsprechen.

Auch dann, wenn wir jemanden nicht mögen oder aus verschiedenen Gründen eine Abneigung gegen jemanden haben, fällt es uns nicht immer leicht, mit demjenigen zu kommunizieren. Starten wir schon mit schlechter Laune in den Tag, sind wir zu unseren Mitmenschen nicht gerade freundlich. Schon eine Kleinigkeit reicht oftmals aus, dass aus einer gewaltfreien eine gewaltvolle Kommunikation wird. Das geht nicht nur uns als Erwachsene so. Auch unsere Kinder sind nicht immer gutgelaunt oder ärgern sich über verschiedene Dinge. Sie wissen noch nicht, wie sie eine gewaltvolle Kommunikation vermeiden können. Nun sind Sie als Eltern gefordert. Ihre Aufgabe besteht darin, die gewaltvolle Kommunikation aufzulösen.

In vielen Familien kommt es unter den Eltern zu Konflikten, da sie sich in der Kindererziehung nicht einig sind. Oft fühlen sich beide Partner gegenseitig in ihrer Erziehungsmethode sabotiert und sind der Meinung, der jeweils andere würde ihnen in den Rücken fallen. Schnell lernen aufgeweckte Kinder, wie sie aus der Uneinigkeit ihrer Eltern Nutzen ziehen. Verbietet ein Elternteil etwas, fragen sie einfach beim anderen nach. Die Kinder lernen, dass auch ihre Eltern nicht perfekt sind. In einem geschützten Umfeld können sie wichtige zwischenmenschliche Strategien ausprobieren. Bei wichtigen und immer wiederkehrenden Themen sollten die Eltern unbedingt geschlossen auftreten und verständliche Argumente hervorbringen. Dabei kommt es darauf an, dass die Einigkeit der Eltern echt ist. Eventuelle Widersprüche sollten geklärt werden. Eltern sollten sich darüber einig sein, wann Konsequenz wichtig ist und wann sie zu viel ist.

Verschiedene Themen in der Kindererziehung erfordern Konsequenz:

- Respekt anderen Menschen gegenüber.
- Respekt vor Dingen, die dem Kind anvertraut werden, beispielsweise Geld, Schulsachen oder Essen.
- Körperpflege und Sauberkeit.
- Erfüllung alltäglicher Aufgaben wie Hausaufgaben oder Hilfe im Haushalt.

Am besten klappt es mit der Konsequenz, wenn Eltern ihren Kindern das Wertesystem, das sie von ihnen erwarten, vorleben.

Zu viel Konsequenz schadet der gesunden Neugier von Kindern. Alle Menschen, vor allem Kinder, sind neugierig. Bei Kindern kommen noch Spieltrieb und Abenteuerlust hinzu. Gelegentliche Abweichungen von der Regel können beispielsweise bei Essens- oder Schlafenszeiten spannend sein und zelebriert werden. So darf das Kind beispielsweise im Urlaub oder am Geburtstag etwas länger aufbleiben.

Selten sind sich Eltern bei grundlegenden Werten wie Respekt, Ehrlichkeit, Ordnungsliebe oder Zuverlässigkeit uneinig. Meistens treten Schwierigkeiten bei der Vermittlung oder Umsetzung solcher Werte auf. Das ist beispielsweise der Fall, wenn ein Elternteil das Kinderzimmer bereits als aufgeräumt betrachtet, wenn noch irgendetwas herumliegt, während beim anderen das Kinderzimmer erst als aufgeräumt gilt, wenn alles ordentlich in den Schränken und Schubladen verstaut ist. Die Eltern müssen in solchen Fällen Kompromisse schließen, damit sich das Kind sicher ist, wann es seine Aufgabe erfüllt hat.

Eltern müssen sich darüber klar sein, dass ihre Kinder nicht deren Spiegelbild oder Fortsetzungen sind. Kinder sind ganz eigene Individuen mit ihren Besonderheiten und Bedürfnissen. Einige Kinder lernen am besten durch den ständigen Kontakt mit den Eltern, während andere Kinder gerne ihre eigenen Erfahrungen sammeln und dann davon erzählen wollen. Kinder zeigen oft ganz deutlich, was sie wollen und was ihnen guttut. Als Eltern können wir daher auch von unseren Kindern lernen. Das sollten wir nicht vergessen.

Reagieren Kinder mit einer gewaltvollen Kommunikation, da sie nicht das bekommen, was sie wollen, oder da sie sich über irgendetwas ärgern, müssen Sie als Eltern reagieren. Es gilt, die gewaltvolle Kommunikation aufzulösen. Am besten, Sie ziehen sich kurz zurück und gehen nach der Rosenberg-Methode vor. Sie sollten Ihre Beobachtung für sich selbst äußern und sich dann über Ihre Gefühle bewusst werden. Überlegen Sie auch, worin Ihr Bedürfnis besteht und welche Bitte Sie an Ihr Kind haben. Geben Sie Ihrem Kind etwas Zeit, wird es sich wieder beruhigen. Ist das nicht der Fall, sprechen Sie es mit klaren Ich-Botschaften an. Dabei gehen Sie nach den vier Schritten der Rosenberg-Methode vor.

Die folgenden Kapitel beschäftigen sich noch näher damit, was Sie als Eltern tun können, wenn Sie bei Ihren Kindern Anzeichen von Gewaltbereitschaft bemerken. Bringen Sie Ihren Kindern die Rosenberg-Methode bei und leben Sie ihnen diese Methode selbst vor!

Kapitel 7.1: Wie umgehen wir die gewaltvolle Kommunikation?

Gewaltvolle Kommunikation Ihrer Kinder können Sie als Eltern vermeiden, wenn Sie Ihren Kindern eine gewaltfreie Kommunikation vorleben. Begegnen Sie Ihren Kindern mit der Rosenberg-Methode. Sie können die Rosenberg-Methode mit den ersten beiden Schritten Beobachtung und Gefühl auch bei sich selbst anwenden, wenn Sie Wut, Unzufriedenheit oder Gewaltbereitschaft spüren. So können Sie den Grund für Ihren Gemütszustand beobachten und analysieren, in welcher Gefühlslage Sie sich gerade befinden. Mit der Selbstanalyse stellen Sie fest, was der Grund für Ihre eigene Unzufriedenheit ist.

Zorn ist eine Eigenschaft und hat in der Gesellschaft kein gutes Image. Er gilt in der katholischen Kirche sogar als Todsünde. Für die eigene Gesundheit ist es manchmal gut, die innere Wut herauszulassen. Unterdrückte Wut kann sich negativ auf die psychische Gesundheit auswirken. Unterdrückte Gefühle üben große Macht auf den Körper aus. Seit Beginn des menschlichen Daseins gibt es negative Emotionen, zu denen Aggressionen, Wut, Ärger, Zorn oder Hass gehören. Sie entstehen im limbischen System des Gehirns, das sich ungefähr auf Schläfenhöhe befindet und evolutionär alt ist. Wie entsteht eigentlich eine unkontrollierte Wut? Das limbische System ist mit der Großhirnrinde verknüpft und für eine große Bandbreite an Emotionen verantwortlich. Es verarbeitet Reizinformationen, die über die Augen und Ohren wahrgenommen werden. Die hemmende Großhirnrinde wird dabei außer Kraft gesetzt. Der Hypothalamus sendet Warnsignale an den ganzen Körper. Er schickt auch Warnsignale an die kontrollierende Großhirnrinde zurück, doch dabei ist er langsamer als das limbische System. Die Wut ist zunächst unkontrolliert. Erst später können wir darüber die Kontrolle gewinnen.

Die Merkmale unserer Mimik verändern sich, wenn wir wütend sind. Die Augenbrauen ziehen sich zusammen. Die Zähne werden sichtbar, der Unterkiefer schiebt sich vor. Studien zufolge sind ärgerliche Gesichter schneller als freundliche Gesichter wahrnehmbar. Der Körper signalisiert damit, dass sich andere am besten nicht nähern sollten. Die Wut kann auf verschiedene Weise entstehen. Die Trotzphase ist bei Kindern ein wichtiger Baustein der

Persönlichkeitsentwicklung. Bei Erwachsenen wird die Wut durch verschiedene Anlässe ausgelöst:

- Angriff auf die eigene Persönlichkeit,
- Ungerechtigkeit,
- unangemessene Kritik,
- Enttäuschung,
- Verletzung des Selbstwertgefühls.

Zusammen mit Rachegedanken kann Wut in Aggression münden, die sich im Affekt bemerkbar macht. Sie gilt als psychische Schutzreaktion und wird durch innere und äußere Bedingungen ausgelöst.

Der Mensch setzt Energie frei, wenn er seiner Wut freien Lauf lässt. Das macht sich mit einem Anstieg von Blutdruck, Atem- und Pulsfrequenz bemerkbar. Das Gehirn schottet sich durch den erhöhten Blutdruck von Außenreizen ab. Die so entstehende leicht differenzierte Wahrnehmung blendet sachliche Argumente aus und fördert Kurzschlusshandlungen. Die Wahrscheinlichkeit, dass wir Sachgüter beschädigen oder uns mit anderen körperlich auseinandersetzen, steigt. Da Wut gesellschaftlich negativ besetzt ist, stehen Menschen selten zu ihrer Wut. Zorn lindert Ängste und setzt Energien frei.

Das Sprechen über Emotionen ist ein wichtiger Lernprozess in der Kindheit. Eltern dürfen nicht nur die Gefühle ihrer Kinder zulassen, sondern müssen auch gemeinsam mit ihren Kindern erörtern, woher diese Gefühle kommen und was sie bewirken. Hier kommt wieder die Rosenberg-Methode ins Spiel. Sagen Sie Ihrem Kind, was Sie beobachten, und drücken Sie dann Ihr Gefühl aus. Das muss keine Beobachtung an Ihrem Kind sein, sondern kann auch auf Kinder aus der Nachbarschaft oder auf Freunde zutreffen. Dabei können Sie beispielsweise folgendermaßen vorgehen: „Ich habe gesehen, wie Daniel Katja an den Haaren gezogen hat. Das finde ich nicht gut, da er ihr Schmerzen zugefügt hat."

Gerade Kinder oder Jugendliche können verlernen, über Emotionen und deren Wirkungen zu sprechen, wenn Sie als Eltern ihnen das nicht vermitteln. Das Umfeld spielt in der Kindheit eine wichtige Rolle, in welchem Maße ein Mensch dazu in der Lage ist, seine Emotionen zu zeigen oder zu unterdrücken. Reaktionen wie Schimpfen oder Strafen zeigen, wann es besser sein kann, die Gefühle zu unterdrücken. Im Bewusstsein setzt sich das fest.

Auch wenn die Gefühle nicht offen gezeigt werden, sind sie keineswegs verschwunden. Der Körper benötigt Energie, um die Gefühle zu unterdrücken. Wer Gefühle unterdrückt, kann das Leben nicht in voller Intensität genießen. Das kann sich auch auf Sexualität und Partnerschaft auswirken. Unterdrückte Gefühle machen auf lange Sicht krank und können das Immunsystem sogar schwächen. Sie können auch zu körperlichen Stressreaktionen wie erhöhtem Blutdruck, Magenproblemen, Nierenschäden, Herzerkrankungen oder Diabetes führen. Auf psychischer Ebene kann es zu Depressionen, Suchtkrankheiten oder Angststörungen kommen.

Es kommt also nicht darauf an, negative Gefühle zu unterdrücken, sondern wichtiger ist es, die Ursache für diese negativen Gefühle herauszufinden. Sie sollten sich bei einem Streit nicht nur in Ihre eigene Lage, sondern auch in die Lage des Konfliktpartners versetzen. Haben sich die unterdrückten negativen Gefühle bereits über längere Zeit manifestiert, ist es kaum noch möglich, die Ursachen dafür zu ermitteln und zu bekämpfen. In diesem Fall hilft eine Psychotherapie.

Eine Selbstanalyse hilft uns, die Gründe für unsere Unzufriedenheit zu ermitteln. Nur dann, wenn wir die Gründe dafür kennen, können wir diese Unzufriedenheit wieder loswerden. Genauso sollten wir die Gründe ermitteln, warum wir manche Menschen nicht leiden können. Oftmals liegen die Gründe schon auf der Hand. Dann, wenn wir uns von diesen Menschen ungerecht behandelt fühlen, wenn sie gemein, rücksichtslos oder unfair sind, können wir sie nicht leiden. Diejenigen, die uns schaden wollen oder uns missachten, betrachten wir als Feind. Fühlen wir uns von jemandem angegriffen oder ungerecht behandelt, wollen wir denjenigen manchmal am liebsten sofort bestrafen, um uns an ihm zu rächen. Er soll spüren, dass er sich so nicht verhalten darf.

Es können allerdings auch andere Ursachen sein, warum wir manche Menschen nicht leiden können. Ohne dass uns diese Menschen etwas getan oder uns ungerecht behandelt haben, können wir sie nicht leiden. Der Grund kann Neid sein. Diese Menschen haben mehr Geld, mehr Besitz, sind in der Partnerschaft glücklicher, haben mehr Freundschaften oder sind beruflich erfolgreicher.

Neid ist eine schlechte Eigenschaft. Können wir diese Menschen nicht leiden, sollten wir vielmehr überlegen, warum sie im Leben besser als wir selbst dastehen. Wir könnten uns diese Menschen zum Vorbild nehmen, um selbst erfolgreicher zu werden, indem wir ihnen nacheifern.

Jeder kennt dieses Gefühl: Wir ärgern uns und zeigen das mit entsprechenden Reaktionen. Darauf reagiert auch unser Körper mit Zittern, erhöhtem Blutdruck, Anspannung, Unruhe oder Schweißausbrüchen. Um solche negativen Reaktionen des Körpers zu vermeiden, gilt es, die negativen Gefühle zu lindern. Haben wir die Ursache herausgefunden, sieht es schon wieder etwas anders aus.

Möchten Sie Ihre Unzufriedenheit loswerden, können Sie sich fragen, worüber Sie gerade glücklich sind, worüber Sie sich freuen könnten, wenn Sie es wollten, oder wofür Sie dankbar sein könnten, wenn Sie es wollten. Auch körperliche Anstrengung wie Joggen oder Putzen können helfen, Ihre Unzufriedenheit loszuwerden. Ebenso können Sie sich eine kleine Auszeit nehmen und Ihre Situation analysieren.

Sie sollten die ersten beiden Schritte der Rosenberg-Methode anwenden und zuerst ganz nüchtern Ihre Beobachtung darlegen. Der erste Schritt könnte folgendermaßen aussehen: „Peter hat mich verbal angegriffen. Er hat gesagt, dass ich ihm Geld gestohlen hätte." So haben Sie Ihre Beobachtung ausgedrückt, ohne eine Wertung abzugeben. Im nächsten Schritt können Sie Ihre Gefühle äußern: „Ich bin wütend und traurig darüber, denn ich habe ihm nichts weggenommen. Ich bin enttäuscht, dass Peter sowas von mir denkt."

Genauso können Sie sich auch in die Gefühle des anderen hineinversetzen. Überlegen Sie, wie Peter in diesem Beispiel auf solche Gedanken kommen könnte und was er dabei gedacht hat. Er hat vergessen, wo er das Geld hingelegt hat, oder hat es vielleicht schon ausgegeben. Da er mit Ihnen zuletzt zusammen war, dachte er, dass Sie das Geld gestohlen hätten. Auch er ist wütend und enttäuscht.

Versuchen Sie, sich in den anderen hineinzuversetzen, können Sie überlegen, ob es tatsächlich ein Angriff auf Ihre Person war und ob derjenige absichtlich so gehandelt hat. Er kann auch aus

Unwissenheit, Gedankenlosigkeit oder Unbeholfenheit so gehandelt haben. Ebenso kann der andere selbst schlecht drauf gewesen sein, da er einfach nur schlecht gelaunt war und eine Kleinigkeit für seine Reaktion ausgereicht hat.

Nehmen Sie sich die Zeit, um die Motive für das Verhalten des anderen zu überlegen, wird Ihnen bewusst werden, dass der andere es vielleicht gar nicht persönlich gemeint hat.

Sie sollten sich auch fragen, ob es die Situation wirklich wert ist, sich darüber zu ärgern. Sind Wut und Ärger für Sie ein immer wiederkehrendes Problem, sollten Sie an den Ursachen dafür ansetzen. Sie sollten Ihr Selbstwertgefühl stärken. Wut und Ärger treten dann auf, wenn wir uns von anderen angegriffen und verletzt fühlen. Das Selbstwertgefühl ist geschwächt, wenn wir an uns selbst zu hohe Ansprüche stellen. Wir kritisieren uns selbst für unsere Schwächen und ärgern uns daher über uns selbst.

Kapitel 7.2: Mein Kind mobbt andere Kinder

Streit unter Kindern ist häufig und kann die verschiedensten Ursachen haben. Da vor allem kleinere Kinder noch nicht gelernt haben, gewaltfrei zu kommunizieren, kann die Kommunikation auch gewaltvoll erfolgen. Streit ist wichtig, damit Kinder lernen, Konflikte auszutragen. Nun kann es aber passieren, dass ein Kind ein anderes ohne Grund schikaniert, beleidigt oder bedroht. In diesem Fall handelt es sich um Mobbing. Noch schlimmer wird es, wenn das Kind noch andere Kinder mobilisiert, um bei seinen Attacken mitzumachen. Erfahren Sie als Eltern, dass Ihr Kind gemobbt wird, möchten Sie helfend eingreifen. Das ist auch richtig. Was tun Sie aber, wenn Sie erfahren, dass Ihr Kind der Täter ist und andere mobbt oder dass es beim Mobbing mitmacht? Als Eltern müssen Sie Ihrem Kind bewusst machen, dass es nicht richtig handelt. Sie sollten Ihr Kind zur Selbstreflektion bringen. Ihr Kind sollte sich in die Lage des Kindes versetzen, das von ihm gemobbt wird.

Mobbing kann nicht nur kurzfristig, sondern auch langfristig krank machen. Forscher haben herausgefunden, dass Kinder, die in der Schule gemobbt wurden, häufiger zu chronischen Entzündungen neigen als diejenigen, die nicht gemobbt wurden. Der Körper kann sich schlechter gegen Krankheitserreger wehren und ist anfälliger gegen Krankheiten. Derjenige, der mobbt, lebt gesünder. Das ist dennoch kein Grund, das Mobbing nicht zu verhindern und nicht einzugreifen.

Auch diejenigen, von denen das Mobbing ausgeht, haben ein geringes Selbstwertgefühl, genau wie die Opfer. Die Mobber möchten ihr Selbstwertgefühl auf Kosten anderer stärken. Gründe für Mobbing können auch Langeweile oder Rachegefühle sein. Oft waren die Mobber selbst schon einmal Opfer von Mobbing-Attacken und wissen, wie Mobbing geht. Als Eltern sollten Sie Ihrem Kind dennoch genügend Aufmerksamkeit schenken und es auch wissen lassen, dass Sie es lieben. Ihr Kind benötigt jedoch klare Ansagen. Machen Sie Ihrem Kind deutlich, dass Mobbing schlecht ist und schwerwiegende Folgen für das Opfer hat. Erklären Sie ihm auch, dass Mobbing bestraft wird. Psychologen sind der Meinung, dass Mobbing eher eine Schwäche als eine Stärke ist. Diejenigen, die selbst glücklich sind, haben kein Interesse, andere Kinder zu quälen.

Für alle Eltern, egal, ob das Kind mobbt, Opfer von Mobbing wird oder nichts mit Mobbing zu tun hat, gilt, dass sie das Selbstbewusstsein des Kindes stärken sollten. Loben ist ganz wichtig, doch es kommt darauf an, dass Sie das Kind in der richtigen Situation loben. Auch für Versuche können Sie Ihr Kind loben. Geht etwas schief, war es der Versuch, für den Sie loben können. Ihr Kind hat sich Mühe gegeben. Sie sollten Ihr Kind mindestens einmal am Tag in den Arm nehmen.

Auch dann, wenn etwas misslingt, sollten Sie für Ihr Kind da sein und ihm zeigen, dass Sie es trotzdem mögen und lieben. Kritik ist dort angemessen, wo sie hingehört. Signalisieren Sie Ihrem Kind, dass Sie es mögen, aber dass Ihnen sein Verhalten in der Situation nicht gefällt. Auf keinen Fall sollten Sie Ihr Kind mit anderen, beispielsweise mit Geschwistern, vergleichen. Ihr Kind ist einzigartig – allein das ist Grund genug, ihm Liebe zu geben. Sie sollten es aber nicht in Watte packen.

Kinder, die mobben, tun das oft, um Achtung und Bewunderung durch die Mitschüler zu erhalten. Sie sind meistens in einer Gruppe von Mitläufern integriert, von denen sie Rückhalt und Bewunderung bekommen. Auch dann, wenn das Kind vom Mobbing-Opfer zum Mobber wird, gilt es, dass der Kreislauf durchbrochen wird. Das gelingt, wenn Sie dem Kind Grenzen aufzeigen und sein Selbstwertgefühl stärken.

Stellen Sie fest, dass Ihr Kind andere mobbt oder als Mitläufer am Mobbing beteiligt ist, sollten Sie folgendermaßen vorgehen:

- Sprechen Sie Ihr Kind darauf an, dass es sich falsch verhalten hat. Liegen Beweise vor, sollten Sie Ihr Kind damit konfrontieren. Geben Sie Ausreden keine Chance.
- Überlegen Sie, ob Ihr Kind weiß, was es dem anderen Kind antut.
- Machen Sie Ihr Kind auf die Ängste und Gefühle des anderen aufmerksam.
- Verlangen Sie von Ihrem Kind eine Entschuldigung und Wiedergutmachung. Das kann eine Einladung zum gemeinsamen Spielen sein.
- Achten Sie darauf, dass Ihr Kind die vereinbarten Ergebnisse auch umsetzt.

- Denken Sie auch an eine Strafe als logische Konsequenz. Geht es um E-Mail-Mobbing, können Sie Ihrem Kind über einen bestimmten Zeitraum den Zugang zum Internet verweigern.
- Gesteht Ihr Kind sein Fehlverhalten ein und leistet es Wiedergutmachung beim Opfer, sollten Sie ihm Anerkennung zeigen.

Häufig sind Grundschüler vom Mobbing betroffen. Bei einem Elternabend sollten Sie das Thema Mobbing ansprechen und fragen, ob an der Schule ein Mobbing-Beauftragter arbeitet, der bei Bedarf für betroffene Kinder zur Verfügung steht.

Nicht immer wissen Eltern sofort, dass ihr Kind andere mobbt. Daher stellen sich viele Eltern die Frage, wie sie das feststellen können. Kommt es nicht zu Vorwürfen durch andere Kinder oder Beschwerden von Lehrern und anderen Eltern, gilt es, genauer hinzuschauen und das Verhalten Ihres Kindes zu beobachten. Sie sollten darauf achten, ob Ihr Kind sich auffällig verhält oder sich irgendwie verändert hat. Ist Ihr Kind aggressiv, sehr laut, sehr ruhig oder kann es sich nur schwer an Regeln halten, können das Hinweise sein, dass Ihr Kind an Mobbing beteiligt ist. Solche Hinweise sind noch nicht eindeutig. Sie sollten die Situation analysieren und überlegen, ob es vielleicht zu Hause Gründe für ein verändertes Verhalten gibt. Eine Trennung oder ein Todesfall können Ihr Kind belasten. Auch das Einsetzen der Pubertät kann ein Grund für die Veränderungen sein. Viele Mobber möchten mit ihrem Verhalten Missstände kompensieren.

Sprechen Sie Ihr Kind auf das veränderte Verhalten an. Sie sollten das Gespräch suchen, ohne anklagend zu sein. Sprechen Sie das Mobbing direkt an und besprechen Sie die konkrete Mobbingsituation mit dem Kind. Fragen Sie, wie es zum Mobbing kam, was vorgefallen ist und ob Ihr Kind Initiator oder eher ein Mitläufer ist.

Ganz wichtig ist, dass Sie das Mobbing nicht verharmlosen und die Situation nicht entschuldigen. Erklären Sie Ihrem Kind, dass es sich falsch verhalten hat und warum das Verhalten falsch war. Machen Sie Ihrem Kind klar, dass Sie ein solches Verhalten nicht tolerieren. Sie sollten sich aber nicht gegen das Kind stellen.

Wie Sie vermeiden können, dass Ihr Kind zum Täter wird

Sie sollten Ihrem Kind auch dann, wenn es der Täter ist, deutlich machen, dass Sie es lieben. Zeigen Sie ihm aber auf, dass Sie sein Verhalten nicht gutheißen. Als Eltern können Sie jedoch mit einigen Maßnahmen dazu beitragen, dass es gar nicht erst zum Mobbing kommt:

- Fördern Sie die Empathie und sensibilisieren Sie Ihr Kind für Mobbing. Das können Sie beispielsweise mit Kinderbüchern machen, in denen Mobbingszenarien beschrieben werden. So kann sich Ihr Kind in die Situation anderer Kinder hineinversetzen. Auch Rollenspiele sind geeignet, um die Empathie Ihres Kindes zu fördern.
- Seien Sie mit Ihrem Verhalten ein Vorbild für Ihr Kind und reden Sie nicht schlecht über andere. Wahren Sie einen vertrauensvollen und liebevollen Umgang mit Ihrem Kind.
- Zeigen Sie Ihrem Kind Konsequenzen auf und machen Sie ihm klar, dass Mobbing ein Fehlverhalten ist. Auf Mobbing folgt eine Konsequenz. Das muss keine Bestrafung sein, doch es ist wichtig, dass sich Ihr Kind entschuldigt.
- Zeigen Sie Verständnis. Mobbing ist ein Fehlverhalten, doch es dient oft als Ventil für andere Emotionen. Suchen Sie nach gemeinsamen Wegen, um unterbewusste Wünsche oder Ängste anzugehen. Frustration kann beispielsweise durch Sport, ein Hobby oder eine Aufgabe abgebaut werden.
- Suchen Sie das Gespräch und sprechen Sie nicht nur mit Ihrem Kind, sondern auch mit den Lehrkräften und den Eltern des betroffenen Kindes.
- Stärken Sie Ihr Kind gegen den Gruppenzwang. Machen Sie ihm klar, dass Freundschaft nicht darin besteht, andere auszugrenzen, und dass wahre Freunde nicht verlangen, andere zu schikanieren. Bringen Sie Ihrem Kind auch bei, Nein zu sagen.

Kapitel 8: Auflösen von Gewalt geprägten Kommunikationen

Verschiedene Gründe können zur gewaltvollen Kommunikation führen. Die schlimmste Form der gewaltvollen Kommunikation ist das Mobbing, wie es im vorherigen Kapitel beschrieben wurde. Auch Stimmungslagen, Wut oder Unzufriedenheit können die gewaltvolle Kommunikation fördern. Damit es nicht erst zum Mobbing kommt und die gewaltvolle Kommunikation nicht eskaliert und zu körperlichen Auseinandersetzungen führt, ist es wichtig, solche Kommunikationen frühzeitig aufzulösen. Ein Klassiker zur Auflösung ist die Rosenberg-Methode, die bereits im vierten Kapitel erläutert wurde. Nicht nur für Erwachsene, sondern auch für Kinder gilt es, eine durch Gewalt geprägte Kommunikation aufzulösen.

Kinder sind schon dazu in der Lage, Streit und Konflikte zu lösen. Es kommt auf die richtigen Strategien an, die dem Alter entsprechen sollten. Jüngere Kinder haben bereits beeindruckende Strategien, auch wenn sie noch nicht zu Kompromissen in der Lage sind. Eltern sollten das Streit- und Konfliktlösungsverhalten ihrer Sprösslinge nicht aus dem Blickwinkel der Erwachsenen bewerten.

Einfach aufhören

Jüngere Kinder im Alter bis zu acht Jahren lösen häufig einen Konflikt, indem sie mit dem Streit einfach aufhören. Kinder hören auf, vertragen sich und sind wieder Freunde.

Sich entschuldigen

Der Streit ist beendet, wenn sich ein Kind entschuldigt. Es geht den kleinen Streithähnen noch nicht darum, eine Schuld anzuerkennen oder Abbitte zu leisten. Die Entschuldigung ist einfach ein Mittel, um den Streit beizulegen.

Sich aus dem Weg gehen

Kinder gehen sich aus dem Weg, wenn die Wut zu groß geworden ist. Diese Strategie wird auch Erwachsenen empfohlen, die in Wut geraten sind und streiten. Kinder finden häufig in einer weniger aufgeladenen Atmosphäre selber wieder zusammen.

Einfach nachgeben

Streiten Kinder um ein Spielzeug oder um eine Süßigkeit, die es nur einmal gibt, kann eines der Kinder häufig verzichten und sich etwas anderes suchen. Schon ist der Streit beigelegt. Kommen die Kinder nicht allein auf solche Ideen, können Sie als Eltern eingreifen und den Kindern Vorschläge unterbreiten und Alternativen aufzeigen.

Einen Mittelweg finden

Gibt es gegenteilige Meinungen, können Kinder einen Mittelweg finden, um sich einig zu werden. Das ist häufig eine Strategie älterer Kinder. Sie erkennen, dass beide Parteien zur Streitbewältigung beitragen können.

Fehler eingestehen

Bei älteren Kindern spielt es schon häufiger eine Rolle, wer im Recht ist. Daher kommt es darauf an, dass derjenige, von dem der Streit ausgegangen ist, seinen Fehler eingesteht. Damit das gelingt, sollten Eltern bereits früh mit ihren Kindern üben, wie sie sich entschuldigen können.

Von Natur aus sind Kleinkinder soziale Wesen. Sie wollen Bindungen und Beziehungen zu anderen Kindern und Erwachsenen aufbauen. Sie suchen nach Interaktionen und positiven Erfahrungen. Werden die Erwartungen erfüllt, entwickeln sich Kinder zumeist gut. Verhaltensauffällig können sie hingegen werden, wenn das nicht der Fall ist.

Kinder, die fast nur negative Zuwendung aus ihren Familien kennen, verhalten sich in der Kindertagesstätte zumeist auffällig. Sie provozieren und lassen zunächst das liebevolle Verhalten von Erziehern nicht an sich heran. Die Erzieher müssen beharrlich sein, um von solchen Kindern akzeptiert zu werden. Das Verhalten eines Kindes kann auch dazu führen, dass es von anderen Kindern abgelehnt wird. Hier ist die Erzieherin gefragt, die versuchen muss, einerseits das Verhalten des Kindes zu ändern, andererseits den anderen Kindern auch die positiven Eigenschaften dieses Kindes aufzuzeigen.

Erzieher, aber auch Eltern müssen beim Streit unter Kindern nicht immer als Schiedsrichter auftreten. Sie können auch Moderatoren sein und folgendermaßen vorgehen:

- Einen ruhigen Ort suchen und aufgeregte Kinder beruhigen sowie weinende Kinder trösten.
- Jedes Kind die Sichtweise vom Konflikt beschreiben lassen und dabei Wichtiges wiederholen sowie Unverständliches klären.
- Hintergründe für den Streit näher beleuchten und die Gefühle der Kinder klären, sodass die Kinder die Position und Situation ihres Gegners verstehen.
- Kinder auffordern, Vorschläge für die Konfliktlösung zu unterbreiten. Die Kinder sollten ermuntert werden, selbst eine Möglichkeit auszuwählen.
- Die betroffenen Kinder sollten dem Kompromiss zustimmen und einander die Hand als Zeichen geben, dass sie sich wieder vertragen.

Es geht nicht darum, dass es Sieger und Verlierer bei der Konfliktbewältigung gibt. Ziel ist eine Win-Win-Situation. Jeder der Streithähne gewinnt am meisten, wenn beide gewinnen.

Eltern und Erzieher üben eine wichtige Vorbildfunktion für die Kinder aus. Kleinkinder ahmen das Verhalten von Bezugspersonen nach. Auch der Umgang der Erzieher miteinander, der Umgang der Eltern miteinander und der Umgang der Eltern mit anderen Personen wie anderen Familienmitgliedern, Freunden oder Nachbarn prägt das Verhalten der Kinder.

Kapitel 9: Was tun, wenn wir selber die Ursache sind?

Nun kann es passieren, dass wir selber die Ursache für den Streit sind. Auch als Erwachsene sind wir davor nicht gefreit. Verschiedene Probleme, Stimmungslagen, Ärger und Unzufriedenheit führen dazu, dass wir nicht immer gewaltfrei kommunizieren. In solchen Fällen sollten Sie den Streit analysieren und überlegen, inwiefern Sie an diesem Konflikt beteiligt sind. Es gelingt nicht immer, solche Streitigkeiten vor unseren Kindern verborgen zu halten. Auch Kinder bekommen manchmal mit, wenn sich die Eltern streiten. Kinder können noch nicht beurteilen, wer der Schuldige ist. Wir als Erwachsene können das jedoch. Wir können uns auch eingestehen, dass unser Streitgegner vielleicht doch nicht allein Schuld an einem Streit hat.

Wer sich seine eigenen Fehler an einer Sache eingestehen kann, zeigt wahre Größe.

Konflikte gehören auch in gut funktionierenden Partnerschaften dazu. Das ist völlig normal, doch sollte der Streit konstruktiv bleiben. Am Ende sollte eine Lösung in Form einer Win-Win-Situation gefunden werden. Gibt es in einer Partnerschaft überhaupt keinen Streit, kann das ein Anzeichen für ein mangelndes Interesse aneinander, Resignation oder Unterdrückung der wahren Bedürfnisse sein. Der Streit kann also ein reinigendes Gewitter auf Augenhöhe darstellen, doch es kommt darauf an, wie er ausgetragen wird.

Zuerst muss der emotionale Druck raus. Die Gemüter sind oft emotional aufgeladen. Die Gefühle müssen raus. Die Folge: Wir rasten aus, auch wenn wir das gar nicht wollen. Im Affekt kommen manchmal Dinge ans Tageslicht, die bei der Lösung des Streits helfen. Die Probleme lassen sich oft lösen, wenn erst der emotionale Dampf abgelassen wurde.

In Erregung ist es kaum möglich, eine Lösung zu finden. Das Stresshormon Adrenalin, das bei einem Streit in großen Mengen ausgeschüttet wird, vernebelt das normale Denkhirn. Wir sollten dem Partner in einer solchen Situation zuerst einmal aus dem Weg gehen. Da wir in diesem Zustand nicht mehr in der Lage sind, eine Lösung für das Problem zu finden, sollten wir den Raum verlassen und frische Luft schnappen. Da in einer solchen Phase nur noch der Hirnstamm arbeitet, ist es unmöglich, positive Ergebnisse zu erzielen. Da der Hirnstamm nur Flucht oder Angriff kennt, erreichen wir nur das Gegenteil von dem, was wir eigentlich möchten. Wir verletzen nur den anderen und uns selbst unnötig. Nicht nur Sie selbst, sondern auch Ihr Partner benötigt in einer solchen Phase eine Auszeit zur Entwicklung.

Etwa zehn Minuten, nachdem der Körper Adrenalin ausgeschüttet hat, folgt die Ausschüttung von Cortisol. Dieses Hormon ist für eine erhöhte, länger anhaltende Wachsamkeit auf niedrigem Niveau zuständig. In der Phase der Cortisol-Ausschüttung sind wir wach und konzentriert. Das Unwichtige tritt in den Hintergrund. Wir entwickeln uns in dieser Phase automatisch weiter und können konstruktive Lösungen für das Problem entwickeln.

In dieser Phase sollten Sie sich von Ihrem Partner distanzieren. Auch er benötigt diese Zeit für seine Entwicklung. Hier droht die Gefahr, in alte Abhängigkeiten zu verfallen. Wir fallen in solcher Distanz oft in kindliche Verhaltensmuster zurück. Auch wenn wir in solchen Situationen gehalten und geliebt werden wollen, müssen wir nun die Spannung und Disharmonie aushalten.

Die Liebe, die Sie benötigen, sollten Sie sich nun aus sich selbst heraus geben. Sie können alternativ dazu auch mit Ihren Freunden sprechen. Wichtig ist jetzt, dass Sie sich nicht auf Ihren Partner konzentrieren. So entsteht neue Tiefe und Liebe für die Partnerschaft. Ein solche Distanz kann mit der Spannung, ob Sie geliebt werden, in der Verliebtheitsphase verglichen werden. Sie ist die Basis für eine gute Partnerschaft auf Augenhöhe.

Nach dieser Phase ist die Zeit für ein klärendes Gespräch gekommen. Sie müssen jetzt für Ihren Anteil am Streit die Verantwortung übernehmen und sich bei Ihrem Partner für Ihre Fehler und Überreaktionen entschuldigen. Ihre Bedürfnisse sollten Sie in klaren Ich-Botschaften äußern. Auch Ihr Partner benötigt den Raum, um seine Bedürfnisse äußern zu können. Suchen Sie gemeinsam nach Lösungen für das Problem, die für beide einen Gewinn bringen. Es ist an der Zeit, Missverständnisse aus dem Weg zu räumen. So entstehen neue Momente der Zusammengehörigkeit. Sie beide sind gewachsen, da Sie eine schwierige Zeit gemeinsam gemeistert haben.

Kapitel 10: Typen: Welcher sind Sie?

Der Umgang miteinander wird einfacher, wenn wir wissen, wie wir selbst und wie unser Gegenüber ticken. Das Wissen darüber, welcher Typ wir selbst und die anderen sind, kann uns in der Kommunikation miteinander weiterhelfen. Es ist bei der eigenen Reflektion hilfreich, über unseren eigenen Typ Bescheid zu wissen. Das erklärt auch vieles, wenn wir die Rosenberg-Methode anwenden. Warum haben wir dieses Gefühl und dieses Bedürfnis und warum hat unser Kommunikationspartner dieses Gefühl und dieses Bedürfnis? Das ist eine Frage des Typs.

Unsere Art, wie wir streiten, sagt einiges über uns aus. Es gibt sechs verschiedene Streittypen.

Der Harmoniesüchtige

Harmoniesüchtige mögen keinen Streit und wollen eine unangenehme Situation so schnell wie möglich beenden. Sie gehen Streitigkeiten aus dem Weg und geben auch dann nach, wenn sie im Recht sind. Eher beißen sich Harmoniesüchtige auf die Zunge, als ihren Standpunkt zu vertreten. Im Streit schalten sie sofort in den Fluchtmodus.

Auch wenn Sie keinen Streit mögen, müssen Sie Ihre Gefühle und Bedürfnisse nicht verleugnen. Können Sie im Streit nicht dafür einstehen, sollten Sie sich sammeln und dann die Argumente hervorbringen. Die Wut des Partners ist dann schon verraucht.

Der Choleriker

Choleriker drücken ihre Gefühle wie Enttäuschung oder Wut ohne nachzudenken direkt aus. Die Wut ist jedoch rasch wieder verraucht. Für das Gegenüber mögen der Streit und die Worte des Cholerikers noch lange nachwirken, während der Choleriker selbst den Streit schon längst vergessen hat.

Gehören Sie zu den Cholerikern, sollten Sie zunächst einmal durchatmen, um Beschimpfungen und Beleidigungen des anderen im Streit zu vermeiden. Sagen Sie stattdessen nur, dass Sie wütend sind.

Der Rechthaber

Der Rechthaber möchte in jedem Fall Recht haben und Recht behalten. Er redet im Streit andere nieder und lässt nur schwer andere Meinungen gelten.

Gehören Sie zu den Rechthabern, sollten Sie Ihren Streitpartner erst einmal anhören. Nicht immer müssen Sie einer Meinung sein, doch können Sie eine Einigung erzielen.

Der Eingeschnappte

Der Eingeschnappte stellt zumeist eine Mischung aus Rechthaber und Streitvermeider dar. Kritik nimmt er persönlich. Er ist beleidigt und reagiert mit Rückzug. Der Eingeschnappte signalisiert Unmut, doch er sagt nicht, was ihn genau stört. Er nimmt sich selbst damit die Chance auf die Konfliktlösung.

Erkennen Sie sich hier wieder, sollten Sie Ihrem Streitpartner sagen, was Sie gekränkt hat, bevor Sie sich zurückziehen. Ihr Partner weiß nicht, was in Ihnen vorgeht.

Der Nörgler

Dem Nörgler ist nichts rechtzumachen. Er kritisiert alles und geht häufig subtil vor, weil er selbst unzufrieden ist. Er wittert hinter allem eine Gemeinheit oder eine Verschwörung.

Wenn Sie zu den Nörglern gehören, sollten Sie Ihre eigene Stimmung zunächst hinterfragen. Aussagen und das Verhalten anderer werden von Menschen, die selbst unzufrieden sind, negativer bewertet. Am besten, Sie reden zuerst über Ihre Unzufriedenheit.

Der Analytiker

Der Analytiker will diskutieren, auch wenn schon alles gesagt wurde. Er dreht sich im Streit immer im Kreis und kann anstrengend sein.

Schließen Sie als Analytiker mit Ihrer Vergangenheit ab und lernen Sie daraus. Die Analyse hat dann einen Lerneffekt.

Kapitel 10.1: Die jeweiligen Typen und ihre Stärken & Schwächen (für Erwachsene)

Im Kapitel zuvor wurden die sechs Streittypen näher erläutert. Dieses Kapitel erläutert nun die vier Paar-Typen bei den Erwachsenen. Es gibt keinen Typ, der nur positive oder nur negative Eigenschaften hat. Jeder Typ hat Stärken und Schwächen. Im Rahmen einer Studie hat die Universität von Illinois über einen Zeitraum von neun Monaten 400 Paare beobachtet. Dabei wurden die vier Typen festgestellt.

Das Drama-Paar

Dieses Paar streitet sich häufig in der Öffentlichkeit und zelebriert dabei wildes Geschrei, Tränen und theatralische Ausraster. Auch die Versöhnung erfolgt in der Öffentlichkeit und ist emotional mit Entschuldigungen, Umarmungen und Knutschereien. Für das Drama-Paar ist das völlig normal. Die Beziehung ist durch ein ständiges Auf und Ab gekennzeichnet. Alles wirkt übertrieben. Irgendwann sehen aber beide Partner die Beziehung in einem schlechten Licht und trennen sich.

Das verliebte Paar oder das Harmonie-Paar

Das verliebte Paar ist ständig zusammen. Einer hat sein Leben auf den anderen abgestimmt. Die beiden können nicht ohne einander. In der Öffentlichkeit reden die beiden darüber, wie perfekt bei ihnen alles ist. Die beiden Partner sind voneinander abhängig und treffen Entscheidungen mit Bedacht. Die Partner selbst sind miteinander sehr zufrieden, während Freunde von diesem Traumpaar manchmal genervt sind.

Das Socializer- oder Netzwerker-Paar

Beide Partner sind kommunikativ und lieben den Umgang mit Menschen. Im Vordergrund steht für die beiden Partner, sozial vernetzt zu sein. Im Leben der beiden nehmen Freunde einen wichtigen Platz ein. Auch die Partner selbst harmonieren gut miteinander. Sie sehen sich nicht nur als Liebespaar, sondern auch als Freunde.

Das Streit-Paar

Beide Partner streiten ständig, sodass Außenstehende sich fragen, warum die beiden überhaupt noch eine Beziehung miteinander führen. Eine solche Beziehung kann für Freunde anstrengend sein, da sie sich ständig anhören müssen, welche Probleme der Partner bereitet. Die Trennung ist jedoch nicht die Konsequenz. Auch wenn sich beide Partner gegenseitig fertigmachen, versöhnen sie sich wieder. Die Partnerschaft funktioniert durch eine Spannung aus Konflikten und leidenschaftlicher Anziehung.

Kapitel 10.2: Die jeweiligen Typen und ihre Stärken & Schwächen (für Eltern und Kinder)

So wie es bei den Paaren verschiedene Typen gibt, ist auch jedes Kind anders in der Kommunikation. Auch diese Typen, die bei den Kindern unterschieden werden, haben ihre Stärken und Schwächen. Für Eltern gilt es, diese Typen zu kennen und ihre Kinder mit ihren Stärken und Schwächen zu akzeptieren. Der Umgang mit ihrem Kind wird Eltern erleichtert, wenn sie wissen, welcher Typ ihr Kind ist.

Kinder lernen von ihren Eltern, das betrifft auch die Kommunikation. Es gibt jedoch Situationen, in denen wir als Eltern an unsere Grenzen stoßen und Sätze zu unseren Kindern sagen, die wir eigentlich nie sagen wollten.

Ein solcher Satz ist „Wir sprechen uns noch", wenn das Kind sich falsch verhalten hat. Kinder sollten auf ihre Verhaltensweisen sofort eine Reaktion ihrer Eltern bekommen, um zu lernen, Zusammenhänge zu verstehen. Liegt etwas Zeit zwischen dem falschen Verhalten und der Ermahnung, weiß das Kind oft gar nicht mehr, was der Grund für die Ermahnung war. Dieser Satz kann Kindern signalisieren, dass ein angekündigtes Gespräch etwas Negatives ist. Die Eltern drohen mit einem Gespräch, um das Kind für sein Verhalten zu ermahnen.

Der Satz „Sei bloß vorsichtig", wenn das Kind spielen geht, bremst die Neugier und Bewegungsfreude des Kindes. Kinder sollten ihre eigenen Erfahrungen sammeln. Besser ist eine Ermutigung, vorausgesetzt, das Vorhaben des Kindes ist nicht zu riskant.

Auch der Satz „Iss alles auf, sonst bekommst du keinen Nachtisch" ist falsch. Das Kind wird zu einem Vielesser erzogen. Das Kind sollte einschätzen können, wenn es satt ist. Eltern sollten das respektieren. Besser ist „Du kannst den Nachtisch später essen, wenn du jetzt satt bist."

Auch Sätze wie „In Deutsch war in unserer Familie keiner gut" sollten Eltern verhindern, auch wenn sie damit das Kind trösten wollen. Sie verhindern damit das Lernen und dämpfen den Ehrgeiz des Kindes. Besser ist „Auch wenn Deutsch nicht so einfach ist, schaffst du das."

Hat das Kind einen Wutanfall, ist es falsch, zu sagen: „Du bist bockig, geh in dein Zimmer." Das Kind fühlt sich ausgeschlossen und empfindet das als harte Strafe. Es empfindet sein Zimmer, in dem es sich eigentlich wohlfühlen soll, als einen Ort der Strafe. Besser ist ein anderer Platz in der Wohnung, an dem sich das Kind beruhigen kann.

Ähnlich wie bei den Erwachsenen gibt es bei Kindern verschiedene Streittypen. Kinder haben ihre eigenen Strategien, einen Streit beizulegen. Das ist teilweise auch abhängig vom Alter.

Mit dem Streiten aufhören ist eine Strategie, die bei jüngeren Kindern verbreitet ist. Die Kinder vertragen sich einfach wieder und spielen weiter.

Entschuldigt sich eines der Kinder, ist der Streit beendet. Es geht nicht darum, wer die Schuld hatte, sondern einfach nur darum, mit dem Streiten aufzuhören. Kinder sind nicht nachtragend und spielen dann wieder miteinander.

Auch Kinder verschaffen sich manchmal eine Auszeit, wenn der Streit nicht aufhört. Sie gehen sich aus dem Weg. Das ist nicht nur bei Erwachsenen, sondern auch bei Kindern eine sinnvolle Strategie, um eine Eskalation zu verhindern.

Verzichten und nachgeben ist ein Schritt in die richtige Richtung. Kinder gehen Kompromisse ein, um den Konflikt zu lösen. Das gelingt auch schon bei kleineren Kindern.

Nicht nur Erwachsene, sondern auch Kinder können bei Streit hin und wieder einen goldenen Mittelweg suchen und einen Kompromiss eingehen. Sie sehen Freundschaft mit zunehmendem Alter als zweiseitige Beziehung. Ein Konflikt wird gelöst, indem für beide Seiten eine Win-Win-Situation entsteht.

Fehler eingestehen ist nicht nur eine wichtige Strategie von Erwachsenen, um einen Streit beizulegen. Für ältere Kinder ist das Eingeständnis von Fehlern mitunter der einzige Weg, um wieder Frieden miteinander zu schließen und sich wieder zu vertragen.

Kapitel 11: Was fördert nicht die gewaltfreie Kommunikation?

Auch dann, wenn wir uns in einem Zustand der Wut oder Unzufriedenheit befinden, sollten wir versuchen, die gewaltfreie Kommunikation zu pflegen. Das ist nicht immer ganz einfach. Wut kann schnell zu Überreaktionen führen. Vielleicht haben Sie schon selbst mit verschiedenen Methoden versucht, wenn Sie wütend waren, von Ihrer Wut wieder herunterzukommen. In der Wut tun viele Menschen die falschen Dinge. Solche Dinge helfen nicht, sondern sie können sogar alles nur noch schlimmer machen, da sie die Wut noch steigern. Sie geraten in eine gefährliche Situation: Die gewaltfreie Kommunikation wird verhindert, während eine gewaltvolle Kommunikation sogar gefördert wird.

Im Zustand der Wut sollten Sie diese Dinge nicht tun:

- Auto fahren

In der Wutphase besteht ein hohes Risiko, dass Sie etwas übersehen. Sie neigen zu gefährlichen und aggressiven Fahrmanövern und ärgern sich über andere Verkehrsteilnehmer.

- Einkaufen

Sind Sie wütend, kaufen Sie Dinge, die Sie eigentlich gar nicht brauchen. So kaufen Sie vielleicht auch Dinge, die Sie sich eigentlich gar nicht leisten können. Das kann ziemlich teuer werden.

- Essen

Wer wütend ist, gönnt sich gerne etwas Besonderes zum Essen. Häufig sind das ungesunde, fettreiche oder süße Sachen, die zwar einen kurzen Kick verschaffen, aber dann schwer im Magen liegen. Das schlägt sich auch auf der Waage nieder.

- Alkohol trinken

Da Alkohol enthemmt, kann er die Wut noch verstärken. Aggressive Impulse können schneller nach außen gelangen. Ihre Reaktionen anderen gegenüber werden noch schlimmer.

- Beziehungsgespräche führen

Sind Sie wütend, können Sie nicht mehr vernünftig zuhören und sagen auch Dinge, die Sie eigentlich nicht so meinen und gar nicht so hätten sagen wollen.

- Briefe oder E-Mails schreiben

Schreiben Sie Briefe oder E-Mails im Wutzustand, neigen Sie dazu, Dinge zu schreiben, die Ihnen später leidtun. Schreiben Sie erst dann, wenn sich Ihr Ärger wieder gelegt hat.

- Schlafengehen nach einem Streit

Nach einem Streit braucht Ihr Körper mindestens eine Stunde, um zu entspannen. Gehen Sie nach einem Streit zu Bett, können Sie nur schlecht schlafen. Sie wachen häufiger auf, während Ihnen in der Folge das Aufstehen schwerfällt.

Um die Stresshormone schneller abzubauen, sollten Sie sich Bewegung verschaffen, wenn Sie wütend sind. Sie tun etwas Produktives für Ihren Körper. Ein Spaziergang ist für den Stressabbau gut geeignet.

Kapitel 12: Über den Tellerrand schauen

In verschiedenen Situationen haben Sie sicher schon vom Blick über den Tellerrand gehört. Eine einzelne Person kann einfach nicht alles wissen. Mit dem Blick über den Tellerrand ist gemeint, dass Sie Ihr Wissen erweitern und sich auch für andere Menschen interessieren. Auch bei der gewaltfreien Kommunikation kann der Blick über den Tellerrand helfen. Sind Kinder schlecht gelaunt, können Sie selbst über den Tellerrand schauen und überlegen, was der Grund für die schlechte Laune ist. Ebenso können Sie Ihr Kind ermutigen, auch mal über den Tellerrand zu blicken, wenn einer seiner Freunde schlechte Laune hat.

Als Eltern ärgern Sie sich vielleicht manchmal, wenn sich Ihr Kind in schlechter Laune befindet. Auch Kinder können sich ärgern, wenn sie ihre Freunde in schlechter Laune antreffen. Hat Ihr Kind schlechte Laune, sollten Sie überlegen, was der Grund dafür sein könnte. Das kann ein Streit mit Freunden, eine schlechte Note in der Schule, ein Misserfolg beim Sport, aber auch ein falsches Wort während der alltäglichen Kommunikation in der Familie sein. Die Gründe sind vielfältig. Ist Ihr Kind wütend, sollten Sie es nicht gleich darauf ansprechen. Sie sollten ihm Zeit lassen, sich zu beruhigen und von der Wut herunterzukommen. Haben Sie in der Familie eine gute Basis für eine Wohlfühlatmosphäre und eine gewaltfreie Kommunikation geschaffen, kommt Ihr Kind vielleicht sogar von allein auf Sie zu und erzählt Ihnen, warum es wütend war.

Sie sollten Ihr Kind auch ermutigen, zu überlegen, was die Gründe sein könnten, wenn es ein anderes Kind wütend antrifft. Erlebt Ihr Kind einen seiner Freunde wütend, sollte es nicht gleich aggressiv reagieren. Es sollte seinem Freund etwas Zeit geben, damit er sich beruhigen kann.

Der Blick über den Tellerrand kann bei der gewaltfreien Kommunikation bei Kindern und bei Erwachsenen helfen, indem wir ergründen, warum der andere schlecht gelaunt ist. Hilfreich kann auch eine alte Weisheit der Indianer sein: „Gehe hundert Schritte in den Schuhen eines anderen, wenn du ihn verstehen willst." Das bedeutet nichts anderes, als dass Sie sich in die Lage des anderen hineinversetzen sollten, um ihn zu verstehen. Tragen Sie die Schuhe des anderen und gehen Sie damit, dann merken Sie, wie sich der andere fühlt, wenn er diese Schuhe trägt. Es genügt nicht einfach, diese Schuhe nur anzuziehen, sondern Sie müssen auch damit gehen. Um den anderen zu verstehen, müssen Sie sich auch etwas länger mit seiner Situation auseinandersetzen.

Kapitel 12.1: Wie wollen wir wahrgenommen werden?

Der Blick über den Tellerrand hilft uns, andere Menschen wahrzunehmen und Verständnis für deren Gemütszustand zu entwickeln. Wir nehmen diese Menschen wahr, doch werden wir auch von anderen Menschen wahrgenommen. Nur stellt sich die Frage, wie wir wahrgenommen werden möchten. Dabei spielt es nicht nur eine Rolle, wie uns Freunde, Verwandte, Nachbarn, Kollegen oder Fremde wahrnehmen. Als Eltern sind wir Vorbilder für unsere Kinder und werden von unseren Kindern wahrgenommen. Unsere Kinder machen das nach, was wir ihnen vorleben. Wie nehmen sie uns wahr und sind wir tatsächlich ein Vorbild für unsere Kinder?

Eltern verhalten sich ihren Kindern gegenüber zumeist anders als gegenüber anderen Menschen. Eine Mutter wird sich in ihrer Sportgruppe anders verhalten als beim Spielen mit ihren Kindern. Auch der Vater verhält sich anders, wenn er mit seinen Freunden zusammen ist, als wenn er etwas mit seinen Kindern unternimmt.

Auch die eigene Erziehung, die wir als Kinder erfahren haben, kann uns als Eltern prägen und sich auf den Umgang mit unseren Kindern auswirken. Ein Elternpaar beispielsweise, das beruflich viel im Ausland unterwegs war, hatte wenig Zeit für die Kinder, die größtenteils von Nannys aufgezogen wurden. Beide Eltern hatten als Kinder nur wenig Nestwärme erfahren, da sie beide in einem emotional eher kalten Elternhaus aufwuchsen. Waren diese Eltern zu Hause bei ihren Kindern, empfanden sie ihre Kinder eher als störend. Die Kinder spielten fröhlich und waren auch hin und wieder laut. Die Eltern störten sich daran, da sie – nach einer bewegten Arbeitswoche – ihre Ruhe haben wollten. Beide Eltern hatten gelernt, zu funktionieren, doch konnten sie ihren Kindern nicht viel Liebe und Wärme vermitteln. Als eine Tochter dieser Eltern erwachsen wurde, fragte sie sich, ob sie ihre Eltern überhaupt wollten. Sie konfrontierte ihre Eltern mit vielen Vorwürfen. Diese Eltern mögen in der Gesellschaft, unter Kollegen und vielleicht auch unter Freunden Anerkennung genossen haben, doch ihre Kinder sahen sie völlig anders. Die Kinder nahmen diese Eltern quasi als lieblos wahr.

Von der Tochter mit Vorwürfen konfrontiert, meinte die Mutter, dass sie alles richtig gemacht hätte. Sie hätte ihren Kindern teures Spielzeug und teure Kleidung gekauft, teure Ferien ermöglicht und gearbeitet, um ihren Kindern das bieten zu können. Die Eltern verstanden diese Vorwürfe der Tochter nicht. Die Eltern hatten nicht mitbekommen, wie es ihren Kindern tatsächlich ergangen war.

Alle Eltern wollen von ihren Kindern gut wahrgenommen werden, doch die Wahrheit sieht manchmal anders aus. Für kleinere Kinder, die noch nicht in die Schule gehen oder eine untere Schulklasse besuchen, gilt noch alles, was die Eltern tun, als richtig. Später, wenn das Kind in der Schule seine Freunde gefunden hat und mitbekommt, wie herzlich es in anderen Familien zugeht, beginnt das Kind, Fragen zu stellen. Gerade in höheren Klassen können das Fragen sein wie:

- Warum ist das bei uns nicht so herzlich wie bei Lucas und seinen Eltern?
- Warum willst nur du immer im Mittelpunkt stehen?
- Warum siehst du nicht, dass ich in der Schule Probleme habe?
- Hast du gar nicht mitbekommen, dass ich in der Schule gemobbt werde?

Eine Frage könnte auch lauten: Warum nimmst du mich nicht so an, wie ich bin? Oder: Warum hast du dauernd etwas an mir auszusetzen?

Eltern wollen für ihre Kinder nur das Beste. Doch ist das, was die Eltern wollen, auch tatsächlich das Beste für das Kind? Das zieht sich noch bis in das Erwachsenenalter des Kindes, indem sich beispielsweise die Mutter in die Partnerschaft, die Ehe oder die Erziehung der Kinder einmischt. Diese Einmischung mag zwar gut gemeint sein, doch für das erwachsene Kind ist sie schädlich. Schlimmstenfalls bricht das erwachsene Kind den Kontakt zur Mutter ab. Das erwachsene Kind tut dies zum eigenen Schutz und zum Schutz der neu gegründeten Familie.

In einigen Fällen brechen erwachsene Kinder den Kontakt mit der Mutter ab, während der Kontakt mit dem Vater bestehen bleibt. Es sind häufig die Töchter, die ihren Vätern gegenüber milder und wohlwollender eingestellt sind als ihren Müttern gegenüber. Der Vater verbleibt als Positivfigur, wenn die starke Verbindung mit der Mutter gestört ist. Das Kind möchte nicht beide Eltern vom Thron stoßen.

Es passiert aber auch, dass Eltern den Kontakt zu ihren Kindern abbrechen. Der Grund dafür ist häufig, dass das Kind nicht den Weg einschlägt, wie sich die Eltern das wünschen. Eltern haben sich ein Gebäude aus Vorstellungen und Konzepten aufgebaut, wie ihr Kind werden sollte. Passt das Kind nicht in dieses Schema, brechen die Eltern den Kontakt ab, da sie befürchten, sozial nicht mehr anerkannt zu werden.

Bereits jüngere Kinder geben sich manchmal selbst die Schuld am Stress ihrer Eltern. Jedes Kind wünscht sich, von seinen Eltern positiv wahrgenommen zu werden. In solchen Fällen glauben die Kinder, dass sie von ihren Eltern negativ wahrgenommen werden. Das ist gar nicht so falsch. Das Kind ist von den Eltern abhängig. Erfährt es nur wenig Liebe von den Eltern, entsteht der Eindruck, dass mit ihm etwas nicht stimmt.

Die Nachahmung spielt bei Kindern eine wichtige Rolle. Daher kommt es auf die Vorbildwirkung der Eltern an. Eltern sollten sich immer darüber bewusst sein, wie sie von ihren Kindern gesehen werden. Eltern geben positive und negative Einflüsse an die Kinder weiter. Kinder beobachten ihre Eltern, aber auch andere Personen in ihrem Umfeld und ahmen sie nach. Die Vorbildwirkung ist umso stärker, je angesehener eine Person ist. Sympathie und emotionale Bindungen wirken sich stark auf die Vorbildwirkung einer Person aus. Kinder akzeptieren die Personen als Vorbilder, die sie mögen.

Auch Eltern sind nicht perfekt. Läuft im Alltag etwas schief, kann das für die Erziehung ein positives Beispiel sein. Es kommt darauf an, wie die Eltern in einer solchen Situation reagieren und wie sie mit Problemen umgehen. Daraus kann sich ein Lerneffekt ergeben. Ältere Kinder können in kritische Situationen einbezogen werden, um bei der Entscheidungsfindung mitzuwirken. Das stärkt das Selbstvertrauen und übt die Verantwortung der Kinder.

Damit wir als Eltern tatsächlich ein Vorbild für unsere Kinder sein können, kommt es darauf an, das Vertrauen unserer Kinder zu gewinnen. Das gelingt uns, wenn wir auf die individuellen Bedürfnisse unserer Kinder eingehen und uns intensiv mit den Kindern beschäftigen. Wichtig sind konsequente Ehrlichkeit, gewaltfreie Konfliktlösung und eine gerechte sowie altersgemäße Behandlung der Kinder.

Als Eltern sind wir auch gefordert, um unseren Kindern Werte zu vermitteln. Die Vermittlung von Werten ist ein langer Prozess. Müssen sich kleine Kinder entscheiden, stehen die eigenen Bedürfnisse und Wünsche im Vordergrund. Das ist völlig natürlich. Mit zunehmender Erfahrung und im Umgang mit anderen Menschen erlernen Kinder verschiedene soziale Fähigkeiten, die sich auf die Entscheidung auswirken. Eltern spiegeln wider, was gut oder böse ist, und sind Vorbilder mit ihrem Verhalten in bestimmten Situationen.

Für Eltern gilt es, den Kindern den richtigen Weg zu weisen. Sie sollten als Eltern jedoch Ihr Kind seine eigenen Erfahrungen sammeln lassen. Das sollte in einem vernünftigen Rahmen der Kommunikation erfolgen. Bei einer guten Vertrauensbasis in der Familie wird das Kind gerne über seine Erfahrungen berichten.

Kapitel 12.2: Was löst gewaltvolle Kommunikation bei Kindern aus?

Für die gewaltvolle Kommunikation bei Kindern gibt es verschiedene Gründe. Das kann eine schlechte Vorbildwirkung der Eltern sein, wenn die Eltern selbst gewaltvoll kommunizieren und das Kind häufig anschreien. Auch der Umgang kann sich auf die Kommunikation auswirken. Wird ein Kind gemobbt oder nicht gut von den anderen aufgenommen, kann auch das zur gewaltvollen Kommunikation führen. Schließlich kann das Kind auch schlecht gelaunt oder wütend sein und daraufhin gewaltvoll kommunizieren.

Es gibt diverse Gründe für die gewaltvolle Kommunikation von Kindern. Interessant ist dabei, dass Eltern die Kommunikationsversuche ihrer Kinder oft nicht wahrnehmen. Stress im Beruf, verschiedene Alltagsprobleme oder einfach wenig Zeit oder wenig Verständnis für die Kinder führen dazu, dass Eltern nicht mitbekommen, dass die Kinder mit ihnen kommunizieren und sich mitteilen möchten. Ist das der Fall, versucht das Kind, sich Gehör zu verschaffen. Es wird laut und kann dabei auch aggressiv werden, um gehört zu werden.

Durch verschiedene Situationen im täglichen Leben kann das Kind beleidigt, lustlos oder wütend sein. Streit mit Freunden, Misserfolge in der Schule oder Missverständnisse in der Familie können die Gründe dafür sein. Eltern achten nicht immer auf die Gründe, da sie sich nicht in die Lage ihres Kindes hineinversetzen und die Gründe für den Gemütszustand des Kindes nicht hinterfragen. Eltern schauen nicht immer über den Tellerrand, um die Ursachen für die Wut oder die schlechte Laune ihres Kindes zu ergründen.

Es kann sich wiederholen, dass das Kind aus verschiedenen Gründen schlechte Laune hat oder wütend ist. Je häufiger sich das wiederholt und von den Eltern unbemerkt bleibt, desto schlimmer wird die gewaltvolle Kommunikation des Kindes. Das Kind wird nicht gehört und bekommt von den Eltern keine Aufmerksamkeit, da sich die Eltern nicht für die Probleme des Kindes interessieren oder diese Probleme nicht bemerken. Das Kind muss sich also – in seiner Vorstellung – gewaltvoll Gehör und Aufmerksamkeit verschaffen. Damit es nicht soweit kommt, sollten Sie in der Familie immer eine Vertrauensbasis schaffen und Ihrem Kind genügend

Aufmerksamkeit widmen. Signalisieren Sie Ihrem Kind, dass Sie für seine Probleme da sind. Leben Sie ihm eine gewaltfreie Kommunikation vor. So können Sie die gewaltvolle Kommunikation Ihres Kindes verhindern.

Kapitel 13: Gehe hundert Schritte in den Schuhen des anderen, wenn du ihn verstehen willst

Bereits im Kapitel 12 war von dieser Indianerweisheit die Rede. Dabei ging es um den Blick über den Tellerrand, um sich in die Lage des anderen zu versetzen und zu verstehen, warum derjenige schlechte Laune hat oder wütend ist. Diese Indianerweisheit hat eine wichtige Bedeutung im Umgang mit anderen sowie in der gewaltfreien Kommunikation im Allgemeinen. In den Schuhen des anderen zu gehen, kann uns helfen, den anderen zu verstehen. Es gilt, die Welt aus den Augen des anderen zu sehen, um den anderen zu verstehen und Verständnis für seine Lage zu bekommen.

Als Erwachsene können wir uns nicht aller Aktionen und Reaktionen in unserem Umfeld bewusst sein. Wir können jedoch stets versuchen, diejenigen zu verstehen, die wir verärgert haben. Das gelingt, wenn wir überlegen, warum wir sie verärgert haben. Wir sollten versuchen, uns wieder mit ihnen zu einigen. Diese Philosophie sollten wir auch unseren Kindern beibringen. In keinem Fall ist gewaltvolle Kommunikation eine Option. Sie endet in der Regel immer schlecht für uns selbst und für unseren Kommunikationspartner.

Um uns in die Lage des anderen zu versetzen und in dessen Schuhen zu gehen, können wir folgendermaßen vorgehen:

- uns den Schuh des anderen genau vorstellen und nachfragen, wenn wir weitere Informationen benötigen.
- versuchen, nachzuempfinden, wie sich der Schuh des anderen anfühlt: Ist er zu groß, passt er perfekt oder drückt er?
- in den Schuhen des anderen hundert Schritte gehen und dabei hinterfragen, ob der Weg leicht oder schwer ist, ob es bergauf oder bergab geht und ob die Richtung stimmt.

- sich eine Pause gönnen und die gewonnenen Eindrücke verarbeiten.
- die Ergebnisse notieren.

Sind wir in den Schuhen des anderen gegangen, können wir uns besser in dessen Lage versetzen. Wir machen uns mit seiner Situation vertraut und versuchen, Verständnis zu entwickeln. Nur dann, wenn wir die Situation des anderen näher kennen, können wir uns vorstellen, wie der andere fühlt und wie es ihm in seiner Lage geht. Wir entwickeln Verständnis dafür, warum derjenige so reagiert, und können ihn und seine Reaktionen in einem anderen Licht sehen. Es fällt uns leichter, uns mit dem anderen zu einigen, wenn wir denjenigen verärgert haben.

Resümee

Dieser Erziehungsratgeber beschäftigt sich mit der gewaltfreien Kommunikation für Kinder. Die Regeln der gewaltfreien Kommunikation wurden vom US-amerikanischen Psychologen Marshall Rosenberg aufgestellt. Die gewaltfreie Kommunikation nach der Rosenberg-Methode umfasst die Schritte Beobachtung, Gefühl, Bedürfnis und Bitte. Diese Methode sollten wir unseren Kindern im täglichen Umgang vermitteln. Eltern üben eine wichtige Vorbildfunktion aus und können den Kindern die gewaltfreie Kommunikation vorleben.

Die Statistiken zeigen, wie wichtig die gewaltfreie Kommunikation ist, da täglich viele Kinder Opfer von Gewalt werden und auch zahlreiche Frauen mindestens einmal in ihrem Leben häusliche Gewalt erfahren. Umso wichtiger ist daher der gewaltfreie Umgang miteinander.

Ist die Kommunikation an sich schon so weit fortgeschritten, dass sie psychisch und verbal gewaltvoll ist, dauert es nicht mehr lange, bis es auch zur physischen Gewalt kommt. Um das zu verhindern, müssen wir uns als Eltern selbst hinterfragen, so wie in diesem Erziehungsratgeber beschrieben. Nur wenn wir das können, wird es uns als Eltern gelingen, unsere Kinder auf den richtigen Weg zu bringen: auf einen Weg in eine Zukunft ohne Gewalt.

An dieser Stelle bedanke ich mich bei meinen Verwandten, Freunden und vor allem bei meiner Familie, die mich unterstützt haben und mir Verständnis entgegenbrachten. Ohne sie hätte ich diesen Ratgeber nicht schreiben können.

HOCHSENSIBLE KINDER

Vorwort

In den hochentwickelten Industrieländern, zu denen Deutschland gehört, eröffnet das 21. Jahrhundert neue Perspektiven. Das betrifft auch die medizinische Versorgung und moderne Behandlungsmöglichkeiten für eine Vielzahl von Krankheiten. Dennoch gibt es in der Medizin noch einige unüberwindbare Grenzen, für die es bisher an einer erlösenden Technologie mangelt. In der Medizin macht die Forschung enorme Fortschritte. An einigen Betroffenen gehen solche Fortschritte jedoch vorbei. Die Forschung in der Medizin kann für diese Betroffenen nicht schnell genug sein.

Gemeint sind Kinder mit Handicap, die bereits früh begleitet und geleitet werden müssen. Das trifft nicht nur auf Kinder mit Down-Syndrom oder mit Autismus zu. Auch hochsensible Kinder benötigen besondere Aufmerksamkeit. Gefragt sind nicht nur Ärzte, Psychologen, Erzieher und Lehrer, sondern vor allem Sie als Eltern.

Was ist Hochsensibilität eigentlich? Hochsensibilität ist nicht etwa ein neuartiger Trend, wie viele Menschen glauben, die diesen Begriff zum ersten Mal hören oder lesen. Hochsensibilität ist auch keine Krankheit oder Persönlichkeitsstörung, wie von vielen Menschen fälschlich angenommen. Vielmehr handelt es sich um ein Persönlichkeitsmerkmal. Es ist ein Temperamentsmerkmal mit einer besonderen Wahrnehmungsgabe. Dieses Buch möchte mit der Annahme aufräumen, dass hochsensible Menschen Sonderlinge, Eigenbrötler oder Außenseiter sind. Hochsensibilität ist keine schlechte Eigenschaft. Hochsensible Menschen können für ihr Umfeld durchaus eine Bereicherung sein, da sie sich schnell in die Gefühle anderer hineinversetzen, ihre Umwelt intensiver wahrnehmen und sich intensiv damit auseinandersetzen.

Für die Betroffenen ist Hochsensibilität nicht immer ein Vorteil. Häufig leiden sie unter Reizüberflutung, da ihnen Partylärm, laute Musik, Handyklingeln oder grelle Farben zu schaffen machen. Von ihrem Umfeld werden diese Menschen oft kritisch beäugt oder belächelt. Es fällt den Betroffenen häufig schwer, Kontakte zu knüpfen, Freunde zu finden oder eine erfüllte Partnerschaft aufzubauen. Dennoch ist das nicht unmöglich.

Hochsensible sind völlig normale Menschen, nur haben sie eine intensivere Wahrnehmung. Oft sind hochsensible Menschen hochbegabt, gewissenhaft oder schmerzempfindlicher als andere. Introvertiertheit wird häufig mit Hochsensibilität in Verbindung gebracht. Forschungen ergaben, dass ein großer Teil der hochsensiblen Menschen introvertiert ist. Das ist jedoch keine grundlegende Eigenschaft, da es auch extrovertierte Hochsensible gibt. Hochsensiblen Menschen ist gemeinsam, dass sie leicht weinen und über verschiedene Dinge lange nachdenken. Heulsuse, Sensibelchen oder Mimose sind Begriffe, die negativ konnotiert sind und mit denen diese Menschen von ihrem Umfeld oft verächtlich bezeichnet werden.

Für die Eltern ist der Umgang mit einem hochsensiblen Kind oft schwierig. Häufig wissen Eltern nicht, dass ihr Kind hochsensibel ist. Einerseits kann es zu Problemen bei der Erziehung kommen, andererseits sind die Bemerkungen von Menschen aus dem Umfeld oft verletzend. Dazu gehören nicht nur Nachbarn, Verwandte oder Freunde, sondern auch und vor allem Erzieher und Lehrer. Oft wissen Erzieher und Lehrer gar nichts oder zu wenig über hochsensible Kinder.

Als Eltern von hochsensiblen Kindern sind Sie nicht allein. Es gibt mehr hochsensible Menschen als angenommen in Deutschland und in anderen Teilen der Welt. Die Hochsensibilität ist jedoch bei den Betroffenen mehr oder weniger stark ausgeprägt. Die US-amerikanische Psychologin Elaine Aron, die selbst hochsensibel ist und gemeinsam mit ihrem Ehemann eine psychologische Praxis betreibt, beschäftigt sich schon lange mit diesem Thema. Sie hat die Hochsensibilität in den USA und in Deutschland untersucht und nimmt an, dass etwa 20 Prozent der Bevölkerung hochsensibel sind. Das Geschlecht spielt dabei keine Rolle. Elaine Aron vermutet, dass Hochsensibilität zumindest teilweise vererbt wird. Sie kam auch zu dem Ergebnis, dass 70 Prozent der Hochsensiblen introvertiert sind, während der Rest extrovertiert ist.

Die These von Elaine Aron, dass 20 Prozent der Menschen von Hochsensibilität betroffen sind, wird in Fachkreisen kontrovers diskutiert. Einige Wissenschaftler gehen davon aus, dass nur 1 bis 3 Prozent der Menschen hochsensibel sind. Angenommen wird eine Hochsensibilität tatsächlich bei 15 bis 20 Prozent der Menschen. Die Betroffenen sind mehr oder weniger sensibel. Einige Psychologen gehen sogar von einer hohen Dunkelziffer aus.

Psychologen vermuten, dass hochsensible Menschen häufiger unter Depressionen, Angststörungen und anderen psychischen Störungen leiden. Wie aktuelle Statistiken zeigen, haben im letzten Jahrzehnt Ausfallzeiten am Arbeitsplatz aufgrund von psychischen Problemen zugenommen. Die Allgemeinen Ortskrankenkassen (AOK) verzeichneten von 2006 bis 2016 einen Anstieg der Krankschreibungen aufgrund von psychischen Erkrankungen um mehr als 50 Prozent, während die Zahl der Arbeitsunfähigkeitstage um knapp 80 Prozent zunahm. Der Anteil der Menschen mit depressiven Symptomen an der Gesamtbevölkerung liegt bei ungefähr 26 Prozent. (Quelle: https://de.statista.com/themen/1318/psychische-erkrankungen/)

Diese Zahlen sind alarmierend. Umso wichtiger ist es daher, sich genauer mit dem Thema Hochsensibilität auseinanderzusetzen und den betroffenen Kindern sowie deren Eltern zu helfen. So können spätere Folgen einer Nichtbehandlung minimiert werden. Schnell heißt es bei diesen Kindern, dass mit ihnen etwas nicht stimmt. Schon längst ist Hochsensibilität als Persönlichkeitsmerkmal bekannt. Viele Eltern werden zwar mit ihrem Kind vom Kinderarzt an einen Kinderpsychologen überwiesen, doch letztendlich fühlen sie sich allein gelassen. Nicht selten zahlen sie viel Geld für eine überteuerte Therapie, während das eigentliche Problem nicht behandelt wird.

Eltern werden nicht genug über Hochsensibilität informiert. Damit will dieses Buch Schluss machen. Es informiert über Hochsensibilität, über das Leiden der Betroffenen, aber auch darüber, dass Hochsensibilität nicht nur ein Hindernis ist. Hochsensible Menschen verfügen häufig über ein besonderes Potential, das es zu fördern gilt. Betroffene Menschen können von ihrer Hochsensibilität profitieren und eine Bereicherung für andere sein, wenn sie ihr Potential entsprechend einsetzen können. Oft mangelt es jedoch an einem Wegweiser, wie das am besten gelingt. Dieses Buch will keine langweiligen Theorien behandeln. Es will ein nützlicher Ratgeber für Eltern hochsensibler Kinder sein und hält praxisnahe sowie pädagogisch wertvolle Maßnahmen und Ratschläge bereit. Anhand verschiedener Praxisbeispiele werden die Probleme, Ratschläge und Maßnahmen erläutert.

Es gibt verschiedene Tests, anhand derer Eltern feststellen können, ob ihre Kinder hochsensibel sind und wie stark die Hochsensibilität ausgeprägt ist. Am Ende dieses Buches können Eltern einen Test absolvieren, der auf der Grundlage verschiedener Tests zusammengestellt wurde. Die Vorlagen für den Test stammen von Psychologen und Therapeuten. Der Test bringt Eltern die finale Gewissheit über die Hochsensibilität ihrer Kinder.

Kapitel 1: Hochsensibel oder hochsensitiv?

Die Begriffe Hochsensibilität und Hochsensitivität werden von vielen Experten synonym verwendet. Es ist daher nicht verwunderlich, dass viele Eltern den Unterschied zwischen diesen beiden Begriffen nicht kennen oder sich nicht bewusst sind, dass es zwischen beiden Begriffen einen Unterschied gibt.

Hochsensibilität und Hochsensitivität bedeuten eine geschärfte sensible Wahrnehmung, die nicht fassbar und nicht diagnostizierbar ist. Die Übergänge zwischen Hochsensibilität und Hochsensitivität sind fließend. Die beiden Begriffe stehen für verschiedene Ausprägungen der Wahrnehmungsintensität und können sich gegenseitig bedingen.

Auch wenn Hochsensibilität und Hochsensitivität oft gemeinsam auftreten, können sie zwei unterschiedliche Phänomene beschreiben.

Der Mensch verfügt über die fünf Sinne Fühlen, Schmecken, Riechen, Hören und Sehen. Bei hochsensiblen Menschen sind diese fünf Sinne feiner als bei anderen ausgeprägt. Diese Menschen fühlen, schmecken, riechen, hören und sehen differenzierter. Das kann ein Vorteil sein, doch kann es auch schnell zu Reizüberflutung führen. Daher gelten hochsensible Menschen als zartbesaitet. Aufgrund dieser feinen, differenzierten Sinne sind zahlreiche hochsensible Menschen begnadete Künstler.

Der Unterschied zwischen Hochsensibilität und Hochsensitivität besteht darin, dass hochsensitive Menschen nicht über diese fein geschärften Sinne und diese Empfindsamkeit verfügen müssen. Es ist jedoch nicht ausgeschlossen, dass sie feinsinnig und empfindsam sind.

Hochsensitive Menschen haben hingegen den sechsten oder siebten Sinn. Diese Menschen werden als hellsichtig oder hellfühlig bezeichnet. Sie verfügen über ein großes Einfühlungsvermögen. Dieses Phänomen wird mit Visionen, Empfindungen oder Ahnungen aus einer nichtalltäglichen Wirklichkeit beschrieben. Da diese Menschen diese Energie direkt wahrnehmen, ist es selbstverständlich für sie, dass Energien außerhalb der alltäglichen Wahrnehmung vorhanden sind. Oft besitzen diese Menschen solche Fähigkeiten schon seit der Kindheit, während andere sie erst später entwickeln.

Hochsensitivität bezieht sich vorrangig auf die emotionale Ebene. Hochsensitive Menschen nehmen Stimmungen und Gefühle anderer Menschen intensiver als andere wahr. Sie erkennen an Körpersprache und Mimik häufig etwas, das anderen verborgen bleibt. Sie hören das, was andere eigentlich nicht hören sollen. Während hochsensible Menschen fein ausgeprägte physiologische Sinne haben, sind es bei den hochsensitiven Menschen die besonderen Emotionen und das objektive Erleben, die stark ausgeprägt sind. Dieses empathische Feingefühl muss jedoch nicht zwangsläufig bedeuten, dass hochsensitive Menschen mit der Interpretation von Gefühlen anderer Menschen immer richtig liegen.

Häufig, aber nicht immer treten Hochsensitivität und Hochsensibilität gemeinsam auf. Hochsensible Menschen können über eine ausgeprägte Empathie, ein starkes Einfühlungsvermögen, verfügen, doch müssen sie das nicht. Hochsensitive Menschen können, aber müssen nicht über stark ausgeprägte physiologische Sinne verfügen.

Es ist wichtig, den Unterschied zwischen Hochsensibilität und Hochsensitivität zu kennen, denn beide Personengruppen haben unterschiedliche Bedürfnisse.

Um mit ihrer Empfindsamkeit zurechtzukommen, benötigen hochsensible Menschen häufig Ruhepausen. Nur so können sie ihre zartbesaitete Natur mit dem Alltag in Einklang bringen. Sie lernen, ihre Besonderheit als Stärke zu schätzen und ihren Nutzen daraus zu ziehen.

Anders sieht es bei hochsensitiven Menschen aus. Sie benötigen nicht unbedingt Ruhepausen, doch gibt es nur wenige Menschen, mit denen sie über ihre Wahrnehmungen reden können. Auch diese Menschen müssen lernen, ihre Fähigkeiten auszunutzen. Sie müssen teilweise zwischen alltäglichen und nichtalltäglichen Wahrnehmungen unterscheiden lernen. Um das zu lernen, müssen sie über ihre eigene Besonderheit Bescheid wissen.

Es gibt noch einen weiteren Unterschied zwischen hochsensiblen und hochsensitiven Menschen. Wie die US-amerikanische Psychologin Elaine Aron vermutet, wird Hochsensibilität teilweise vererbt. Eltern hochsensibler Kinder erfahren häufig erst dann, dass sie selbst hochsensibel sind, wenn bei ihren Kindern Hochsensibilität festgestellt wird. Anzeichen einer familiären Häufung gibt es hingegen bei einer Hochsensitivität nicht.

Hochsensible Menschen gelten als feinfühlig und benötigen besondere Lebensstrategien. Deutschlands Expertin für Hochsensibilität, Diplom-Psychologin Sandra Konrad von der Helmut-Schmidt-Universität Hamburg, sagt, dass hochsensible Menschen anfälliger für psychische Leiden sind. Eltern sollten sich daher Unterstützung von Therapeuten, Psychologen, Heilpädagogen und Kinderärzten holen.

Michael Plüss, Entwicklungspsychologe aus der Schweiz und internationaler Spezialist für Hochsensibilität, hat für hochsensible Kinder den Begriff „Orchideenkinder" geprägt. Wachsen diese Kinder in einem fürsorglichen und unterstützenden elterlichen Umfeld auf, sind sie wie Orchideen. Sie entwickeln sich bei der richtigen Pflege zu wunderschönen Blumen und können ihre feinen Sinne gut einsetzen. Anders sieht es unter schwierigen Bedingungen aus, da sie dann schnell verkümmern.

Hochsensitivität ist ein wichtiges Thema. Dieses Buch beschäftigt sich jedoch vorrangig mit Hochsensibilität.

Kapitel 1.1: Hochsensibel – in eine komplett andere Welt eintauchen und sie verstehen

Hochsensible ticken anders und stoßen im Alltag häufig an ihre Grenzen. Sie fühlen sich oft, als würden sie in einer anderen Welt leben. Daher zweifeln sie an sich selbst und versuchen, gegen ihr Problem anzukämpfen. Sie lesen Ratgeber und analysieren ihre Schwächen. Typisch für hochsensible Menschen ist das Streben nach Perfektion. Sie sind daher oft auf ihre eigenen Makel fokussiert und leiden unter einem geringen Selbstwertgefühl. Mitmenschen können hochsensible Menschen und ihr Verhalten oft nicht verstehen. Um nachzuvollziehen, wie Hochsensible denken und fühlen, müssen die Mitmenschen in eine für sie andere Welt eintauchen.

Möchten Sie Ihrem hochsensiblen Kind helfen und es verstehen, sollten Sie wissen, was hochsensible Menschen auszeichnet. Sind Sie aufmerksam und beobachten Sie Ihr Kind, können Sie seine Stärken erkennen und fördern. Zeigen Sie Ihrem Kind, dass Sie stets offen für seine Probleme sind und ihm helfend zur Seite stehen.

Hochsensible Menschen verfügen über besondere Stärken, die ihnen aufgezeigt werden müssen, um ihnen zu mehr Selbstwertgefühl und Selbstbewusstsein zu verhelfen. Zeigen Sie Ihrem Kind, welche Stärken es hat, und fördern Sie diese Stärken. Abhängig von den besonderen Sinnen und Fähigkeiten Ihres Kindes gibt es viele Fördermöglichkeiten.

Eine Stärke Hochsensibler ist eine besondere Sinneswahrnehmung, die sich auf verschiedene Sinne beziehen kann. Das kann ein absolutes Gehör sein, das die Menschen in die Lage versetzt, die Höhe eines beliebigen Tons zu bestimmen. Anderen gelingt auf Anhieb die Identifikation einer weit entfernten Geruchsquelle. Menschen, bei denen der Sehsinn geschärft ist, können bei Bildschirmen oder Brillenfassungen mit bloßem Auge die geringsten Farbabweichungen erkennen. Diese Stärke muss das Leben nicht leichter machen, denn ein unangenehmer Geruch wird noch stärker und störender wahrgenommen. In verschiedenen Berufen können solche differenzierten Sinne von Vorteil sein.

Eine positive Eigenschaft vieler hochsensibler Menschen ist das ausgeprägte Gespür für Ästhetik. Sie wissen, welche Farben perfekt zusammenpassen, welche Bildaufteilung angenehm für den Betrachter ist oder welches Möbelstück ein Zimmer am besten komplettiert.

Häufig haben hochsensible Menschen einen geschärften Sinn für Details und sind gute Zuhörer. Sind sie in ein Gespräch verwickelt, können sie sich Details, die anderen entgehen, oft gut merken. Sie verarbeiten Reize intensiver als andere, die nicht hochsensibel sind. Monate später wissen diese Menschen oft noch, was ein anderer gesagt oder getan hat. Bei den Mitmenschen entsteht dadurch oft das angenehme Gefühl von Anteilnahme und Interesse.

Diese Gabe kann sich auch nachteilig auswirken, da die Menschen schlecht mit vielen Gesprächen zurechtkommen und dann überfordert sind. Das kann zu Schlafstörungen führen, da sie oft lange grübeln und nicht einschlafen können. Aufgrund dieser Eigenschaft werden Hochsensible von ihren Mitmenschen schnell als arrogant oder unnahbar eingestuft.

Im Beruf oder in zwischenmenschlichen Beziehungen kann das Merken von Details vorteilhaft sein. Gesprächspartnern gefällt es, wenn sich andere noch nach einiger Zeit an Details erinnern.

Da sich hochsensible Menschen gern mit Details beschäftigen, können sie sich gut in eine Sache vertiefen. Sie mögen es dagegen oft nicht, sich mit verschiedenen Dingen parallel zu beschäftigen. Hochsensible Menschen haben häufig Freude an anspruchsvollen oder zeitintensiven Tätigkeiten. Nachdem sie solche Tätigkeiten erledigt haben, sind sie energiegeladen. Bei ihren Tätigkeiten werden diese Menschen nicht gerne unterbrochen.

Da sich hochsensible Menschen gerne in Dinge vertiefen, fällt es ihnen nicht schwer, etwas Neues zu lernen. Das gelingt ihnen auch noch im Alter. Solche Menschen besuchen daher auch als Rentner noch gerne Kurse an der Volkshochschule, beispielsweise für Fremdsprachen, Tanzen oder Zeichnen.

Oft haben hochsensible Menschen eine gute Fähigkeit für analytische Tätigkeiten. Sie eignen sich daher gut als Lektor oder Wirtschaftsprüfer. Sie begeistern sich für Arbeiten mit Zahlen und arbeiten sehr genau. Da Gewissenhaftigkeit eine Stärke der meisten hochsensiblen Menschen ist, sind sie geduldig und prüfen Zahlen oder Texte außerordentlich gründlich.

Hochsensible Menschen gelten als nachdenklich. Das kann eine positive Eigenschaft sein, da sie Dinge hinterfragen und in verschiedene Richtungen argumentieren können. Die Motivation zu philosophischen Diskussionen ist ein Grund dafür, dass viele Hochsensible Denker oder Dichter sind. Sie sind in der Lage, tiefschürfende Gespräche zu führen.

Aufgrund der besonderen Vorstellungskraft vieler hochsensibler Menschen können sich diese Menschen in Sphären versetzen, die für andere verborgen bleiben. Aufgrund dieses Vorstellungsvermögens gibt es unter den Hochsensiblen viele Künstler, Kreative, Entdecker, Erfinder und Wissenschaftler. Ein Beispiel für diese Vorstellungskraft ist ein Junge, der bereits mit 13 Jahren seinem zwei Jahre jüngeren Bruder im Dunkeln, ohne Papier, Stift und Licht, die Geometrie gleichwinkliger Dreiecke erklären konnte. Das gelang ihm aufgrund seiner Vorstellungskraft. Er beschäftigte sich zu dieser Zeit auch schon mit der Matrizenrechnung.

Das Einfühlungsvermögen, die Empathie, ist eine Eigenschaft vieler hochsensibler Menschen. Oft spüren sie, dass es ihrem Gegenüber nicht gut geht, auch wenn der andere davon selbst noch nichts weiß. Dieses Mitgefühl ist eine Gabe, die den Menschen in therapeutischen, medizinischen und sozialen Berufen zugutekommt. Eine Frau, nennen wir sie Petra, berichtet darüber, dass ihr im Schulalter eine Mitschülerin leidtat, da sie schlechte Noten und damit auch noch die Verachtung der Lehrerin zu spüren bekam. Petra gab ihr Nachhilfestunden, was jedoch nichts half. Als die Mitschülerin ihr von den Misshandlungen durch die Mutter erzählte, war Petra davon ergriffen. Gemeinsam mit ihrer Mutter unterstützte Petra das Mädchen bei der Suche nach Hilfe und beim Wechsel der Schule.

Empathie kann für Hochsensible ein Fluch und ein Segen zugleich sein. Sie belastet die Betroffenen, sodass sie selbst darunter leiden und nicht schlafen können. Für die Mitmenschen kann es ein Segen sein, solche einfühlsamen und hilfsbereiten Menschen wie Petra in ihrem Umfeld zu haben.

Häufig sind hochsensible Menschen Perfektionisten, die Fehler bei sich selbst und bei anderen aufspüren. Solche Eigenschaften sind beispielsweise bei Software-Entwicklern gefragt, die einen Tippfehler in einem seitenlangen Quellcode aufdecken. Mitarbeiter in der Buchhaltung kommen Zahlendrehern auf die Spur, während Lektoren in Verlagen zuverlässig Orthographie- und Grammatikfehler finden.

Perfektionismus ist nicht immer ein Vorteil. Er birgt auch verschiedene Gefahren und macht den Betroffenen das Leben schwer. Nicht nur für die Betroffenen selbst, sondern auch für die Mitmenschen wird das Aufspüren von Fehlern hin und wieder zu einer störenden Eigenschaft. Shawn Achor beschreibt in „The Happiness Advantage" einen Wirtschaftsprüfer, der die Fehler seiner Frau in einer Excel-Tabelle dokumentiert und damit die Grenzen seiner Zuständigkeitsbereiche überschreitet.

Die Eigenschaften hochsensibler Menschen führen bei den Menschen aus ihrem Umfeld oft zu dem Glauben, dass sich der Alltag der Hochsensiblen grundlegend unterscheidet. Auf den ersten Blick muss der Alltag nicht immer anders sein. Unterschiede treten oft erst bei näherem Hinsehen ans Tageslicht.

Viele Hochsensible haben das Bedürfnis, sich mehr als andere in ihrem schützenden Heim verkriechen zu müssen. Das Zuhause ist ein geschützter Ort, zu dem nur diejenigen Zutritt haben, denen sie es gestatten. Macht ihnen das Chaos des Alltags zu schaffen, ist die heimatliche Höhle der wertvollste Ort. Die Betroffenen wollen in solchen Situationen häufig keinen Kontakt mit der Familie oder Freunden.

Es gibt jedoch Situationen, in denen die heimische Trutzburg für die Betroffenen zum Gefängnis wird. Ein gesundes Gleichgewicht zwischen Ruhe und dem gemeinsamen Genießen des Umfelds mit anderen Menschen ist daher wichtig.

Hochsensibilität macht sich nicht nur im Jugend- und Erwachsenenalter bemerkbar. Ein Beispiel dafür ist die sechsjährige Paula. Auf dem Spielplatz schaukelt sie lieber, als dass sie mit anderen Kindern im Sandkasten spielt. Wird sie von älteren Kindern barsch aufgefordert, die Schaukel zu verlassen, weint sie und sucht Trost bei ihrer Mutter. Paula ist kein schüchternes, aber mitunter ein zurückhaltendes Kind. Sie kann jedoch auch laut und voller überschäumender Energie sein. Manchmal will sie sich am liebsten im Schneckenhaus verkriechen, während sie in anderen Situationen vor Energie sprüht. Selbst die Mutter weiß Paulas Wechsel von Introvertiertheit zu Extrovertiertheit oft nicht richtig einzuordnen.

Die Erzieherin in der Kita sprach Paulas Mutter schon auf das überempfindliche und manchmal unerklärliche Verhalten an. Sie brachte sogar schon ADHS, das Aufmerksamkeits-Defizit-Syndrom, ins Spiel. Dagegen spricht jedoch der schon jetzt ausgeprägte Sinn des Mädchens für Gerechtigkeit.

Kapitel 5 ist hochsensiblen Kindern gewidmet. Es hält Tipps bereit, wie Eltern ihrem hochsensiblen Kind helfen können. Daher wird an dieser Stelle nur kurz am Beispiel von Paula auf die Hochsensibilität von Kindern eingegangen. Wie die Beispiele von Paula, Petra und dem 13-jährigen Jungen zeigen, beginnt Hochsensibilität bereits im Kindesalter.

Kapitel 2: Umgang mit Mobbing und Präventivmaßnahmen

Bei hochsensiblen Kindern ist Mobbing ein brisantes Thema. Es beginnt oft schon früh in der Schule und zieht sich durch Ausbildung, Studium und Berufsleben. Wussten Sie, dass in Deutschland 80 Prozent aller Kinder schon einmal Mobbing in verschiedenen Formen erlebt haben? Mit hoher Wahrscheinlichkeit wird Ihr Kind Mobbing erfahren. Dieser Umstand lässt sich leider nur schwer vermeiden, denn als Eltern können Sie nicht immer bei Ihrem Kind sein. Das ist so auch richtig, denn mit der Zeit muss Ihr Kind lernen, allein damit zurechtzukommen. Je eher Sie Ihr Kind stark machen und es unterstützen, desto besser kann es auf solche Situationen reagieren und ist für sein späteres Leben gewappnet.

Ihr Kind ist irgendwann flügge und möchte raus. Es möchte seinen eigenen Weg gehen. Als Eltern können Sie Ihre hochsensiblen Kinder gegen Mobbing stärken. Wer andere mobbt, will sich oft nur selbst damit aufwerten.

Mobbing prägt den Alltag der betroffenen Kinder. Häufig entsteht der Eindruck, dass der Begriff Mobbing inflationär verwendet wird. Immer öfter begegnet uns dieser Begriff, sei es in der Schule oder im Berufsleben. Mobbing ist jede Form der Gewaltanwendung in der Klasse, die zumeist einen Einzelnen betrifft. Es handelt sich um systematische und gezielte Übergriffe über einen längeren Zeitraum. Diese Übergriffe müssen nicht körperlich erfolgen. Auch verbale Übergriffe fallen unter den Begriff Mobbing. Fachleute raten dazu, genauer hinzuschauen. Von einem vorschnellen Reagieren raten sie ab.

Von Mobbing ist die Rede, wenn ein Kind über einen längeren Zeitraum, meistens über Wochen und Monate, von einem Schüler oder einer Gruppe von Schülern:

- immer wieder gehänselt wird
- gemeine und unangenehme Dinge zu hören bekommt
- vor anderen lächerlich gemacht wird
- bedroht oder unter Druck gesetzt wird.

Um Mobbing handelt es sich auch, wenn ein Kind von den anderen gar nicht beachtet wird und die anderen so tun, als wäre dieses Kind gar nicht vorhanden. Auch das Einsperren des Kindes in einen Raum und das Wegnehmen von Sachen sind Formen von Mobbing.

Die schikanierenden Handlungen der anderen nehmen im Laufe der Zeit an Intensität und Häufigkeit zu.

Grundsätzlich unterscheidet sich Mobbing davon, wenn fast gleich starke Kinder aus Spaß miteinander kämpfen, streiten oder Konflikte austragen. Daher gilt es, genau hinzuschauen, um einschätzen zu können, ob es sich tatsächlich um Mobbing handelt.

Ursachen von Mobbing

Um Ihr Kind stark gegen Mobbing zu machen, sollten Sie die Ursachen von Mobbing kennen. Sie sind vielschichtig und unterschiedlich. Von Mobbing kann jeder betroffen sein: Alter, Schulform und auch das Selbstbewusstsein eines Schülers spielen dabei keine Rolle. Mobbing kann in jeder Klasse auftreten und schon in den unteren Klassen beginnen.

Die Basis für Mobbing sind Probleme mit unterschiedlichen Auslösern. Der Täter kann über- oder unterfordert sein oder Selbstwertprobleme haben. Auch ein gestörtes Klassen- oder Schulklima kommt für Mobbing in Frage. Daher sind die Lehrer gefragt, um für ein gutes Klima in der Klasse zu sorgen. Verschiedene Persönlichkeits- oder Verhaltensmaßnahmen eines Kindes können begünstigen, dass dieses Kind zum Mobbingopfer wird. Hochsensible Kinder sind häufig betroffen, da potentielle Täter bei den möglichen Opfern wunde Punkte suchen. Weicht das Opfer von der gängigen Norm ab, ist es verletzbar und kann es sich nicht wehren, haben die Täter ein leichtes Spiel. Der Täter fühlt sich bestärkt, wenn er keinen Widerstand gegen seine Schikanen spürt. Er kann weitere Aktionen gegen das Opfer starten. Die Gründe für ein solches Verhalten können vielfältig sein:

- Langeweile oder Drang nach Abwechselung
- Abreagieren von Ärger und Wut
- Ausgleich eigener Ängste, Ohnmachtsgefühle oder Schwächen durch die Abwertung anderer
- eigene Unzufriedenheit aufgrund mangelnder Leistungen
- vor vermeintlichen Freunden glänzen wollen
- eigenes Erleben von Gewalt oder Unrecht, beispielsweise in der Familie, das an andere weitergegeben wird
- Mangel an Konfliktfähigkeit
- Streben nach Kontrolle oder Machtausübung über andere
- eigene Erfahrung als Opfer von Mobbing
- persönliche Motive wie Neid, Konkurrenz oder Fremdenfeindlichkeit.

Wie Untersuchungen zeigen, werden Kinder häufig zum Opfer von Mobbing, wenn sie bestimmte Eigenschaften aufweisen:

- körperliche Schwäche
- geringes Selbstwertgefühl
- Unsicherheit, Ängste, übermäßige Angepasstheit
- geringe Anpassungsbereitschaft, Erregbarkeit und Aggressivität
- abweichende Merkmale von der Klassennorm, beispielsweise andere Hautfarbe, Übergewicht, Behinderung, andere Kleidung
- Außenseiter in der Klasse, beispielsweise Neuling oder Streber
- Besitz von Dingen oder Fähigkeiten, die Sozialneid hervorrufen, beispielsweise teure Markenkleidung, teures Handy, aufwendiges Hobby oder außergewöhnliche sportliche Leistungen
- Überanpassung in der Familie oder konfliktvermeidendes Verhalten.

Mobbing als System

Mobbing ist ein komplexes System. Es gibt zwar einen Täter, von dem die Mobbingattacken ausgehen, und einen Betroffenen, doch gibt es in der Klasse noch eine Reihe anderer Beteiligter. Sie unterstützen das Mobbinggeschehen gewollt oder ungewollt. Beim Mobbing wird zwischen dem Anführer und den Mitläufern unterschieden. Die Mitläufer führen Aufträge aus oder machen einfach nur mit. Diejenigen, die selbst nicht direkt am Mobbing mitwirken, aber es für gut erachten, sind die Verstärker. Der Anführer kann auf die Unterstützung der Mitläufer und Verstärker zählen. Der Betroffene ist hingegen alleingelassen.

Darüber hinaus gibt es Zuschauer. Sie machen selbst nicht mit und sind nicht betroffen, doch freuen sie sich, dass in der Schule etwas Aufregendes passiert. Sie mischen sich nicht ein und beziehen auch keine Partei. Eine weitere Gruppe sind die Dulder. Sie sind mit dem, was geschieht, nicht einverstanden, aber trauen sich aus Angst, selbst gemobbt zu werden, nicht, etwas zu sagen oder zu unternehmen. Genau wie die Dulder sind Verteidiger mit dem, was passiert, nicht einverstanden. Anders als die Dulder versuchen sie, den Betroffenen zu unterstützen, und nehmen gegen das Mobbing Stellung. Es gibt leider nur wenige oder gar keine Verteidiger in der Klasse. Würde es mehr von ihnen geben, könnte das Mobbing schon bald der Vergangenheit angehören.

Der No Blame Approach setzt genau wie die Verteidiger gegen das Mobbing an.

Was ist der No Blame Approach?

Wird die Situation trotz präventiver Maßnahmen akut, greift der No Blame Approach. Es ist ein Interventionsansatz und eine Handlungsorientierung für Lehrer, Erzieher und Konfliktmanager. Der No Blame Approach ist lösungsorientiert. Er weist niemandem eine Schuld zu und bestraft niemanden. Er kann mit anderen Maßnahmen kombiniert werden. In zahlreichen Schulen in Deutschland wird der No Blame Approach bereits angewendet und zeigt gute Ergebnisse. Das Mobbing konnte in 85 Prozent der Fälle beendet werden. Der Erfolg ist darin begründet, dass auf Bestrafungen und Schuldzuweisungen verzichtet wird. Es geht vielmehr darum, auf die Fähigkeiten und Ressourcen der Kinder zu vertrauen und unter Anleitung geeignete Lösungen zu finden.

Der No Blame Approach kann an allen deutschen Schulformen angewendet werden. Er hat seinen Ursprung in England in den 1990er Jahren und wurde von der Schulpsychologin Barbara Maines und dem früheren Schulleiter George Robinson entwickelt. Barbara Maines hat umfangreiche Erfahrungen mit verhaltensauffälligen Kindern gesammelt. Detlef Beck und Heike Blum führten diesen Ansatz 2002 an deutschen Schulen ein. Die Aktion Mensch machte diesen Ansatz als bundesweites gefördertes Projekt von 2006 bis 2008 bekannt. Der No Blame Approach wird inzwischen auch in verschiedenen anderen Ländern angewendet.

Der No Name Approach ist durch drei Schritte gekennzeichnet:

1. Gespräch mit dem Schüler, der vom Mobbing betroffen ist

Es gilt, das Vertrauen des Schülers zu gewinnen und das Einverständnis für die weitere Vorgehensweise einzuholen. Der Schüler sollte Namen für die Unterstützungsgruppe benennen. Er wird nicht über Details der Mobbinghandlungen befragt. Dem Schüler wird Zuverlässigkeit vermittelt und die Sicherheit gegeben, dass sich die Situation nicht verschlimmert.

2. Gespräch mit der Unterstützungsgruppe, die aus 6 bis 8 Schülern besteht

Dieses Gespräch ist das Herzstück des Ansatzes. Die Unterstützungsgruppe besteht zur Hälfte aus denjenigen, die aktiv zum Mobbing beigetragen haben, und zur anderen Hälfte aus denjenigen, von denen der betroffene Schüler glaubt, dass sie ihm helfen könnten.

3. Nachgespräche mit dem Betroffenen und der Unterstützungsgruppe

Diese Nachgespräche sollten etwa 14 Tage nach dem Gespräch mit der Unterstützungsgruppe stattfinden und sind ein Feedback, wie sich die Situation danach entwickelt hat.

Wie Sie als Eltern Mobbing-Prävention leisten können

Unabhängig davon, ob Ihr Kind hochsensibel ist oder nicht, sind Sie als Eltern gefordert, um Mobbing-Prävention zu leisten. Dazu gehört ein von Wertschätzung, Einfühlungsvermögen und Vertrauen geprägter Erziehungsstil. Um die Entwicklung eines gesunden Selbstbewusstseins Ihres Kindes zu fördern, müssen Sie auch angemessene Grenzen setzen. Ihr Kind lernt, konstruktiv und erfolgreich mit Konflikten und alltäglichen Problemen umzugehen.

Als Eltern können Sie folgendermaßen Mobbingprävention betreiben:

- Seien Sie ein guter Zuhörer, wenn Ihr Kind von der Schule erzählt. Fragen Sie, um festzustellen, ob alles in Ordnung ist.
- Zeigen Sie Ihrem Kind Interesse und signalisieren Sie, dass Sie sich Zeit nehmen, wenn es Kummer hat.
- Sorgen Sie für vertrauensvolle und lebendige Gespräche in der Familie.
- Messen Sie den Problemen und Sorgen Ihres Kindes eine gleichberechtigte Bedeutung bei.
- Pflegen Sie einen guten Umgangston und zeigen Sie, wie Konflikte konstruktiv geregelt werden.

- Loben Sie Ihr Kind nicht nur bei guten Schulnoten. Unterstützen Sie es auch, wenn es nicht so geklappt hat, wie es sollte.
- Sprechen Sie Probleme sofort mit Ich-Aussagen an. Vermeiden Sie Abwertungen und Schuldzuweisungen. Sagen Sie nicht „Du hast schon wieder nicht den Tisch abgeräumt." Besser sind Ich-Botschaften wie „Ich ärgere mich, dass du nicht den Tisch abgeräumt hast, da ich dadurch zusätzliche Arbeit habe."
- Seien Sie interessiert gegenüber Freundschaften und Freizeitgestaltung Ihres Kindes.
- Sprechen Sie offen mit Ihrem Kind über Mobbing und machen Sie ihm klar, was das bedeutet. Sagen Sie ihm, dass es kein Petzen ist, wenn Ihr Kind Mobbingvorfälle offen anspricht, Lehrer informiert und das Opfer unterstützt.
- Nehmen Sie Elternsprechtage und Elternabende wahr und halten Sie den Kontakt zu Lehrern. Fragen Sie nach dem Sozialverhalten und der Integration Ihres Kindes in der Klasse.

Wie Sie Ihr Kind stark gegen Mobbing machen

Ihr Kind können Sie mit einer Strategie stark gegen Mobbing machen:

- Aufrechte und selbstsichere Körperhaltung trainieren, indem Sie Ihr Kind Superheld oder Prinzessin spielen lassen
- Rollenspiele nutzen, indem Sie die Kreativität und Reaktionsfähigkeit Ihres Kindes fördern
- Selbstbewusstsein Ihres Kindes mit mentalem Training fördern
- - Erfolgserlebnisse vermitteln, um das Selbstwertgefühl Ihres Kindes zu fördern
- Ihr Kind nicht zu häufig loben, da es sonst abhängig von Anerkennung und angreifbar für verbale Attacken wird
- Ihr Kind zu Hause klare Grenzen setzen lassen und dafür sorgen, dass diese Grenzen respektiert werden
- Zeigen Sie Ihrem Kind, dass auch nervige Diskussionen wichtig sind und die kommunikativen Fähigkeiten Ihres Kindes fördern
- Lassen Sie Ihr Kind nicht immer das brave Engelchen sein,

da es sonst schnell zum Mobbingopfer wird. Gewähren Sie ihm stattdessen hin und wieder einige Freiheiten, die das Selbstbewusstsein stärken.

- Geben Sie Ihrem Kind niemals das Gefühl, dass es Schuld hat, wenn es gemobbt wird.
- Nehmen Sie Ihr Kind ernst und sprechen Sie offen über seine Gefühle.
- Lassen Sie Ihr Kind Freundschaften schließen und machen Sie ihm klar, dass Freunde Rückhalt gegen Mobbing geben können.
- Richten Sie bei Mobbing den Fokus gezielt auf positive Erlebnisse.

Wie Sie erkennen, dass Ihr Kind gemobbt wird

Nun kann es trotz aller Präventionsmaßnahmen passieren, dass Ihr Kind gemobbt wird. Hochsensible Kinder ziehen sich oft zurück und sprechen ihre Situation nicht immer offen an. Sie können an verschiedenen Anzeichen erkennen, dass Ihr Kind Opfer von Mobbing sein könnte. Kinder zeigen auf unterschiedliche Weise, wenn sie etwas bedrückt und sie unter etwas leiden. Achten Sie sensitiv auf Verhaltensänderungen Ihres Kindes.

Ein wichtiges Anzeichen von Mobbing ist, dass Ihr Kind plötzlich nicht mehr gerne zur Schule geht, wenn es vorher gern zur Schule gegangen ist. Will Ihr Kind plötzlich von Ihnen zur Schule gebracht werden, gibt es Krankheiten vor oder geht es ohne Ihr Wissen nicht zur Schule, sind das Alarmsignale.

Auch Lernstörungen, Konzentrationsschwäche und nachlassende Schulleistungen deuten auf Mobbing hin. Zeigt Ihr Kind untypische Veränderungen wie Überempfindlichkeit, Nervosität oder Gereiztheit, kann Mobbing die Ursache sein. Versuchen Sie, herauszufinden, was die Ursache für den Kummer Ihres Kindes ist.

Aufmerksam sollten Sie auch sein, wenn Ihr Kind

- unter Appetitlosigkeit leidet
- Schlafstörungen zeigt
- über Kopf- und Bauchschmerzen klagt
- niedergeschlagen und depressiv ist
- immer ängstlicher und schüchterner wird
- häufig unausgeglichen, nervös, aggressiv oder wütend ist
- sich zurückzieht und kaum noch Kontakt zu Gleichaltrigen hat
- häufig kaputte oder fehlende Sachen oder körperliche Verletzungen hat.

Alle diese Auffälligkeiten sollten Sie ernstnehmen. Gehen Sie ihnen auf den Grund und versuchen Sie, die Ursache dafür zu erfahren. Sie sollten nicht nur mit Ihrem Kind sprechen, sondern sich auch an die Schule wenden.

Was Sie tun sollten, wenn Ihr Kind gemobbt wird

Wird Ihr Kind tatsächlich gemobbt, stehen Sie als Eltern vor einer emotionalen Herausforderung. Sie sollten Ihrem Kind genau zuhören und Unklarheiten oder Missverständnisse hinterfragen. Nehmen Sie nichts ohne das Wissen Ihres Kindes vor und sprechen Sie alles, was Sie jetzt tun wollen, mit Ihrem Kind ab. Auch die Lehrer sollten Sie involvieren.

Sie sollten die Schule benachrichtigen und möglichst schnell um einen Gesprächstermin mit dem Lehrer bitten. Wird das Mobbing gegen Ihr Kind fortgesetzt, sollten Sie die Situationen in einem Tagebuch festhalten. Klären Sie die Fragen:

- Was ist vorgefallen?
- Wie war die Situation?
- Wo fand die Situation statt?
- Wann hat sich das Mobbing ereignet?
- Wer war beteiligt?
- Welche Zeugen gibt es?

Machen Sie Ihrem Kind klar, dass es nicht zurückschlagen sollte, da sonst alles nur noch schlimmer wird. Dieses Verhalten könnte im Widerspruch zur Persönlichkeit Ihres Kindes stehen. Sie sollten Ihr Kind ermutigen, neue Freundschaften zu schließen, da es dann weniger angegriffen wird.

Zusammen mit dem Lehrer sollten Sie Maßnahmen überlegen, wie Sie Ihrem Kind helfen können. Lassen Sie sich vom Lehrer nicht abwimmeln und bestehen Sie darauf, dass etwas getan wird. Sie sollten auch die sozialpädagogische Fachkraft der Schule informieren und bitten, Einzelgespräche mit Ihrem Kind und den Tätern zu führen.

Bekommen Sie keine Hilfe vom Lehrer, sollten Sie den Kontakt zur Elternvertretung suchen. Glauben Sie, dass das Problem nicht ernstgenommen wird, sollten Sie auch die übergeordnete Stelle, beispielsweise Beratungslehrkraft, Schulleitung, Schulrat oder schulpsychologischen Dienst, informieren.

Die Hilfe eines Schulpsychologen, Kinder- und Jugendtherapeuten oder Erziehungsberatungsstelle sollten Sie dann in Anspruch nehmen, wenn Ihr Kind aufgrund der Situation unter psychosomatischen Störungen leidet. Über das Internet können Sie auch mit anderen Betroffenen Kontakt aufnehmen und sich mit ihnen austauschen.

Der Konflikt könnte verschärft werden, wenn Sie direkt Kontakt mit den Eltern des Täters aufnehmen würden.

Ein Eltern-Kind-Gespräch ist in dieser Situation wichtig. Zeigen Sie Ihrem Kind Ihr Vertrauen, sodass es weiß, dass Sie ihm zuhören und glauben. Ihr Kind benötigt die Sicherheit, offen über den Vorfall reden zu können.

Als Eltern können Sie einiges tun, wenn Ihr Kind gemobbt wird:

- Ermutigen Sie Ihr Kind, seine Gefühle auszudrücken und über die Situation zu reden
- Akzeptieren Sie auch, wenn Ihr Kind Gefühle wie Ärger, Scham oder Wut zeigt
- Versuchen Sie, Informationen über das Geschehen zu bekommen.
- Achten Sie auf psychische und körperliche Symptome Ihres Kindes
- Spielen Sie die Situation nicht herunter und vermeiden Sie Beschuldigungen.
- Regen Sie Ihr Kind an, über sein Verhalten nachzudenken, aber machen Sie ihm deutlich, dass es nicht daran schuld ist, dass es gemobbt wird.
- Suchen Sie gemeinsam mit Ihrem Kind nach Lösungen
- Bieten Sie Ihrem Kind Ihre Hilfe an.

Als Eltern sollten Sie auch selbstkritisch über Ihr eigenes Erziehungsverhalten nachdenken. Stellen Sie sich Fragen wie:

- Habe ich mein Kind in seinem selbstsicheren Verhalten zu wenig bestärkt?
- Habe ich meinem Kind zu sehr die Bewältigung unangenehmer Dinge abgenommen?

- Bin ich selbst konfliktscheu oder unsicher in Konfliktsituationen?

Sie sollten professionelle Beratung nutzen, wenn Sie Hilfe bei der Veränderung Ihres Erziehungsverhaltens benötigen.

Zeigen Sie Ihrem Kind praktische Lösungen auf:

- Bei Mobbing auf dem Schulweg möglichst einen anderen Weg nehmen
- Dem Täter und seiner Clique aus dem Weg gehen
- Wertvolle Sachen nicht mit in die Schule nehmen
- Verletzende Ausdrücke ignorieren
- Sätze einüben wie „Ich bin in Ordnung", „Das ist nicht mein Problem"
- Ablenkende oder verwirrende Bemerkungen machen wie „Wenn du meinst", „Könnte sein"
- Nicht zurückschlagen, sondern einen älteren Schüler oder einen Lehrer um Hilfe bitten. Verdeutlichen Sie Ihrem Kind, dass dies kein Petzen ist, sondern dass es ein Recht darauf hat.
- Mitschüler, die schon einmal geholfen haben, erneut um Hilfe bitten
- Dem Angreifer ins Auge sehen und sagen „Hör damit sofort auf". Anschließend weggehen.
- Stress mindernde Atemtechniken üben.

Was tun bei Cybermobbing?

Neben Mobbing in der Schule wird das Cybermobbing immer brisanter. Hochsensible Kinder nutzen häufig das Internet, um Kontakte zu knüpfen und zu kommunizieren. Bei Cybermobbing werden die Betroffenen im Internet per E-Mail, SMS oder auf Social Media verleumdet, bedroht oder belästigt. Die Täter treten anonym in Erscheinung.

Als Eltern sollten Sie:

- sich verstärkt um die Online-Aktivitäten Ihres Kindes kümmern
- nach Lösungen zur Verringerung des Risikos suchen
- Beweismaterial sammeln, um gegen den Täter vorzugehen
- Ihr Kind unterstützen, da es nicht allein gegen Cybermobbing vorgehen kann
- Ihrem Kind erklären, dass es auf Angriffe nicht reagieren sollte, da es sonst den Täter zum Weitermachen ermutigt

Sind die Eltern des Angreifers bekannt, sollten Sie Material herunterladen und an sie schicken. Sie sollten auch die Lehrer Ihres Kindes auf die Situation ansprechen. Weiterhin sollten Sie den Serviceprovider oder Forenbetreiber informieren und auffordern, die Einträge zu löschen.

Wie weit Sie als Eltern gehen dürfen

Es ist verständlich, dass Sie als Eltern Ihrem Kind helfen möchten. Dennoch sollten Sie wissen, wie weit Sie selbst gehen dürfen. Sie sollten unbedingt verschiedene Dinge vermeiden:

Eltern von Mobbingopfern neigen dazu, die Eltern des Täters anzusprechen. Das führt nicht dazu, dass das Mobbing aufhört. Die Mobbing-Attacken verstärken sich noch, da die Eltern des Täters ihr Kind in Schutz nehmen und auch das aggressive Verhalten in Kauf nehmen. Die Eltern des Täters können ihr Kind aber auch bestrafen. Der Täter lernt, dass Strafe ein probates Mittel ist, um ein Ziel zu erreichen.

Auch wenn es vielleicht naheliegend ist, das Gespräch mit dem Täter zu suchen, ist das kontraproduktiv. Versuchen Sie, das Mitgefühl des Täters zu wecken, kann das das Gegenteil bewirken und Wutgefühle beim Täter aufkeimen lassen. Der Täter sieht in Ihrem direkten Eingreifen eine Schwäche Ihres Kindes als Opfer und fühlt sich aufgewertet.

Ihr Kind sollten Sie nicht zu Lehrergesprächen mitnehmen. So können Sie ihm Scham ersparen.

Kapitel 3: Grundlegendes über die Sinne eines Menschen

Die Wahrnehmung eines jeden Menschen erfolgt über die Sinne. Sie ist der subjektive Prozess der Informationsgewinnung, der auch als Rezeption bezeichnet wird. Bei hochsensiblen Menschen ist diese Wahrnehmung intensiver. Die Wahrnehmung betrifft die Aufnahme von Reizen aus der Umwelt, aber auch aus dem Körperinneren. Diese Reize werden vom Gehirn verarbeitet. Der Wahrnehmungsprozess vollzieht sich unbewusst und teilweise auch bewusst. Teilinformationen werden subjektiv zu sinnvollen Gesamteindrücken zusammengesetzt, die mit den gespeicherten Vorstellungen abgeglichen werden. Manchmal können Inhalte und Qualitäten der Wahrnehmung durch eine gezielte Steuerung der Aufmerksamkeit verändert werden. Wahrnehmungsstrategien können zu solchen Veränderungen beitragen. Alle Vorgänge der Sinneswahrnehmung werden als Sensorik bezeichnet.

Bei der Wahrnehmung wird zwischen Extero- und Interozeption unterschieden. Die Exterozeption ist die allgemeine Wahrnehmung der Außenwelt, während die Interozeption die Wahrnehmung des eigenen Körpers ist. Die Wahrnehmung der Außenwelt, die Exterozeption, erfolgt über die fünf Sinne:

- Fühlen
- Schmecken
- Riechen
- Hören
- Sehen.

Außer diesen fünf Sinnen gibt es noch weitere Sinne. Sie betreffen die Interozeption, die Wahrnehmung des Körpers. Dazu gehören der Gleichgewichtssinn, Zeitsinn und Magnetsinn.

In der Psychologie wird zwischen der Selbst- und Fremdwahrnehmung unterschieden. Die Selbstwahrnehmung umfasst die Überzeugungen, die wir von uns selbst, unserem Verhalten und unseren Empfindungen haben. Die Fremdwahrnehmung umfasst die Eindrücke, die wir auf andere hinterlassen und die andere von uns bekommen. Probleme in der zwischenmenschlichen Kommunikation können auftreten, wenn die Selbst- und die Fremdwahrnehmung nicht wenigstens ansatzweise übereinstimmen.

Die Wahrnehmung über die Sinne erfolgt, indem ein adäquater Reiz die Reaktion eines Sinnesorgans auslöst. Dazu reicht bereits ein minimaler Energieaufwand des Reizes aus. Über periphere Bahnen wird die Erregung weitergeleitet, um dann in den entsprechenden Hirnarealen verarbeitet zu werden. Dabei werden die Transduktion und die Transformation als zentrale Vorgänge unterschieden. Die Transduktion ist die Umwandlung eines Reizes in ein Rezeptorpotential. Bei der Transformation handelt es sich um die Umwandlung der Rezeptorpotentiale in Aktionspotentiale, die an die verarbeitenden Hirnareale weitergeleitet werden.

Das Fühlen kommt bei den fünf Sinnen des Menschen häufig zu kurz und gilt im Vergleich zu Schmecken, Riechen, Hören und Sehen als niedere Wahrnehmung. Dabei ist das Fühlen lebensnotwendig. Es ist die Wahrnehmung von Reizen über die Haut. Dieser Sinn entwickelt sich bei der Embryonalentwicklung im Mutterleib zuerst. Wir können bereits fühlen, bevor wir geboren werden. Bei Babys kann sich das Fühlen auf die Entwicklung auswirken. Erfährt ein Baby keine liebevollen Berührungen wie Streicheln, kann die Entwicklung verzögert werden. Das kann zu schwerwiegenden seelischen Störungen und sogar zum Tod führen.

Schmecken ist die Wahrnehmung über den Geschmackssinn und wird durch chemische Reize ausgelöst. Die Geschmackszellen befinden sich in der Schleimhaut der Zunge und in der Rachenschleimhaut. Der Geschmackssinn wirkt mit dem Geruchssinn zusammen. Im Vergleich mit anderen Sinnen ist der Geschmack eher schwach ausgeprägt. Auch der Geschmack entsteht bereits während der Embryonalentwicklung. Ein Beweis dafür ist die etwa doppelt so hohe Zahl an Geschmacksknospen bei Säuglingen im Vergleich mit erwachsenen Menschen. Die Vorliebe für einen süßen Geschmack scheint angeboren zu sein. Die Abneigung vieler Menschen gegen extrem bittere Speisen ist ein Relikt aus der Frühzeit des Menschen, da die meisten giftigen Pflanzen bitter schmecken.

Als unmittelbarster menschlicher Sinn gilt das Riechen. Gerüche wirken direkt auf das limbische System, das auch für die Verarbeitung von Emotionen zuständig ist. Gerüche sind mit menschlichen Erinnerungen verknüpft. Sie können einen Menschen in eine längst zurückliegende Situation zurückversetzen, bei der er den Geruch zum ersten Mal wahrnahm. Biologisch ist der Geruchssinn im ältesten Teil des Gehirns angesiedelt. Unbewusst wirkt sich unser Geruch auch darauf aus, wie wir einen Menschen wahrnehmen. Er wirkt sich auch auf die Partnerwahl aus. Der Geruchssinn ist bereits bei Neugeborenen komplett ausgeprägt. In den ersten drei Lebensjahren bildet sich das Geruchsgedächtnis aus. Der Geruchssinn lässt sich trainieren.

Bei den Reizen, die wir beim Hören wahrnehmen, handelt es sich um nichts anderes als um schwankenden Luftdruck. Schallwellen bringen das Trommelfell zum Schwingen. Das Gehör hilft bei der Orientierung, da das Gehirn die Geräuschquelle ortet. Der Hörsinn ist der differenzierteste aller fünf Sinne. Das Ohr ist noch sensibler und leistungsfähiger als das Auge. Bereits im Mutterleib fängt das Ohr an zu arbeiten. Schon im Mutterleib hört das ungeborene Kind die Stimme der Mutter. Es kann Geräusche bereits als angenehm und als unangenehm empfinden.

Über den Sehsinn gelangen etwa 80 Prozent der Informationen aus der Umwelt an das Gehirn, wo sie verarbeitet werden. So kompliziert das menschliche Auge aufgebaut ist, so nüchtern ist der Prozess des Sehens. Elektromagnetische Wellen des Lichts werden in eine Folge von Nervenimpulsen umgewandelt und an das Gehirn weitergeleitet. Beim Sehen vollbringt das menschliche Gehirn Höchstleistungen. Das Sehen ist der bewussteste, aber auch der oberflächlichste und langsamste Sinn eines Menschen. Bereits von Geburt an können Kinder sehen. Allerdings müssen sich die Sehschärfe und das Zusammenspiel der beiden Augen erst noch entwickeln. Im Laufe des Lebens kann der Sehsinn nachlassen.

Kapitel 3.1: Fühlen

Auch wenn das Fühlen unter den fünf Sinnen häufig zu kurz kommt, ist es lebensnotwendig und einer der wichtigsten Sinne überhaupt. Bereits im Mutterleib entwickelt sich dieser Sinn. Reize werden über die Haut wahrgenommen und an das Gehirn weitergeleitet. Das Fühlen manifestiert sich im Kindesalter. In dieser Zeit erfährt dieser Sinn die drastischste Entwicklung. Im späteren Leben kann es zu verschiedenen Problemen kommen, wenn der Tastsinn gestört ist.

Über das Fühlen erhalten Menschen Informationen über ihre Umwelt, aber auch über sich selbst. Es ist ein komplexer Sinn, da wir damit kalt und warm unterscheiden, empfinden, ob wir geschlagen oder gestreichelt werden und Schmerzen sowie Wohlgefühl unterscheiden. Wir wissen noch wenig über das Fühlen, da die Forschung diesem Sinn bislang wenig Beachtung geschenkt hat.

Warum wurde das Fühlen derart vernachlässigt? Einige Wissenschaftler begründen das in der christlich geprägten Gesellschaft. Angenehme Berührungen können uns so wie kein anderer Sinn in Entzücken und Ekstase versetzen. Daher hat das Fühlen einen etwas verruchten Beigeschmack.

Studien an Neugeborenen beweisen, welche Bedeutung Berührungen für das menschliche Wohlbefinden haben. Die Überlebenschancen von Frühchen, die über längere Zeit in direktem Hautkontakt auf der Brust der Eltern liegen, sind höher. Ein Beweis, dass sich das Fühlen im Kindesalter manifestiert, ist, dass die über die Haut wahrgenommenen Reize die Entwicklung des Gehirns und die Ausschüttung von Wachstumshormonen fördern. Fehlen liebevolle Berührungen im Säuglingsalter, wird die Entwicklung verzögert. Schlimmstenfalls kann das zum Tod führen. Im Erwachsenenalter können sanfte Berührungen die Ausschüttung günstiger Hormone auslösen. Das Wohlbefinden kann gesteigert, der Blutdruck gesenkt werden. Die emotionale Bindungsfähigkeit wird unterstützt.

Mit einer Oberfläche bis zu zwei Quadratmetern und einem Gewicht bis zu zehn Kilogramm ist die Haut das größte Sinnesorgan des Menschen. Die oberste Zellschicht der gesamten Körperoberfläche wird ungefähr alle 27 Tage komplett ausgetauscht. Die Haut nimmt einige wichtige Funktionen wahr:

- Schutz vor Austrocknung
- Barriere für Schmutz, Wasser und Krankheitserreger
- Regulierung der Körpertemperatur über die Schweißproduktion
- Lieferung wichtiger Informationen über die Umwelt.

Die Haut besteht aus der Epidermis als oberste Schicht, der Lederhaut als mittlere Schicht mit Talg- und Schweißdrüsen sowie Haarwurzeln und der Subcutis als unterste Schicht, in der sich Blutgefäße, Nerven und Fettzellen befinden. Sinneszellen befinden sich in allen drei Hautschichten. Sie nehmen äußere Reize auf, die sie als elektrische Impulse an das Rückenmark weiterleiten. Von dort gelangen sie an das Gehirn.

Nicht an jeder Körperzelle befinden sich gleich viele Rezeptoren. Die meisten Rezeptoren befinden sich an den Fingerkuppen, an den erogenen Zonen, auf der Zunge und an den Lippen.

Zum Fühlen gehört nicht nur der Tastsinn der Hände. Auch das unangenehme Gefühl, wenn Sie sich beispielsweise versehentlich auf einen nassen Stuhl setzen, gehört dazu. Der Körper verfügt über verschiedene spezialisierte Sinneszellen, die für das Empfinden von Druck, Berührung, Schmerz, Temperatur oder Vibration zuständig sind.

Beim Fühlen spielt auch die Körperbehaarung eine Rolle. Die Empfindungen erfolgen über Haarfollikelrezeptoren in der Lederhaut. Warum ist dann das Fühlen an den unbehaarten Körperstellen gerade so stark ausgeprägt? Das liegt daran, dass die Haarfollikelrezeptoren an diesen Stellen durch die Meissner-Körperchen ersetzt werden.

Kein Leben ohne den Tastsinn

Ohne den Tastsinn gibt es kein Leben. Auch wenn Menschen blind oder taub geboren werden können, ist noch kein Mensch ohne Tastsinn auf die Welt gekommen. Wesentlich früher als das Hören und Sehen funktioniert bei der Embryonalentwicklung der Tastsinn. Ein etwa 2,5 Zentimeter großer Fötus kann bereits in der achten Schwangerschaftswoche mit heftigen Bewegungen auf Reize im Lippenbereich reagieren. Schon wenige Wochen später kann das Ungeborene Greifbewegungen ausführen.

Genauso wichtig wie im Säuglingsalter ist Körperkontakt auch im späteren Leben wichtig. Das wachsende Individuum kann mit dem Körperkontakt seine körperliche Eigenart erfahren. Gibt es diese Körperkontakte im zarten Kindesalter nicht, kann es im späteren Leben, beispielsweise in der Pubertät, zu Körperwahrnehmungsstörungen kommen. Eine solche Körperwahrnehmungsstörung kann beispielsweise die Magersucht sein.

Der Tastsinn und seine Entwicklung bleiben auf der Strecke, wenn sich bereits die Kleinsten mit Tablet oder Smartphone beschäftigen, anstatt sich in der realen Welt aufzuhalten. Ein gravierender Unterschied besteht darin, ob ein Kind eine reale Blume anfasst oder ob es eine Blume auf dem Touchpad berührt. Der Unterschied besteht in der Haptik, darin, wie sich etwas anfühlt. Berührt ein Kind ein Objekt in der realen Natur, dann begreift es die Welt, es interagiert mit ihr.

Es kann schwerwiegende Folgen haben, wenn ein Mensch nicht über den Tastsinn, durch Fühlen, mit seiner Umwelt interagiert. Für die gesunde Entwicklung unserer Kinder ist ein haptischer Background erforderlich. Anderenfalls funktioniert das Begreifen nicht mehr.

Wenn der Tastsinn gestört ist

Der Tastsinn kann bereits im Kindesalter gestört werden, wenn das Kind nicht genügend Gelegenheiten bekommt, mit seiner Umwelt zu interagieren. Er kann jedoch auch im Laufe des Lebens gestört werden. Berührungen, Temperaturunterschiede oder Schmerz werden intensiver, schwächer oder gar nicht wahrgenommen. Das ist in Funktionsstörungen der Nerven begründet, die gleichzeitig mit einem Kribbeln oder Taubheitsgefühlen in den betroffenen Körperregionen einhergehen können. Solche Störungen können durch Erkrankungen oder Verletzungen entstehen, aber auch angeboren sein. Solche Erkrankungen können beispielsweise Multiple Sklerose mit dem Strumpf- und Handschuh-Gefühl oder Diabetes mellitus mit vermindertem Fühlen an Armen und Beinen sein.

Derartige Empfindungsstörungen können den Alltag für die Betroffenen extrem erschweren und sogar gefährlich sein. Im ersten Moment mag es ein erstrebenswerter Zustand sein, keine Schmerzen wahrzunehmen. Sie sollten jedoch nicht vergessen, dass Schmerzempfinden ein wichtiges Warnsignal ist und sogar überlebenswichtig sein kann. Schmerz signalisiert, dass der Körper Schaden erleidet, und veranlasst uns, dagegen vorzugehen.

Kinder lernen beispielsweise ohne Schmerzen nicht automatisch, dass sie ihre Hand nicht auf eine heiße Herdplatte legen sollten. Sie empfinden nicht, wenn sie schwere Verletzungen erleiden. Das kann zu schweren körperlichen Schäden und sogar zum Tod führen, beispielsweise, wenn ein Knochenbruch nicht behandelt oder eine Blutung nicht gestillt wird.

Geht die Schmerzwahrnehmung verloren, kann das auch zu einem Verlust der Eigenwahrnehmung führen. Der Mensch verliert das Gefühl für die Grenzen seines Körpers.

Fehlt diese Wahrnehmung, kann der Mensch dieses Problem in seltenen Fällen zumindest teilweise kompensieren. Der Neurophysiologe Jonathan Cole beschreibt in seinem Buch „Pride and a Daily Marathon" (Stolz und ein täglicher Marathon), wie sein Patient Ian Waterman als 19-Jähriger aufgrund einer Virusinfektion sein Körpergefühl vom Hals abwärts komplett verlor. Er konnte nicht mehr die Lage seiner Arme, Finger und Beine im Raum spüren.

Auch sanfte Berührungen durch andere Personen spürte er nicht mehr. Er besaß jedoch noch Schmerz- und Temperaturempfinden. Ian konnte sich nicht mehr kontrolliert bewegen, da sein Gehirn keine Rückmeldung mehr aus dem Körper erhielt.

Ian gleicht die fehlende Sinneswahrnehmung aus dem Haut-, Muskel- und Gelenksystem durch das Sehen aus. Er kann seinen Körper scheinbar wieder normal koordinieren. Das gelingt ihm durch das direkte Ansehen eines Körperteils und die bewusste Planung einer Bewegung. Ian hat noch immer kein Gefühl dafür, wo sein Körper sich befindet. Er erfährt es jedoch über seine Augen.

Kapitel 3.2: Schmecken

Genau wie das Riechen wird das Schmecken durch chemische Reize ausgelöst. Der Geschmackssinn hängt mit dem Geruchssinn zusammen. Im Vergleich zu anderen Sinnen ist der Geschmackssinn eher schwach ausgeprägt. Bereits während der Embryonalentwicklung entwickelt sich das Schmecken. Säuglinge verfügen etwa über doppelt so viele Geschmackszellen wie erwachsene Menschen. Die meisten Menschen haben eine Vorliebe für süßen Geschmack. Daher wird vermutet, dass diese Vorliebe angeboten ist. Die Abneigung der meisten Menschen gegen stark bitteren Geschmack resultiert wahrscheinlich in der Frühzeit des Menschen. Sie diente als Schutzfunktion, da giftige Pflanzen meistens bitter schmecken. Der Geschmack kann sich im Kindesalter manifestieren. Im späteren Leben geht der fein ausgeprägte Geschmackssinn meistens zurück. Es kann auch zu einem Geschmacksverlust kommen.

Der Geschmack ist eng mit dem Gefühl verknüpft. Das ist in der Entwicklungsgeschichte des Menschen begründet. Als Nah-Sinn war der Geschmack früher überlebensnotwendig, da die aufgenommene Nahrung kontrolliert wurde. Schmeckte etwas bitter oder sauer, deutete das darauf hin, dass die Nahrung giftig oder verdorben war. Ein süßer oder salziger Geschmack war hingegen ein Indiz für nährstoffreiche Nahrung. Die meisten Menschen verbinden herzhafte Speisen mit angenehmen Gefühlen.

Der Eindruck, den ein Geschmack vermittelt, ist ein Paket aus verschiedenen Geschmacksqualitäten. Die Zunge nimmt solche Geschmacksqualitäten wahr und wird dabei vom Geruch unterstützt. Für den Geschmack sind auch Temperatur und Beschaffenheit eines Lebensmittels wichtig. Das Aroma entsteht zusammen mit dem Geruch einer Speise. Ist der Geruchssinn beeinträchtigt, wirkt sich das auf die Geschmackswahrnehmung aus.

Die verschiedenen Geschmacksqualitäten

Es gibt mindestens fünf Geschmacksqualitäten. Der Geschmack der meisten Speisen ist eine Mischung dieser Geschmacksqualitäten. Die grundlegenden Geschmacksqualitäten sind:

- süß, wird durch Zucker, Eiweißbausteine und Alkohole ausgelöst
- sauer, entsteht durch saure Lösungen, organische Säuren und Wasserstoff-Ionen
- salzig, entsteht durch Speisesalz und Mineralsalze
- bitter, wird durch verschiedene Bitterstoffe verursacht.

Auch herzhaft-würzig wird als eigene Geschmacksqualität bezeichnet. Dieser Geschmack entsteht durch Glutamin- und Asparaginsäure.

Menschen können neben den Grund-Geschmacksqualitäten weitere Nuancen wahrnehmen. Auch fettig ist eine Grundqualität des Geschmacks. Dieser Geschmack entsteht durch Fettsäuren, die mit Enzymen im Speichel aufgespalten werden. Die Geschmacksrichtungen alkalisch, metallisch und wasserartig werden gegenwärtig noch erforscht.

Scharf ist kein Geschmack, sondern ein Schmerzsignal der Nerven.

Die verschiedenen Geschmacksqualitäten können von allen Bereichen der Zunge wahrgenommen werden. Die seitlichen Bereiche sind jedoch empfindlicher als die mittleren. Lediglich der bittere Geschmack wird im hinteren Bereich der Zunge verstärkt wahrgenommen. Das diente vermutlich als Schutzfunktion, um bittere Lebensmittel rechtzeitig auszuspucken.

Die Wahrnehmung des Geschmacks

Damit der Mensch den Geschmack wahrnehmen kann, muss der chemische Stoff, der für einen Geschmack verantwortlich ist, im Mund auf eine Nervenzelle treffen. Er verändert Eiweiße in der Wand der Zelle, um die Nervenzelle zu aktivieren. Die Nervenzelle schüttet Botenstoffe aus und aktiviert weitere Nervenzellen, die eine Wahrnehmung an das Gehirn weiterleiten.

In der Zungenschleimhaut werden die Geschmacksstoffe in Nervensignale umgewandelt. Die kleinen, warzenähnlichen Erhebungen der Zungenschleimhaut sind die Geschmacksknospen.

Entwicklung des Geschmackssinns bei Kindern

Teilweise ist der Geschmackssinn angeboren, doch wird er auch durch Umwelteinflüsse und Erfahrungen erlernt. Durch eine abwechslungsreiche Ernährung lässt sich der Geschmack im Kleinkindalter trainieren. Säuglinge können bereits die fünf grundlegenden Geschmacksrichtungen süß, sauer, salzig, bitter und herzhaft-würzig unterscheiden.

Die Vorliebe für Süßes resultiert wahrscheinlich darin, dass dieser Geschmack schnelle und sichere Energie signalisiert. Muttermilch schmeckt süß. Kleine Gemüsemuffel sind eher für leicht süße Gemüsesorten wie Zuckermais, Zuckererbsen und Möhren zu begeistern.

Mit ca. 10.000 Geschmacksknospen auf ihrer Zunge sind Säuglinge schon kleine Gourmets. Die Zahl der Geschmacksknospen sinkt im Laufe des Lebens auf etwa 2.000 ab. Ungefähr ab dem fünften Schwangerschaftsmonat entwickeln sich die Geschmacksknospen beim Fötus. Das Baby lernt die verschiedenen Geschmacksrichtungen kennen, abhängig davon, was die Mutter isst.

Die Geschmackspalette erweitert sich, wenn das Baby Beikost bekommt. Dieser Prozess beginnt im fünften oder sechsten Lebensmonat. Das Baby kann Neugier oder Abneigung gegen verschiedene Speisen empfinden. Im Alter von etwa zwei Jahren kann eine Nahrungsmittel-Neophobie, die Angst vor etwas Neuem, entstehen. Das ist nur eine Übergangsphase. Diese Angst verschwindet wieder.

Als Eltern können Sie selbst zur Ausprägung des Geschmackssinns Ihres Kindes beitragen, indem Sie Ihrem Kind schon frühzeitig zahlreiche neue Lebensmittel anbieten. In den ersten sechs bis sieben Lebensjahren entwickelt sich das komplette Geschmacksrepertoire Ihres Kindes. Sie sollten mit den Grundgeschmacksqualitäten, aber auch mit verschiedenen Temperaturen und unterschiedlichen Beschaffenheiten wie zart, weich, knackig oder knusprig arbeiten. Da auch das Auge mitisst, sollten Sie auch Lebensmittel in verschiedenen Farben anbieten.

Der Verlust des Geschmacks und die Folgen

Es gibt verschiedene Geschmacksstörungen und den vollständigen Verlust des Geschmacksempfindens (Ageusie). Geschmacksstörungen können die Lebensqualität stark beeinträchtigen und verschiedene Ursachen haben. Ein normales Geschmacksempfinden ist erforderlich, damit wir Speisen genießen können. Wer unter einer Geschmacksstörung leidet, kann die Speisen nicht mehr genießen.

Zu den Geschmacksstörungen gehören nicht nur der vollständige Verlust des Geschmacksempfindens und ein stark eingeschränktes Geschmacksempfinden. Auch ein verändert wahrgenommener Geschmack oder ein übermäßig starkes Geschmacksempfinden gehören zu den Geschmacksstörungen.

Geschmacksstörungen haben verschiedene Ursachen:

- verschiedene Erkrankungen wie Diabetes mellitus
- Erkrankungen der Zunge und der Mundschleimhaut
- Autoimmunerkrankungen
- Einnahme von Medikamenten
- Chemo- oder Strahlentherapie
- Vitamin- oder Mineralstoffmangel
- schädigende Wirkung von Zellgiften wie Drogen, Nikotin oder Alkohol.

Auch Veränderungen der Gehirnnerven durch Krankheit oder Operationen können zu Geschmacksstörungen führen.

Da die Lebensqualität durch Geschmacksstörungen stark beeinträchtigt wird, können Depressionen und andere psychische Störungen die Folge sein.

Kapitel 3.3: Riechen

Das Riechen wird so wie das Schmecken durch chemische Reize ausgelöst. Es ist der unmittelbarste menschliche Sinn, da die Geruchseindrücke direkt auf das limbische System einwirken. Das limbische System ist auch für die Verarbeitung von Emotionen zuständig. Gerüche können mit menschlichen Erinnerungen verknüpft sein. Der Geruchssinn ist biologisch gesehen im ältesten Teil des Gehirns platziert. Der Geruch wirkt sich unbewusst auf unsere Wahrnehmung anderer Menschen aus. Er spielt auch eine Rolle bei der Partnerwahl. Bereits während der Embryonalentwicklung entwickelt sich der Geruchssinn. Bei Neugeborenen ist er komplett ausgeprägt. Der Geruchssinn kann auch trainiert werden. Im Kindesalter wird er manifestiert. Während des Lebens kann der Geruchssinn beeinträchtigt werden oder verlorengehen. Gerüche können dazu führen, dass Bindungen entstehen oder nicht eingegangen werden. Nehmen wir bei anderen Menschen unangenehme Gerüche wahr, kann das zu sozialen Problemen führen.

Als Sinnesorgan wird die Nase häufig unterschätzt. Der Geruchssinn übt eine Schutzfunktion aus, denn er kann vor verdorbenen Lebensmitteln, Rauch oder giftigen Gasen schützen. Würde der Geruchssinn fehlen, könnten wir auch nicht schmecken und genießen. Die Zunge kann fünf grundlegende Geschmacksqualitäten erkennen, während der Geruchssinn mehr als 10.000 verschiedene Duftnoten unterscheiden kann. Sie prägen das Geschmacksempfinden mit.

Riechschleimhäute befinden sich an beiden Seiten der Nasenschleimhaut. Sie verfügen über Rezeptoren für ca. 350 verschiedene Duftstoffe. Über Nervenbahnen werden Duftreize an das Gehirn weitergeleitet. Sie gelangen direkt zum limbischen System, das auch für die Gefühle und Triebe sowie das Gedächtnis von Bedeutung ist.

Jeder Mensch hat einen individuell anderen Körpergeruch, der von anderen zumeist nur unbewusst wahrgenommen wird. Er beeinflusst auch die Partnerwahl unbewusst. Eine Überlagerung des Körpergeruchs durch Duftstoffe wie Parfum wirkt sich dabei nicht aus.

Bereits im Mutterleib bildet sich der Geruchssinn aus. Er ist bei der Geburt vollständig ausgereift. Um die Brust der Mutter zu finden, verlassen sich Babys auf ihre Nase. Das Geruchsgedächtnis prägt sich in den ersten Lebensjahren aus. Geruchseindrücke hinterlassen im Gehirn ihre Spuren. Wir können uns daran später erinnern.

Frauen haben eindeutig die Nase vorn, wenn es um die Geruchswahrnehmung geht. Die Ursache für die Unterschiede im Riechvermögen von Männern und Frauen sind noch nicht genau erforscht. Frauen können Düfte besser erkennen. Vermutet wird die Rolle der Geschlechtshormone, die sich auf den Geruchssinn auswirken können. In der Schwangerschaft ist der Geruchssinn besonders stark ausgeprägt. Schwangere Frauen haben eine besondere Abneigung gegen Lebensmittel und andere Dinge, die unangenehm riechen. Das ist eine Schutzfunktion, die auch das ungeborene Kind schützen soll.

Riechzellen befinden sich nicht nur in der Nase, sondern auch in der Haut. Verschiedene Gerüche können Hautzellen wachsen lassen und die Regeneration fördern. Geruchsrezeptoren befinden sich auch im Darm. Sie können die Verdauung fördern.

Die Riechzellen regenerieren sich ständig. Der Geruchssinn lässt sich trainieren. So können Winzer, Köche oder Parfumeure ihren Geruchssinn schärfen. Die Fähigkeit der Regeneration der Riechzellen nimmt mit zunehmendem Alter ab.

Riechen und die soziale Funktion

Der Geruchssinn hat eine wichtige soziale Funktion. Gerüche müssen nicht erst aufwendig verarbeitet werden, da sie direkt auf das Gehirn wirken. Die Nase vermittelt einen ersten Eindruck, wenn wir unbekannte Menschen kennenlernen. Wir können daher manche Menschen nicht riechen, während wir andere unbewusst gut riechen können. Der individuelle Körpergeruch kann ein Hinweis auf genetische Anlagen sein. Duftmoleküle informieren über das Erbgut. Wie Untersuchungen an Mäusen gezeigt haben, wählen die Tiere solche Partner aus, deren Erbgut sich stark vom eigenen Erbgut unterscheidet. So ist die Wahrscheinlichkeit für gesunde Nachkommen höher.

Kinder fühlen sich wohl durch vertraute Gerüche. Gegenüber Flaschenkindern können gestillte Kinder bei der Nahrungsaufnahme die Mutter riechen. Babys und Kleinkinder können durch vertraute Gerüche beruhigt werden. Vertraute Gerüche fördern die Entwicklung und das Wachstum des Babys. Ein ungewohnter Geruch kann die Ursache sein, wenn ein Baby unruhig ist.

Ein Beispiel liefert den Beweis dafür. Kerstin, die ihren sieben Monate alten Sohn Felix gestillt hat, probierte bei einem Stadtbummel Parfum aus, das sie auf ihren linken Unterarm auftrug. Felix wollte noch zwölf Stunden danach nicht an Kerstins linker Brust saugen, da ihm der Geruch fremd und unangenehm war.

Als Eltern fragen wir uns manchmal, warum unsere Kleinkinder im Alter von drei oder vier Jahren noch immer ein längst schäbig gewordenes Kuscheltier oder eine Schmusedecke bevorzugen. Stecken wir die Schmusedecke in die Waschmaschine, kann sie vom Kind plötzlich abgelehnt werden. Der vertraute Geruch vom eigenen Speichel und anderen Flüssigkeiten fehlt, da er durch den Geruch von Waschmittel oder Weichspüler beeinträchtigt wurde. Diesen Geruch kennt das Kind nicht, weshalb es vielleicht sogar gegen die gewaschene Kuscheldecke protestiert.

Verlust oder Beeinträchtigung des Geruchssinns

Während einer Erkältung ist der Geruchssinn stark beeinträchtigt. Das hat jeder schon einmal erlebt. Der gestörte Geruchssinn wirkt sich auch auf den Geschmack aus, der beeinträchtigt ist. Bei einer Erkältung schmeckt uns das Essen nicht. Zum Glück ist dieser Zustand nur vorübergehend. Er vermittelt jedoch einen Eindruck, wie sich ein dauerhaft gestörter oder gar nicht mehr vorhandener Geruchssinn auf das Wohlbefinden und die Lebensqualität auswirken kann.

Ist der Geruchssinn dauerhaft gestört, wirkt sich das auf den Geschmackssinn aus. Das Essen schmeckt nicht mehr. Speisen, die wir eigentlich gerne essen, mögen wir plötzlich nicht mehr. Die gestörte Geruchswahrnehmung führt dazu, dass wir Speisen, aber auch angenehme Gerüche nicht mehr genießen können. Die Lebensqualität kann dadurch stark eingeschränkt werden. Genau wie ein fehlender oder gestörter Geschmackssinn kann daher auch ein geschwächter oder nicht mehr vorhandener Geruchssinn zu Depressionen und anderen psychischen Störungen führen.

Kapitel 3.4: Hören

Geräusche, die wir über das Gehör aufnehmen, sind Schallwellen. Unsichtbare Schwingungen werden durch die Luft transportiert. Diese Geräusche sind schwankender Luftdruck. Das Trommelfell gerät durch die Schallwellen ins Schwingen. Das Gehör ist nicht nur ein wichtiger Faktor bei der Kommunikation, sondern es warnt auch vor Gefahren und hilft bei der Orientierung, da die Geräuschquelle durch das Gehirn geortet wird. Das Gehör entwickelt sich schon beim Fötus im Mutterleib. Das ungeborene Kind kann die Stimme der Mutter hören und Geräusche als angenehm oder unangenehm empfinden. In der Kindheit manifestiert sich das Gehör. Kommt es im Laufe des Lebens zur Beeinträchtigung des Gehörs oder zum Hörverlust, ist das eine massive Beeinträchtigung der Lebensqualität. Schlimmstenfalls kann soziale Isolation die Folge sein.

Die Schallwellen sind fast immer einzigartig. Das macht jedes Geräusch und jede Stimme anders. Durch die Schallwellen entstehen hohe, tiefe, leise oder laute Töne. Die vom Ohr erfassten Schallwellen gelangen als verständliche Botschaften zum Gehirn. Die Qualität dieser Botschaften für das Gehirn ist davon abhängig, wie die Ohren arbeiten.

Der Aufbau des Ohrs

Das Ohr besteht aus den drei Hauptbereichen:

- Außenohr für die Erfassung der Schallwellen und Weiterleitung an das Mittelohr
- Mittelohr zur Umwandlung der Schallwellen in mechanische Druckwellen und Übertragung an das Innenohr
- Innenohr (Cochlea) zur Umwandlung der Druckwellen in für das Gehirn verständliche Audiosignale.

Jeder der drei Bereiche muss ordnungsgemäß arbeiten, damit das Gehör richtig funktioniert.

Wie der Mensch hört

Zuerst gelangen die Schallwellen in den Gehörgang. Sie treffen dort auf das Trommelfell und versetzen Trommelfell sowie die Gehörknöchelchen in Schwingungen. Diese Schwingungen werden auf die im Innenohr befindlichen Flüssigkeiten übertragen. In den Flüssigkeiten befinden sich Haarzellen, die diese Bewegung erkennen und in chemische Signale für die Hörnerven umwandeln. Mit elektrischen Impulsen werden die Informationen vom Hörnerv an das Gehirn übermittelt und dort als Schall wahrgenommen.

Die Entwicklung des Gehörs

Die Anlagen von Mittel- und Innenohr entstehen bereits während der Embryonalentwicklung. Bereits bei der Geburt sind die Strukturen des Gehörs funktionsfähig. Von der 16. Bis 23. Schwangerschaftswoche wird das Innenohr mit seinen Sinneszellen vollständig angelegt. Die Teilung der Nervenzellen in der zentralen Hörbahn ist schon vor der Geburt abgeschlossen. Die Hörbahn ist bei Neugeborenen jedoch noch nicht vollständig ausgereift. Der Fötus kann schon im Mutterleib seine Umgebung über den Körperschall der Mutter wahrnehmen. Im Kindesalter manifestiert sich das Gehör. Es vollzieht dann eine rasante Entwicklung.

Der Hörvorgang unterteilt sich in das periphere Hören und die zentrale Hörverarbeitung. Beim peripheren Hören werden Geräusche aus der Umgebung, darunter auch die Sprache, wahrgenommen. Der Schall wird in Nervenimpulse umgesetzt. Bei der zentralen Hörverarbeitung wird der akustische Reiz an das Gehirn weitergeleitet. Die Signale vom peripheren Hören werden erst bei der zentralen Hörverarbeitung in sinnvolle Informationen umgesetzt.

Eine Hörstörung oder Schwerhörigkeit kann bereits im Kindesalter auftreten. Sie kann das periphere Hören und die zentrale Hörverarbeitung betreffen. Ob das periphere Hören normal ist, können Sie bereits ab der vierten Lebenswoche feststellen, wenn das Baby bei lauten Geräuschen erschrickt und sich bei Zuwendung beruhigt. Vom dritten bis vierten Lebensmonat kann das Baby bereits stimmhaft lachen und plappern. Es kann die Augen in Richtung einer Schallquelle bewegen. Schon im siebten und achten Lebensmonat sollte das Baby verschiedene Laute und Stimmlagen ausprobieren. Es sollte schon auf Musik lauschen und die ersten zweisilbigen Wörter hervorbringen.

Alle Babys plappern schon im ersten Lebenshalbjahr. Kann das Baby nichts hören, verstummt es. Bis zum zweiten Geburtstag sollte das Kind Ihre Anweisungen befolgen, auf Flüstern reagieren und schon die ersten Zweiwort-Sätze sprechen.

Auswirkungen von Schwerhörigkeit auf die Entwicklung des Kindes

Eine Schädigung des Gehörs geht meist mit einer geschädigten Entwicklung des Hörgehirns einher. In den ersten Lebensjahren entwickelt sich das Hörgehirn besonders intensiv. Hörvorstellungen werden erst im Kindesalter entwickelt. Wer erst im Erwachsenenalter schwerhörig wird, verfügt bereits über Hörvorstellungen. Mit Hörhilfen lässt sich die Schwerhörigkeit dann zumindest teilweise kompensieren. Da bei kleineren Kindern die Hörvorstellung noch nicht vollständig entwickelt ist, kann eine kindliche Schwerhörigkeit schwerwiegende Folgen haben. Ein intaktes Ohr und ein intaktes Gehirn sind wichtig für die Sprachentwicklung. Das Kind muss dafür auch genügend Anregungen aus seiner Umwelt erhalten. Das Fehlen solcher Komponenten führt zumeist zu Verzögerungen der Sprachentwicklung.

Eine Störung der zentralen Hörverarbeitung und der damit verbundenen auditiven Wahrnehmung macht sich mit verschiedenen Anzeichen bemerkbar:

- akustisch vermittelte Informationen kann sich das Kind nur schwer merken
- klangähnliche Laute werden häufig verwechselt
- starke Lautempfindlichkeit bei normalem Umgebungslärm
- vermindertes Sprachverständnis bei normalem Umgebungslärm
- verminderte Aufmerksamkeit bei normalem Umgebungslärm
- Schallquelle kann nicht richtig lokalisiert werden
- Schwierigkeiten beim Unterscheiden unterschiedlicher Tonhöhen
- bestimmter Rhythmus wird nicht erkannt
- Einschränkung des akustischen Kurzzeitgedächtnisses

Auswirkungen von Schwerhörigkeit im Alltag

Die Lebensqualität von Menschen mit einer Hörschädigung ist zumeist stark beeinträchtigt. Das ist vor allem bei denjenigen der Fall, bei denen sich während der Kindheit das Gehör nicht vollständig entwickelt hat. Es kann schlimmstenfalls zur sozialen Isolation der Betroffenen kommen.

Die Beispiele von drei betroffenen Menschen und einer Hörberaterin machen deutlich, wie sich Hörschädigungen auf den Alltag auswirken können.

Der 50-jährige Frank arbeitet als Systemadministrator und bemerkte schon seit einiger Zeit, dass er Probleme hat, Gesprächen in Meetings zu folgen. Bei Unterhaltungen in seinem Unternehmen muss er häufiger nachfragen, da er nicht alles versteht. Zuerst stellte das eingeschränkte Hörvermögen für ihn kein größeres Problem dar. Immer häufiger kommt es bei Frank auch zu Missverständnissen im Familienalltag. Da er ähnlich klingende Worte verwechselt, gibt er seiner Frau scheinbar zusammenhanglose Antworten auf ihre Fragen. Da er den Fernseher laut einstellt, geht seiner Frau und seinen Kindern die Lautstärke auf die Nerven. Für Frank hört sich diese Lautstärke normal an.

Beim Hörgeräteakustiker machte Frank einen kostenlosen Hörtest. Defizite traten bereits beim ersten Test auf. Wie die Tests ergaben, leidet Frank unter einer mittelgradigen Schwerhörigkeit. Er benötigt Hörgeräte, für die er eine Förderung von der Krankenkasse bekommt.

Corinna arbeitet als Erzieherin. Ihr Mann bemerkte irgendwann, dass sie ihn anschreien würde. Corinna beobachtete sich selbst und stellte fest, dass ihr Gehör nicht mehr so richtig funktioniert. Wird sie von einem der Kinder im Kindergarten von hinten angesprochen, reagiert sie nicht immer darauf. Manchmal überhört sie das Telefon.

Bei Corinna stellte der Hals-Nasen-Ohren-Arzt eine mittelgradige Schwerhörigkeit auf dem rechten und eine hochgradige Schwerhörigkeit auf dem linken Ohr fest. Der Arzt staunte, dass sie noch ziemlich viel vom Gespräch mit ihm verstand. Schon seit einiger Zeit hatte sich Corinna angewöhnt, von den Lippen der

Gesprächspartner abzulesen. Auch Corinna bekam Hörgeräte. Zuerst war der Straßenlärm für Corinna ungewohnt laut. Sie litt unter der Reizüberflutung und trug die Hörgeräte anfangs nur stundenweise. Inzwischen hat sie sich an die Geräte gewöhnt.

Vielen Menschen, so auch Frank und Corinna, fällt es aus Angst vor einer Stigmatisierung schwer, sich als Schwerhörige zu outen. Noch immer verbinden viele Menschen Schwerhörigkeit mit Alter und Gebrechlichkeit. Wie Karin Schubert, eine Hörberaterin, bemerkt, dauert es im Schnitt ungefähr zehn Jahre vom Feststellen der eigenen Schwerhörigkeit bis zum Besuch eines Arztes oder Hörgeräteakustikers. Karin ist selbst schwerhörig und ist Beraterin des Bundes für Schwerhörige.

Das Gehör verschlechtert sich umso mehr, je länger die Betroffenen warten. Das Gehirn verlernt das Hören, da es verschiedene Geräusche nicht mehr kennt. Die Betroffenen sind häufig überfordert, wenn ein Hörgerät erst nach vielen Jahren angepasst wird. Die Betroffenen können die Geräusche nicht mehr einsortieren. In der Folge landen die Hörgeräte in der Schublade und werden nur noch bei wichtigen Anlässen getragen. Das Gehirn kann sich dann nicht an die Geräte gewöhnen.

Mario ist 53 Jahre alt und arbeitet als Controller in einem internationalen Unternehmen. Er erlitt einen Hörsturz und ertaubte danach auf einem Ohr, während er auf dem anderen Ohr unter einer leichtgradigen Schwerhörigkeit leidet. Mario bekam ein Hörgerät. Noch ist der Auswahlprozess nicht abgeschlossen. Mit seinem Hörgerät kann er Gesprächen gut folgen. Schwierig wird es für Mario, wenn er mit Kollegen aus dem Ausland in englischer Sprache telefonieren muss oder wenn englischsprechende Kollegen bei Konferenzen per Telefon zugeschaltet sind. Der Stereo-Effekt entfällt, da Mario auf einem Ohr taub ist. Zum Problem werden für ihn Nebengeräusche, die er nicht wegfiltern kann. Er muss vieles aus dem Kontext herleiten. Das bedeutet für ihn ein hohes Maß an Energie und Konzentration. In der Folge fühlt sich Mario abends oft müde und abgespannt.

Karin Schubert hat einige Tipps für Schwerhörige parat. Die Betroffenen sollten nicht nur ein Hörgerät nutzen, sondern sich auch rechtzeitig ihrer Familie, Freunden und Kollegen mitteilen, was ihr Problem ist. So können sie sich selbst schützen. Nicht immer können sich Schwerhörige im Alltag entspannt unterhalten. Hin und wieder ist eine Pause im Gespräch erforderlich. Karin weist darauf hin, dass es aufgrund der Überforderung zu einem Burn-out kommen kann.

Kapitel 3.5: Sehen

Das menschliche Auge ist zwar ein komplexes Gebilde, doch der Prozess des Sehens ist eher nüchtern. Das, was wir sehen, sind elektromagnetische Wellen des Lichts. Sie werden als eine Folge von Nervenimpulsen an das Gehirn weitergeleitet. Etwa 80 Prozent der Informationen aus der Umwelt gelangen über den Sehsinn an das Gehirn, das beim Sehen Höchstleistungen vollbringt. Es handelt sich um den bewusstesten, aber auch langsamsten und oberflächlichsten Sinn des Menschen. Kinder können schon von Geburt an sehen. Die Sehschärfe und das Zusammenspiel beider Augen entwickeln sich jedoch erst in den ersten Lebensmonaten. Das Sehen kann im Laufe des Lebens nachlassen. Sehstörungen oder eine Erblindung schränken die Lebensqualität stark ein.

Aus dem Spektrum des sichtbaren Lichts kann das menschliche Auge etwa 150 Farbtöne unterscheiden. Das Auge wandelt die elektromagnetischen Wellen des Lichts in eine Reihe von Nervenimpulsen um, die an das Gehirn weitergeleitet werden. Damit wir sehen können, muss das Licht von außen durch das gesamte Auge zur Netzhaut durchdringen, um die dort befindlichen Nervenzellen zu erregen. Im Gehirn entsteht das eigentliche Bild von unserer Umwelt.

Das menschliche Auge ist ein kugelförmiger Hohlkörper, der mit Flüssigkeit gefüllt ist. Dieser Hohlkörper ist von innen nach außen von Netzhaut, Aderhaut und Lederhaut umgeben. Die Aderhaut befindet sich im hinteren Teil des Auges. Nährstoffe und Sauerstoff werden über das Blut zu den lichtempfindlichen Zellen in der Netzhaut transportiert.

Die Lederhaut geht im vorderen Teil des Auges in die durchsichtige Hornhaut über. Damit wir freie Sicht haben, befinden sich in der Hornhaut keine Blutgefäße. Im Glaskörper befindet sich das Kammerwasser, das sich ständig erneuert. Die ringförmige, farbige Iris kann sich durch zwei Muskeln weiten oder zusammenziehen, um die Menge des Lichts zu bestimmen, das in die Pupille einfällt. Die Linse befindet sich hinter der Pupille und bündelt das einfallende Licht. Beim gesunden Auge ist sie elastisch, durchsichtig und klar.

Auf der Netzhaut befindet sich ein Brennpunkt. Die Lichtstrahlen, die durch die Linse gebündelt werden, treffen in diesem Brennpunkt zusammen. Die Linse erzeugt ein kopfstehendes Bild er Außenwelt, das vom Gehirn umgedreht wird.

Die elektromagnetischen Wellen des Lichts werden von den Sinneszellen der Netzhaut in Nervenimpulse umgewandelt und an den Sehnerv geleitet. Diese Reize gelangen über das Zwischenhirn in das Sehzentrum im Großhirn. Aus den Signalen der beiden Sehnerven entstehen hier Bilder. Das Gehirn muss diese Bilder mit den bereits gespeicherten Informationen vergleichen, um die wahrgenommenen Eindrücke zu vermitteln. Es vollbringt Höchstleistungen.

Bei den Sinneszellen im Auge werden Zapfen und Stäbchen unterschieden. Die Zapfen und Stäbchen arbeiten bei normalen Lichtverhältnissen gleichermaßen, um ein farbiges Bild der Umwelt zu vermitteln. Die Empfindlichkeit der Zapfen und Stäbchen unterscheidet sich. Informationen über die Farben werden von den Zapfen geliefert. Sie senden erst ab einer bestimmten Helligkeit Impulse an das Gehirn. Die Zapfen ermöglichen auch das scharfe Sehen. Wenn die Helligkeit abnimmt, sind nur noch die Stäbchen aktiv. Sie melden hell und dunkel.

Formen von Fehlsichtigkeit

Im Laufe des Lebens kann die Sehkraft nachlassen. Es kommt zu Fehlsichtigkeit, die in verschiedenen Formen auftreten kann:

- Kurzsichtigkeit:

Bei der Kurzsichtigkeit ist zumeist der Augapfel zu lang. Durch vieles Nahsehen wird die Kurzsichtigkeit gefördert. Bilder aus der Nähe sind scharf, während Objekte in der Ferne unscharf wahrgenommen werden.

- Weitsichtigkeit

Weitsichtigkeit ist häufig angeboren, da der Augapfel zumeist zu kurz ist. Bilder aus der Ferne sind scharf, während nahe Objekte unscharf erscheinen.

- Alterssichtigkeit

Bei der Alterssichtigkeit verliert die Linse im Laufe der Zeit an Elastizität. Nahe Objekte wirken unscharf und verschwommen, während ferne Objekte scharf abgebildet werden. Alterssichtigkeit entsteht durch den normalen Alterungsprozess.

- Stabsichtigkeit

Stabsichtigkeit ist ein unscharfes Sehen aufgrund einer Hornhautverkrümmung. Zumeist ist diese Hornhautverkrümmung angeboren, doch kann sie auch durch Entzündungen oder Verletzungen entstehen.

Die Entwicklung des Sehens bei Kindern

Kinder nehmen die Umwelt anders wahr als die Erwachsenen. Es scheint so, als würden sie auswählen, was sie sehen wollen. Die kindliche Wahrnehmungsfähigkeit ist abhängig von:

- Intelligenz
- seelischer Reife
- Erfahrungen in der physikalischen und sozialen Umwelt
- Alter des Kindes.

Kinder fühlen sich zu auffälligen, aber auch zu unscheinbaren Dingen hingezogen. Sie greifen nach farbenprächtigen Blumen und freuen sich über glänzende Gegenstände. Für die visuelle Wahrnehmung kommt es auf Farbe, Größe, Form und Beweglichkeit von Dingen an.

Von Anfang an organisieren und strukturieren Kinder visuelle und andere Informationen. Ihre Sichtweise ist ganzheitlich. Der kindliche Wahrnehmungsprozess wird durch Teilelemente bestimmt. Das Kind wählt sie aus, abstrahiert sie und setzt sie in Bezug zu bereits vorhandenen Wahrnehmungen. Jüngere Kinder können noch nicht zwischen wichtigen und unwichtigen Reizen unterscheiden. Sie brauchen für die Erfassung der Wesensmerkmale eines Objekts länger als Erwachsene und erfassen das Objekt ganzheitlich.

Der Mensch kann von Geburt an sehen, doch ist die Wahrnehmung zu Beginn noch nicht vertieft. Das kindliche Auge wird mit zahlreichen Eindrücken konfrontiert. Die Zahl der Eindrücke wird von Erwachsenen noch gesteigert, indem sie den Kindern noch mehr zeigen. Kindern wird viel abverlangt, da sie die Eindrücke ordnen, sortieren und analysieren müssen.

Um diesen Prozess zu bewältigen, benötigen Kinder viele Jahre. In der frühen Kindheit sehen Kinder mit allen Sinnen. Sie müssen Erfahrungen sammeln, indem sie die Dinge nicht nur sehen, sondern auch anfassen. Hier kommt das Fühlen, der Tastsinn, ins Spiel.

Visuelle Wahrnehmungsstörung bei Kindern

Hat Ihr Kind Schwierigkeiten, Formen und Größen zu vergleichen, oder verdreht es Zahlen, leidet es vielleicht an einer visuellen Wahrnehmungsstörung. Es kann optische Eindrücke gedanklich nicht richtig zuordnen. Das liegt nicht an einer eingeschränkten Sehfähigkeit. Die Schaltungen im Gehirn sind unvollständig. Das kann zu vielen Problemen bei den Kindern führen. Sie machen in der Schule Fehler beim Rechnen, bei geometrischen Aufgaben und beim Lesen. Die Folge sind schlechte Noten und Unlust beim Lernen. Das hat nichts mit schlechten Augen und mit mangelnder Intelligenz zu tun. Bemerken Sie bei Ihrem Kind eine visuelle Wahrnehmungsstörung, besteht Handlungsbedarf.

Eine visuelle Wahrnehmungsstörung kann sich mit vielen Symptomen bemerkbar machen. Brennen Ihrem Kind häufig die Augen oder reibt es oft die Augen, kann das auf eine visuelle Wahrnehmungsstörung hindeuten. Auch eine Schiefhaltung von Kopf und Körper oder die Haltung der Nase beim Lesen und Schreiben dicht über dem Papier können Symptome sein.

Mit Übungen, die ein genaues Sehen erfordern, können Sie die visuelle Wahrnehmung Ihres Kindes fördern. Sie sollten Ihr Kind ermutigen, Bilderbücher zu betrachten, Puzzles zusammenzusetzen oder Bilder auszumalen. Die Wahrnehmung wird gefordert und gefördert. Damit Ihr Kind nicht frustriert ist, sollten Sie mit einfachen Aufgaben beginnen.

Sie sollten auch den Kinderarzt konsultieren. Er nimmt mit Ihrem Kind einen Test vor und kann eine Therapie empfehlen.

Eingeschränktes Sehvermögen oder Blindheit – eine Herausforderung

Ist das Sehvermögen eingeschränkt oder gar nicht vorhanden, müssen die Betroffenen täglich große Herausforderungen meistern. Das Beispiel der blinden Bettina soll das verdeutlichen.

Um 6:00 Uhr muss Bettina aufstehen. Der sprechende Wecker sagt ihr die Uhrzeit und spielt eine Melodie. Um sich einen Kaffee zu bereiten, verlässt sie sich auf die Akustik und ihr Gefühl beim Befüllen der Kaffeemaschine und beim Dosieren des Kaffees. Anhand der Flaschenform unterscheidet sie beim Duschen, ob sie zu Duschbad oder Shampoo greift. Anhand von verschiedenen Merkmalen wie Knöpfen, Reißverschlüssen oder Etiketten kann sie ihre Kleidung unterscheiden. Sie entscheidet sich für ein weißes T-Shirt und einen roséfarbenen Jeansrock. Ein Color-Tester sagt ihr die Farben an. Sie trägt eine sprechende Armbanduhr. Um 07:30 Uhr tritt Bettina ihren Weg zur Arbeit an.

Auf dem Weg zur Arbeit verlässt sich Bettina auf ihren Blindenstock. An der Ampel ist sie auf ein akustisches Signal angewiesen. Ihre Orientierung wird durch den Lärm einer Baustelle erschwert, an der sie vorbeikommt. Den Bus kann sie aufgrund ihres Schwerbehindertenausweises kostenlos nutzen. Sie muss den Busfahrer fragen, ob es sich um ihre Buslinie handelt. Da der Busfahrer die Haltestellen ansagt, steigt sie an der richtigen Haltestelle aus.

Bettinas Arbeitsplatz ist das Gebäude eines bekannten Radiosenders. Bettina hat Freude am Umgang mit Menschen und am Erzählen. Sie ist Radiomoderatorin. Sie arbeitet mit einem PC mit Braillezeilentastatur und einem Lesegerät mit Braille-Schrift. Mit ihrer angenehmen Stimme und ihrem Humor wird sie auch heute wieder die Zuhörer begeistern.

Herausforderungen im Alltag sind für Bettina Einkäufe im Supermarkt und die Zubereitung der Mahlzeiten. Bettina hält sich gerne im Freien auf und unternimmt gerne ausgedehnte Spaziergänge mit ihrem Blindenhund. Sie liebt Musik, singt gerne und spielt Gitarre. Bettina kann Liedtexte, auch in englischer und italienischer Sprache, schnell lernen. Dabei verlässt sie sich ausschließlich auf ihr Gehör. Sie hat einige sehende Freunde, mit denen sie oft die Freizeit verbringt und die ihr hin und wieder im Alltag helfen. Demnächst will sie mit ihrem sehbehinderten Freund zusammenziehen.

Kapitel 3.6: Gravierende Unterschiede zwischen uns und den Hochsensiblen

Die Sinne entwickeln sich bereits während der Embryonalentwicklung. Säuglinge kommen mit allen fünf Sinnen auf die Welt. Sie können fühlen, schmecken, riechen, hören und sehen. In der Kindheit manifestieren sich die Sinne und vollziehen enorme Entwicklungen. Bei der Verarbeitung der verschiedenen Eindrücke aus der Umwelt vollbringt das Gehirn Höchstleistungen. Im Laufe des Lebens können die Sinne durch Krankheiten oder Umwelteinflüsse beeinträchtigt werden. Nicht alle Sinne können durch andere Sinne kompensiert werden. Für die Betroffenen kann das eine gravierende Beeinträchtigung der Lebensqualität bedeuten. Es kann auch zu sozialen Problemen kommen.

Wie sieht es nun bei hochsensiblen Menschen aus? Bei hochsensiblen Kindern, Jugendlichen und Erwachsenen sind diese Sinne stärker ausgeprägt. Die verstärkte Ausprägung der Sinne beginnt meistens schon in der frühesten Kindheit. Das begründet, dass nicht nur Erwachsene, sondern bereits Kinder im Kindergartenalter hochsensibel sein können.

Ein prominentes Beispiel für Hochsensibilität ist die norwegische Prinzessin Märtha Louise. Sie ist die älteste Tochter des norwegischen Königspaars und die ältere Schwester von Kronprinz Haakon. Sie gilt als das unkonventionellste Kind des Königspaars. Gemeinsam mit einer hochsensiblen Freundin betreibt sie die Firma Soulspring. Sie bietet Kurse und Vorträge zu spirituellen Themen und Hochsensibilität an.

Lange hat Märtha Louise versucht, normal zu sein. Sie weist darauf hin, dass hochsensible Menschen auf Geräusche, Gerüche und Licht empfindlich reagieren. Solche Menschen verarbeiten Dinge intensiver als andere. Sie vergleicht ihre Situation mit einer App auf einem Handy, die ständig viele Informationen verarbeiten muss und viel Energie aus der Batterie zieht. Das bedeutet, dass sie in Situationen mit vielen Leuten schnell erschöpft und müde wird.

Als Kind verstand Märtha Louise nicht, warum Menschen nicht ehrlich waren, wenn sie nach ihrem Befinden fragte. Die Menschen antworteten, dass es ihnen gut ging, doch merkte Märtha Louise, dass die Menschen traurig oder wütend waren. Das führte zu Misstrauen diesen Menschen gegenüber. In einem Test erfuhr Märtha Louise, dass sie hochsensibel ist.

Schon frühzeitig stand Märtha Louise im Rampenlicht. Das war für sie anstrengend. Sie fand das oft unangenehm und dachte teilweise, sterben zu müssen, wenn sie von vielen Menschen angeschaut wurde.

Märtha Louise hat inzwischen gelernt, auch die positiven Seiten der Hochsensibilität zu sehen, zu denen die Fähigkeit zu Tagträumen und die blühende Fantasie gehören. Ihre Gefühle sieht sie als Stärke, die sie in vielen Nuancen wahrnimmt. Märtha Louise glaubt, dass Kinder diese Eigenschaft erben können. Dabei kann eine Generation übersprungen werden.

Märtha Louise rät Eltern von hochsensiblen Kindern, sanft mit den Kindern umzugehen. Mit den bereits frühzeitig gestellten tiefgehenden Fragen sollten Eltern ihre hochsensiblen Kinder ernstnehmen. Sie sollten mit den Kindern darüber reden.

Die Gesellschaft sollte sich auf hochsensible Kinder einstellen, aber diese Kinder nicht dauernd beschützen wollen oder als besonders zerbrechlich behandeln. Diese Kinder benötigen jedoch teilweise etwas mehr Raum als andere Kinder.

Bei Hochsensibilität gibt es keine Unterschiede bei den Geschlechtern. Es gibt ungefähr gleich viele hochsensible Männer wie Frauen. Allerdings haben es hochsensible Männer in der Gesellschaft schwieriger als Frauen, akzeptiert zu werden. Sie werden häufig als Weicheier, Warmduscher oder Frauenversteher abgestempelt. Dabei kommt es beim Umgang mit hochsensiblen Menschen auf Toleranz an.

Hochsensibilität entwickelt sich nicht immer schon in der Kindheit. Bei einigen Menschen tritt sie erst im Laufe des späteren Lebens auf. Sie kann durch traumatische Erlebnisse oder stressbelastete Situationen hervorgerufen werden. Auch wenn die Sinne von hochsensiblen Menschen stark ausgeprägt sind, müssen hochsensible Menschen ihre Sinne schulen, um zu mehr Lebensqualität zu gelangen. Je besser der Betroffene mit seinen Sinnen umgehen kann, desto feiner kann er sie nutzen. Die Intuition ist bei hochsensiblen Menschen gut entwickelt und kann ihnen durch den Alltag helfen.

Hochsensibilität kann sich in verschiedene Richtungen auswirken. Eine positive Richtung ist, dass Hochsensible häufig ein feinfühliges Körpersystem haben. Daher kann es ihnen gelingen, Krankheiten frühzeitig zu behandeln oder zu vermeiden. Hochsensible Menschen reagieren häufig stärker auf Medikamente und deren Wirkstoffe. Daher benötigen sie häufig nur geringe Dosierungen.

Anders als eine Angststörung ist Hochsensibilität keine Krankheit und keine psychische Störung. Wie die Hamburger Psychologin und Spezialistin für Hochsensibilität, Dr. Sandra Konrad, erklärt, beschreiben viele Betroffene ihre Situation als offen für neue Erfahrungen, zum Teil emotional instabil und introvertiert. Durchschnittlich sind die Angaben der Betroffenen bei Verträglichkeit und Gewissenhaftigkeit. Typisch für Hochsensible ist, dass sie nicht vorpreschen, sondern abwägen, bevor sie handeln.

Viele Hochsensible leiden unter Überempfindlichkeit. Einige Wissenschaftler betrachten Hochsensibilität als eine besondere Ausprägung von Intelligenz oder setzen sie mit einer Hochbegabung gleich. Da die Betroffenen von Reizen aus der Umwelt überflutet werden, stufen Psychologen sie häufig in die Kategorie Aufmerksamkeitsdefizitsyndrom, ADHS, ein.

Die permanente Überreiztheit von hochsensiblen Menschen erfordert die Prävention von Folgeerkrankungen wie Angststörungen, Depressionen oder somatoformen Störungen. Solche Folgeerkrankungen bedürfen einer längeren therapeutischen Behandlung und sollten vermieden werden. Daher gilt es, hochsensible Menschen ernstzunehmen und ihnen genügend Freiraum sowie Pausen zu gönnen. Die Betroffenen sollten auf ihre Körpersignale hören und sich Ärzten anvertrauen, wenn sie Probleme bemerken.

Kapitel 4: Verschiedene Typen der Hochsensibilität

Hochsensibilität tritt in verschiedenen Varianten auf. Hochsensible Menschen haben gemeinsam, dass sie stärker als der Durchschnitt auf Reize reagieren und intensiver empfinden. Sie bemerken Feinheiten, die von den meisten anderen Menschen nicht bemerkt werden. Auch der Kontakt mit den Mitmenschen kann durch die Hochsensibilität beeinflusst werden. Hochsensibilität kann zusammen mit Hochbegabung oder mit dem Asperger-Syndrom auftreten. Beim Asperger-Syndrom handelt es sich um eine Form von Autismus.

Die verschiedenen Varianten der Hochsensibilität spiegeln sich in verschiedenen Typen wider. Eine wissenschaftlich belegte Theorie gibt es für diese Klassifizierung nicht. Es gibt jedoch verschiedene Studien und Forschungen, die das entsprechende Wissen und Erfahrungswerte liefern.

Die folgenden Kapitel fassen alle Informationen zu den verschiedenen Typ-Varianten zusammen. In den einzelnen Kapiteln erhalten Sie nützliche Tipps, wie Sie mit diesen Menschen am besten umgehen und worauf Sie achten sollten. In jedem Fall sollten Sie daran denken, dass diese Menschen völlig normal sind und dass Hochsensibilität keine Krankheit ist.

Das Kapitel 4.5 bietet eine weitere Vertiefung über den Umgang mit hochsensiblen Menschen. Sie erfahren mehr über den Alltag hochsensibler Menschen und bekommen die Gelegenheit, Dinge aus der Sicht von Hochsensiblen zu sehen.

Kapitel 4.1: Introversion

Charakteristisch für introvertierte Menschen ist, dass sie zurückhaltend, ruhig und sozial eher passiv sind. Diese Menschen wenden ihre Aufmerksamkeit und ihre Energie verstärkt auf ihr Innenleben. Sie haben kein ständiges Bedürfnis nach Aufregung und Geselligkeit. Sie benötigen mehr Zeit und Raum für sich allein und brauchen länger, um sich an neue Situationen und andere Menschen zu gewöhnen. Studien haben gezeigt, dass es Überschneidungen von Introversion und Hochsensibilität gibt. Diese Überschneidungen sind jedoch nur moderat. Unter den hochsensiblen Menschen gibt es mehr introvertierte als extrovertierte Charaktere. Es gibt jedoch auch Hochsensible, die extrovertiert sind. Häufig werden Hochsensiblen die Eigenschaften von Introvertierten zugeschrieben, genauso wie introvertierte Menschen oft mit Hochsensiblen gleichgesetzt werden.

Noch vor einigen Jahrzehnten enthielt die Definition der Introversion auch die verstärkte Erregtheit gegenüber äußeren Reizen als Eigenschaft. Daher werden den Introvertierten häufig Eigenschaften angedichtet, die zur Hochsensibilität gehören. Introversion ist jedoch eher eine Form des sozialen Verhaltens.

Hochsensible Menschen suchen die Ruhe nicht, da sie weniger Kontakt mit anderen Menschen haben wollen, wie das bei Introvertierten der Fall ist. Hochsensible Menschen benötigen Ruhe, da sie sich von den äußeren Reizen erholen wollen. Treffen Hochsensibilität und Introvertiertheit zusammen, lässt sich nur schwer feststellen, welche Eigenschaft dominiert.

Schüchterne Menschen müssen nicht generell hochsensibel sein. Es gibt auch bei Schüchternheit und Hochsensibilität einige Überschneidungen. Zwischen Introversion und Schüchternheit bestehen einige Zusammenhänge. Die Grundlagen können sich jedoch unterscheiden. Hochsensibilität, Introvertiertheit und Schüchternheit können allein und unabhängig voneinander, aber auch zusammen auftreten.

Die Beispiele sollen zeigen, wie Introversion und Hochsensibilität im Zusammenhang stehen können.

Beate ist introvertiert und hochsensibel. Sie sagt von sich, dass sie nicht schüchtern ist. Sie ist jedoch keine Partylöwin und liebt es nicht, nächtelang mit Freunden in Clubs abzuhängen. Manchmal kann Beate tagelang allein sein und ihren Gedanken nachhängen. Zu viele Sinneseindrücke sind für sie in solchen Situationen einfach zu viel. Beate liebt Museen und Botanische Gärten. Sie besucht sie allein, aber auch zusammen mit ihrem Ehemann oder einer Freundin. Um Empfindungen zu verarbeiten, benötigt sie Zeit. Zuerst verarbeitet sie die Empfindungen über einige Zeit ganz für sich allein, bevor sie darüber mit ihrem Ehemann spricht.

Telefonieren oder Skypen ist für Beate manchmal einfach zu viel. Oft ist sie schon überfordert, wenn sie mit zwei Fremden zusammentrifft. In manchen Situationen ist es schon für sie eine Herausforderung, vor die Haustür zu gehen. Hin und wieder schafft es Beate in Diskussionen, im Mittelpunkt zu stehen und ihre Argumente vorzubringen. Dabei bleibt sie sachlich, doch kann sie sich richtig in Fahrt reden.

Stark ausgeprägt ist bei Beate der Sinn für Gerechtigkeit. Unrecht, das ihr selbst oder anderen angetan wird, erkennt sie sofort. Sie ist selbstbewusst genug, um darauf zu reagieren.

Hochsensibel und introvertiert ist auch Uwe. Er hat eine unsichtbare Mauer um sich herum aufgebaut. Die Mauer symbolisiert die Zurückgezogenheit im Schneckenhaus, wie sie für Schüchterne typisch ist. Auch Uwe bezeichnet sich nicht unbedingt als schüchtern, auch wenn er als Kind schüchtern war. Die Mauer funktioniert bei Uwe wie eine Membran. Dinge, die er hinein oder auch hinaus lassen will, können durch die Mauer dringen. Das, was nicht zu ihm hinein oder aus ihm hinaus darf, wird durch diese Mauer abgeschottet.

Uwe beschreibt, dass Menschen, die ähnlich still wie ehr und nicht energiezehrend sind, zu ihm vordringen dürfen. Mit ihnen kommt er gut zurecht. Er kann mit solchen Menschen schneller Kontakt aufnehmen als mit solchen, die laut sind. Manchmal denkt Uwe, dass dieses Verhalten und diese Denkweise diskriminierend ist. Es ist jedoch eher ein reflexartiger Schutzmechanismus, der ihn davor schützt, in freier Wildbahn zu viel Energie zu verbrauchen. Das Leben draußen, vor der Haustür, bezeichnet Uwe manchmal als freie Wildbahn.

Kapitel 4.2: Neurotizismus

Neurotizismus ist emotionale Empfindlichkeit. Es ist die Empfindlichkeit auf negative Emotionen. Die Betroffen verspüren abhängig von der Stärke der Ausprägung schnell Sorgen, Ängste, Stress und negative Gefühle wie Selbstzweifel und Unsicherheit. Ist der Neurotizismus nur gering ausgeprägt, sind die Menschen oft widerstandsfähig gegen diese Dinge. Menschen mit stark ausgeprägtem Neurotizismus machen sich oft unbegründet Sorgen. Oft sind sie unsicher, nervös und übertrieben vorsichtig. Sie können schlecht mit negativen Gefühlen umgehen und reagieren darauf oft empfindlich.

Zwischen Hochsensibilität und Neurotizismus besteht oft ein starker Zusammenhang. Die meisten hochsensiblen Menschen zeigen einen erhöhten Neurotizismus, da sie auf negative emotionale Einflüsse empfindlich oder gereizt reagieren. Anders als Hochsensibilität geht Neurotizismus jedoch nicht mit einer stärkeren und intensiveren Wahrnehmung einher. Er ist eine Haltung und Reaktion gegenüber negativen Eindrücken.

Nicole ist hochsensibel. Ihre Eigenschaften machen deutlich, dass bei ihr der Neurotizismus stark ausgeprägt ist. Sie arbeitet als Einkäuferin in einem mittelständischen Unternehmen. Negative Erlebnisse in ihrem privaten Umfeld und im Beruf machen ihr zu schaffen. Nicole gilt als labil und ängstlich. Sie ist nervös und ist schnell gekränkt. Da sie ängstlich ist, fällt es ihr schwer, auf andere Menschen zuzugehen, die sie nicht kennt. Das erschwert ihr auch oft den Umgang mit Lieferanten, mit denen sie in ihrem Beruf hin und wieder verhandeln muss. Mit ihren Kollegen und Vorgesetzten hat sie manchmal Probleme. Sie hat bereits daran gedacht, das Unternehmen zu wechseln, doch hat sie dann Angst, sich mit der neuen Situation zu arrangieren und auf die neuen Kollegen zuzugehen.

Oft macht sich Nicole Sorgen um verschiedene Dinge, bei denen es sich eigentlich um Lappalien handelt. Immer wieder stellt sie dann fest, dass ihre Sorgen völlig unbegründet waren. Nicole hat häufig Schuldgefühle ihren Kollegen und Freunden gegenüber. Oft fühlt sie sich jedoch ungerecht behandelt und bemitleidet sich dann selbst.

Nicole hat sich inzwischen in psychologische Behandlung begeben, da sie zu Angststörungen und Depressionen neigt.

Kapitel 4.3: Empathie

Empathie ist das Mitgefühl anderen Menschen gegenüber. Es bedeutet, die Persönlichkeit, Emotionen und Gedanken anderer zu erkennen, andere zu verstehen und mit ihnen zu fühlen. Empathie ist hauptsächlich mit der Eigenschaft verknüpft, kooperativ zu interagieren und verträglich zu sein. Empathische Menschen gehen rücksichtsvoll mit anderen um und achten weniger auf ihre eigenen Vorteile.

Empathie und ein stärkeres Einfühlungsvermögen kennzeichnen viele hochsensible Menschen. Die empathischen Menschen nehmen die zwischenmenschliche Kommunikation, Signale und Emotionen stärker wahr als andere. Zusammenhänge zwischen Hochsensibilität und Empathie bestehen wahrscheinlich, da empathische Menschen ein ausgeprägtes Einfühlungsvermögen haben. Empathische Menschen gehen teilweise davon aus, dass ihre Empathie von ihrer Hochsensibilität herrührt.

Empathie kann auch unabhängig von Hochsensibilität sein. Nicht jeder, der empathisch ist, muss automatisch auch hochsensibel sein. Umgekehrt ist nicht jeder empathisch, der hochsensibel ist. Die beiden Eigenschaften können jedoch zusammentreffen, wie das Beispiel von Sylvia zeigt.

Sylvia ist hochsensibel und empathisch. Sie leidet hin und wieder unter ihrer Hochsensibilität, doch hat sie auch schon oft festgestellt, dass sie aufgrund ihrer Empathie Vorteile hat. Sylvia ist Physiotherapeutin mit eigener Praxis. Sie versteht es, sich in andere Menschen hineinzuversetzen. Dabei spielt es keine Rolle, ob es sich um Patienten, ihre Angestellten, ihre Freunde oder ihre Familie handelt. Sylvia hat ein Gespür dafür, wenn die Menschen in ihrem Umfeld Probleme haben, aber auch, wenn sie sich über etwas freuen. Es ist Sylvia ein Bedürfnis, auf die Menschen zuzugehen, ihnen zuzuhören, Verständnis entgegenzubringen und ihnen zu helfen. Das hat ihr einen guten Ruf als Physiotherapeutin eingebracht. Die Patienten kommen gern zu ihr und empfehlen sie weiter. Ihre Angestellten fühlen sich bei ihr wohl und wissen sie als Chefin zu schätzen.

Manchmal ist die Empathie für Sylvia auch ein Nachteil. Sie fühlt hin und wieder extrem stark mit anderen. Die Schicksale ihrer Patienten belasten sie mitunter stark. Sie denkt oft noch lange darüber nach und kann dann nicht schlafen.

Empathie wird häufig mit emotionaler Intelligenz gleichgesetzt. Beides kann zusammen auftreten, doch sollten Empathie und emotionale Intelligenz getrennt voneinander betrachtet werden. Emotionale Intelligenz bedeutet, Emotionen anderer Menschen zu verstehen. Emotional intelligente Menschen müssen jedoch nicht automatisch Mitgefühl mit anderen empfinden. Emotionale Intelligenz bedeutet auch die Wahrnehmung der eigenen Emotionen.

Kapitel 4.4: Freimütigkeit

Was ist eigentlich Freimütigkeit? Der Begriff kann mit Offenheit und mit der Ehrlichkeit seiner eignen Meinung gegenüber beschrieben werden. Es handelt sich um Offenheit und Ehrlichkeit. Freimütigkeit kann die Menschen mit dieser Eigenschaft verletzlich machen. Für ihr Umfeld sind freimütige Menschen mitunter unbequem. Freimütige Menschen sagen oft gerade heraus, was sie denken. Daher wissen andere, woran sie sind, wenn sie Kontakt mit einem freimütigen Menschen haben.

Freimütigkeit kann eine hilfreiche Tugend sein, doch kommt es darauf an, ob sie mit Achtung, Respekt und Einfühlungsvermögen verbunden ist. Oft wissen freimütige Menschen jedoch nicht, wie weit sie gehen dürfen. Sie legen ihre Gedanken offen, doch fehlt es ihnen manchmal an Takt und Feingefühl. Sie ecken dann an.

Freimütigkeit ist Offenheit für neue Erfahrungen. Das können ästhetische Eindrücke wie Kunst, Musik, Literatur oder Filme, aber auch die Schönheit der Natur sein. Die Menschen neigen oft zu Kreativität und Gedankenspielen. Teilweise haben sie eine stärkere Wahrnehmung von Zusammenhängen und Feinheiten.

Freimütigkeit und Hochsensibilität sind zwei verschiedene Eigenschaften, die getrennt und unabhängig voneinander, aber auch zusammen auftreten können. Häufig sind viele Überschneidungen von Hochsensibilität und Freimütigkeit vorhanden. Studien haben jedoch ergeben, dass diese Zusammenhänge geringer als erwartet auftreten. Überschneidungen zeigen sich größtenteils in der ästhetischen Sensibilität und Offenheit. Hochsensible müssen nicht immer eine hohe Offenheit zeigen. Auch eine geringe Offenheit ist möglich. Die Tendenz geht jedoch zu einer höheren Offenheit.

Evelyn ist hochsensibel und kreativ. Sie ist offen für Neues und interessiert sich für Musik. Sie geht gern in Konzerte. Sie nimmt auch kein Blatt vor den Mund, wenn es darum geht, ihre Meinung zu sagen. Stört sie etwas, sagt sie es offen. Es fehlt ihr hin und wieder an Taktgefühl, auch wenn sie hochsensibel ist. Schon mehrmals ist es vorgekommen, dass sie andere mit ihrer allzu offenen Art verletzt hat und sich diese Menschen zurückgezogen haben.

Anders sieht es bei Doreen aus, die ebenfalls freimütig und hochsensibel ist. Doreen hat ebenfalls auch eine kreative Ader. Sie töpfert gerne und gibt auch Töpferkurse. Sie ist offen für Neues und ist einfühlsam. Doreen zählt sich nicht zu den introvertierten, sondern zu den extrovertierten Hochsensiblen. Auch Doreen ist ehrlich und sagt offen ihre Meinung. Ihre Freimütigkeit ist für sie eine Tugend. Da sie auch feinfühlig ist, kann sie gut mit anderen fühlen. Sie hat immer ein gutes Gespür dafür, wie weit sie anderen gegenüber mit ihrer Offenheit gehen darf. Als sie Kind war, ging sie häufig zu weit, wenn sie anderen die Meinung sagte. Inzwischen hat sie Taktgefühl entwickelt und verletzt andere mit ihrer Offenheit nicht mehr.

Kapitel 4.5: Alltägliche Herausforderungen für Hochsensible

Hochsensible Menschen stehen im Alltag stets vor neuen Herausforderungen, wie die Beispiele von Beate, Uwe, Nicole, Sylvia, Evelyn und Doreen zeigen. Im Privatleben, im Umgang mit anderen Menschen, in der Öffentlichkeit und am Arbeitsplatz werden die Menschen mit vielen Eindrücken konfrontiert. Nicht immer ist es leicht, diese Eindrücke zu verarbeiten, wie vor allem die Beispiele von Beate und Uwe verdeutlichen, die introvertiert sind.

Wie die Beispiele von hochsensiblen Menschen zeigen, können die verschiedenen Typen der Hochsensibilität mehr oder weniger stark ausgeprägt sein. Die Eigenschaften der verschiedenen Typen können sich auch vermischen und beeinflussen. Nicht immer sind klare Grenzen erkennbar.

Die folgenden Situationen und Beispiele sollen Ihnen helfen, sich in die Situation von Hochsensiblen im Alltag zu versetzen, die Welt mit den Augen von Hochsensiblen zu sehen und Hochsensible besser zu verstehen.

Nicole, Uwe, Evelyn, Doreen, Beate und Sylvia sind nur Beispiele von hochsensiblen Menschen. Diese Menschen sollen auf keinen Fall als Maßstab für Hochsensibilität betrachtet werden. Dennoch sind es authentische Fälle, die ich als Autor selbst untersucht habe. In Interviews mit diesen Menschen habe ich mehr über die verschiedenen Typen der Hochsensibilität, über das Denken, Fühlen und Empfinden dieser Menschen und über den Umgang der Menschen mit ihrer Situation und ihren Eigenschaften im Alltag erfahren.

Kapitel 4.5.1: Privat und Soziales

Im privaten und im sozialen Bereich kann Hochsensibilität für die Betroffenen, aber auch für das Umfeld dieser Menschen mit Schwierigkeiten verbunden sein. Hochsensible sind mitunter empfindlich gegenüber den Äußerungen anderer Menschen. Mit Anfeindungen durch Menschen aus ihrem Umfeld werden sie nur schwer fertig. Gerade diejenigen, die introvertiert sind, wollen nicht immer bei großen Feiern und Partys dabei sein. Von Verwandten und Freunden kann das mitunter falsch aufgefasst werden. Es kann zu Missverständnissen führen.

Die introvertierte Beate ist nicht gerade schüchtern, doch liebt sie es, allein zu sein. Sie hat manchmal tage- oder sogar wochenlang keine Lust zum Telefonieren oder Skypen. Das ist keine böse Absicht und kein böser Wille, denn im Grunde mag sie ihre Familie und Freunde. Von ihrer Familie und ihren Freunden wird das häufig so aufgefasst, dass sie mit ihnen nichts zu tun haben will. Freunde haben schon gemeint, dass sie ihre Freundschaften besser pflegen sollte. Beate muss sich manchmal überwinden, um anzurufen.

Schwierig wird es für Beate, wenn größere Feiern, beispielsweise Geburtstage, anstehen. Kommen viele Gäste, hat sie keine Lust auf solche Feiern. Der Lärm, das Stimmengewirr, das Geschrei – alles ist ihr zu viel. Manchmal lässt sie sich eine Ausrede einfallen, was bei den Freunden oder Familienmitgliedern nicht gut ankommt. Geht sie tatsächlich zu einer solchen Party, muss sie noch lange darüber nachdenken.

In die Höhle des Löwen geht Uwe, wenn er zu einer größeren Feier eingeladen ist. Er wurde schon häufig von Gästen bei solchen Feiern als arrogant oder überheblich bezeichnet. Oft fühlt er sich deplatziert, wenn die Gäste in lebhafter Stimmung sind. Es fällt ihm schwer, mit solchen Menschen ins Gespräch zu kommen. Manchmal trifft er auf Menschen, die ähnlich ticken wie er. Mit ihnen kommt er gut klar. Auch Uwe denkt mitunter lange über das Erlebte bei einer größeren Feier nach.

Mit seinen guten Freunden und seinen engsten Familienmitgliedern hat er keine Schwierigkeiten. Sie sind entweder ähnlich wie er oder kennen ihn gut, um ihm entsprechend zu begegnen.

Hat jemand aus Uwes Freundeskreis oder Familie Probleme, denkt Uwe lange darüber nach. Er kann dann nächtelang nicht schlafen, da ihn das Schicksal eines ihm nahestehenden Menschen bewegt. Er überlegt, wie er helfen kann.

Nicole geht es ähnlich. Manchmal hat sie Angst, neue Menschen kennenzulernen. Bei größeren Feiern hat sie es schwer, mit Menschen ins Gespräch zu kommen, die sie nicht kennt. Auch wenn sie nicht schüchtern ist, meidet sie größere Feiern, da sie eher ängstlich ist. Schnell ist Nicole beleidigt, da sie so manche Äußerung ihrer Mitmenschen falsch auffasst. Ihre Familienmitglieder und Freunde beschreiben Nicole als nachdenklich, aber manchmal auch als unüberlegt. Hin und wieder passiert es ihr, dass sie andere mit ihren Äußerungen verletzt. Menschen aus ihrem Umfeld machen sie darauf aufmerksam. Nicole ist dann beleidigt und sieht oft nicht ein, dass diese Menschen es ja eigentlich gut mit ihr meinen. Sie denkt dann lange darüber nach. Hin und wieder macht sie sich Vorwürfe, wenn etwas mit ihrer Familie oder ihren Freunden nicht so klappt, wie sie es sich wünscht. Sie gibt sich mitunter die Schuld, wenn es Streitigkeiten gibt.

Nicoles vierjährige Tochter ist ein zartes Mädchen und wahrscheinlich ebenfalls hochsensibel. Sie ist oft krank und verletzt sich auch häufig beim Spielen. Nicole gibt sich dann die Schuld daran. Sie denkt, dass sie nicht genug aufgepasst hat, und überlegt, was sie hätte besser machen können.

Freunde fragen sich häufig, warum sich Nicole manchmal zurückzieht oder warum sie nachdenklich ist. Da sie schnell beleidigt ist, trauen sie sich oft nicht, sie darauf anzusprechen.

Sylvia hat keine Probleme, zu einer größeren Feier zu gehen. Sie ist gern unter Menschen, auch wenn sie hochsensibel ist. Sie ist eher extrovertiert. Da sie empathisch ist, gilt sie als gute Zuhörerin. Sie kommt schnell mit anderen Menschen in Kontakt. Sie hinterfragt die Probleme der anderen und hilft, wenn es möglich ist. Viele Freunde und Familienangehörige wissen Sylvia mit ihrer einfühlsamen Art und ihrer Hilfsbereitschaft zu schätzen. Es ist jedoch auch schon vorgekommen, dass Sylvia als etwas aufdringlich und neugierig eingeschätzt wurde. Dabei will sie doch einfach nur helfen. Es liegt ihr fern, andere auszuhorchen und in ihr Privatleben einzudringen. Ist jemand aus ihrer Familie krank, macht sich Sylvia manchmal große Sorgen darüber.

„Sage mir, wo der Fettnapf steht, dass ich auch ja hineintreten kann", so könnte Evelyn beschrieben werden. Auch wenn sie hochsensibel ist, schafft sie es mit ihrer freimütigen Art oft nicht, auf die Gefühle anderer Rücksicht zu nehmen. Ihre Freunde wissen inzwischen, wie sie tickt. Hin und wieder fühlen sie sich angegriffen, wenn Evelyn ihre Meinung allzu frei heraus und undiplomatisch äußert. Sie wissen aber auch, dass sie manchmal ein dickes Fell brauchen, wenn sie Evelyn begegnen. Evelyn fühlt sich selbst zwar hin und wieder beleidigt, wenn sie auf ihre offene Art angesprochen wird, doch zeigt sie keine Einsicht. Als eine Freundin ihr den gutgemeinten Rat gab, einen Psychologen zu konsultieren, reagierte Evelyn darauf aggressiv und beleidigt. Nicht die Freundin, sondern Evelyn selbst hat den Kontakt seither abgebrochen.

Doreen ist extrovertiert und geht gern auf Partys. Sie liebt es, mit anderen Menschen ins Gespräch zu kommen. Sie ist mit ihrer offenen Art und ihren kreativen Ideen für andere eine Bereicherung. Ihre Mitmenschen vertrauen sich ihr gern an und kommen gern mit ihr ins Gespräch. Doreen hat einen stark ausgeprägten Sinn für Gerechtigkeit und sagt offen, wenn jemand ungerecht behandelt wird. Es spielt keine Rolle, ob das sie selbst oder einen anderen betrifft. Da sie es versteht, ihre Kritik konstruktiv und diplomatisch hervorzubringen, nimmt ihr das auch keiner übel. Wird Doreen kritisiert, ist sie nachdenklich, doch weiß sie, wenn die Kritik berechtigt ist.

Kapitel 4.5.2: In der Öffentlichkeit

Viele hochsensible Menschen, besonders die Introvertierten, haben Schwierigkeiten in der Öffentlichkeit. Einfache Alltagssituationen, beispielsweise Einkäufe, Arztbesuche oder Fahrten mit öffentlichen Verkehrsmitteln, sind für sie oft schon eine Herausforderung. Diese Menschen meiden oft die Öffentlichkeit. Teilweise fällt es ihnen schwer, fremde Menschen nach etwas zu fragen oder anzusprechen. Die hochsensiblen Menschen werden daher von anderen häufig als schüchtern, geistig gestört, autistisch oder als Sonderlinge eingeschätzt.

Erfahren Sie in diesem Kapitel, wie es hochsensiblen Menschen in der Öffentlichkeit geht und wie sie versuchen, diese Herausforderungen zu meistern.

Häufig fällt es Beate schwer, einfach vor die Tür zu gehen. Sie liebt Besuche in Museen oder Botanischen Gärten, doch sucht sie sich dann bevorzugt solche Zeiten aus, an denen nur wenige Besucher dort anzutreffen sind. Sie kauft ihre Eintrittskarte, doch sagt sie dann nicht mehr, als sie muss. Sie geht durch das Museum und lässt die Exponate auf sich wirken. Ganz bewusst gibt sie sich unauffällig, um nicht von anderen angesprochen zu werden.

Trotzdem Beate Wert auf modische und etwas extravagante Kleidung legt, geht sie nicht gerne in Boutiquen und Schuhgeschäfte. Es fällt ihr schwer, Verkäuferinnen anzusprechen und sich verschiedene Kleidungsstücke oder Schuhe zeigen zu lassen. Sie kauft ihre Kleidung und Schuhe daher vorrangig online. Hin und wieder ist es für sie sogar eine Herausforderung, die Pakete entgegenzunehmen. Wenn es geht, schickt sie dann ihren Ehemann vor.

Eine schwierige Situation sind für Beate Arztbesuche. Sie meidet solche Situationen und geht nur dann zum Arzt, wenn sie wirklich Probleme hat. Zu Vorsorge- und Routineuntersuchungen geht sie nicht. Sie geht lediglich zur Zahnärztin, doch meidet sie längere Gespräche.

Menschen wie Beate werden von der Öffentlichkeit häufig als arrogant oder eingebildet, aber teilweise auch als schüchtern oder mundfaul wahrgenommen. Dabei sind sie so nicht. Sie trauen sich nur nicht, jemanden anzusprechen, da sie fürchten, etwas falsch zu machen.

Auch wenn Uwe die Öffentlichkeit meidet, gelingt es ihm manchmal, im Laden mit dem Verkäufer näher ins Gespräch zu kommen. Das klappt, wenn der Verkäufer ähnlich gestrickt ist wie Uwe. Häufig geht Uwe jedoch auch schnell durch den Supermarkt und macht es an der Kasse kurz. Das ist der Fall, wenn er wieder von Ängsten geplagt ist und nicht gestört werden will. Er würde sich dann am liebsten ins stille Kämmerchen daheim zurückziehen.

Nicole hat Schwierigkeiten, wenn sie mit ihrer kleinen Tochter zum Kinderarzt oder zum Zahnarzt gehen muss. Sie fühlt sich selbst manchmal beleidigt, wenn der Kinderarzt irgendeine Erkrankung feststellt. Lange dachte Nicole über eine Situation mit ihrer Tochter beim Zahnarzt nach. Der Zahnarzt meinte, dass die Zähne ihrer Tochter noch mehr Pflege vertragen könnten. Nicole fühlte sich beleidigt. Sie geht zu diesem Zahnarzt seitdem nicht mehr.

Schwierig sind für Nicole auch Fahrten mit öffentlichen Verkehrsmitteln. Nicole sucht sich im Bus oder in der Bahn möglichst einen abgeschiedenen Platz. Wird es dann voller, hat sie das Gefühl, angestarrt zu werden. Dabei schaut kaum einer nach ihr. Auch die Gespräche der anderen Fahrgäste machen ihr manchmal zu schaffen. Hin und wieder glaubt sie, dass über sie geredet wird.

Für Sylvia stellt die Öffentlichkeit kein Problem dar. Gerne geht sie in Geschäfte und kommt mit Verkäuferinnen ins Gespräch. Sie besucht auch gerne Theater oder Konzerte. Sie liebt es, mit anderen Menschen ins Gespräch zu kommen. Da sie empathisch und aufgeschlossen ist, hinterlässt sie bei vielen Menschen einen angenehmen Eindruck.

Die Öffentlichkeit ist für Evelyn kein Problem. Evelyn schafft es jedoch immer wieder, in den Fettnapf zu treten. Schnell schimpft sie mit den Verkäuferinnen oder mit den Angestellten bei der Bank, wenn ihr etwas nicht schnell genug geht. Einmal hat sie sogar ein Ladenverbot bekommen, da sie andere Kunden unangemessen kritisierte und sich mit der Verkäuferin anlegte.

Auch Doreen hat keine Angst vor der Öffentlichkeit. Ähnlich wie Sylvia kommt sie gerne mit anderen Menschen ins Gespräch. Da sich Doreen für Kunst interessiert und gerne töpfert, besucht sie gerne Galerien und Ausstellungen. Sie lässt die Kunst auf sich wirken und teilt ihre Eindrücke gerne mit anderen Besuchern. Häufig wird sie von anderen Besuchern als sympathisch eingeschätzt. Auch bei Verkäuferinnen in Boutiquen ist Doreen eine sympathische und gerngesehene Kundin.

Kapitel 4.5.3: Arbeit

Die Arbeit stellt für hochsensible Menschen häufig eine besondere Herausforderung dar. Der Umgang mit Vorgesetzten, Kollegen und Kunden fällt ihnen häufig schwer. Das liegt oft an den Ängsten der Hochsensiblen, etwas falsch zu machen. Kritik wird von den Hochsensiblen oft falsch aufgefasst oder führt dazu, dass diese Menschen lange darüber nachdenken. Auch für die Vorgesetzten und Kollegen ist der Umgang mit den hochsensiblen Menschen nicht immer einfach. Ergreifen hochsensible Menschen den passenden Beruf, können sie für ihr Arbeitsumfeld, aber auch für andere Menschen eine echte Bereicherung sein. Viele hochsensible Menschen fühlen sich unterfordert, da sie häufig über eine große Begabung verfügen, die auf der Strecke bleibt. Es gilt, die Begabung zu erkennen und auszunutzen.

Beate ist freiberufliche Innenarchitektin. Sie kann ihre kreative Ader gut ausleben und hat ein gutes Händchen, Häuser und Wohnungen einzurichten. Sie hat Freude an der Gestaltung.

Eine Herausforderung wird für sie manchmal die Begegnung mit Kunden. Sie hört sich die Wünsche ihrer Kunden an und hat gute Ideen, die sie ihren Kunden vorschlägt. Mehr als zwei Kunden pro Tag sind für sie jedoch ein Problem, da sie die Eindrücke der Kunden, deren Wünsche und hin und wieder auch persönliche Schicksale lange auf sich wirken lässt. Beate ist zufrieden, dass sie selbst keinen Vorgesetzten und auch keine Angestellten hat. Am liebsten arbeitet sie im Stillen, für sich allein. Die Kunden wissen zwar Beates Ideen und ihre Kreativität zu schätzen, doch manchmal schätzen sie Beate als etwas arrogant, überheblich oder schlichtweg komisch ein.

Uwe ist IT-Spezialist in einem großen, international tätigen Unternehmen. Er ist ein Meister seines Faches und hat häufig die Gelegenheit, ganz für sich allein zu arbeiten. Er kommt jedoch um Konferenzen, auch mit ausländischen Kollegen, nicht herum. Obwohl er gute Ideen und ein umfangreiches Wissen hat, fällt es ihm oft schwer, sich in Konferenzen einzubringen. Von seinem Chef wurde er schon mehrmals darauf angesprochen. Der Chef weiß Uwe und seine Arbeit zu schätzen. Es fällt Uwe jedoch schwer, seinem Chef die Situation zu schildern, da er sich schlichtweg schämt. Zu einigen Kollegen, die ihn schon lange kennen und die eher ruhig sind, hat Uwe ein gutes, fast schon freundschaftliches Verhältnis. Er meidet jedoch den Umgang mit seinen eher lauten, teilweise etwas frechen Kollegen.

Als Einkäuferin in einem mittelständischen Unternehmen muss Nicole häufig Verhandlungen mit Lieferanten führen. Sie ist dann oft unsicher und ängstlich. Stehen solche Verhandlungen bevor, kann sie manchmal nicht schlafen, da sie sich damit beschäftigt und sich Sorgen macht. Den Lieferanten gegenüber wirkt sie ängstlich und etwas schüchtern. Der Chef weiß Nicole als tüchtige und intelligente Mitarbeiterin zu schätzen. Schwierigkeiten gibt es, wenn er Nicole darauf anspricht, dass sie oft nicht souverän und selbstbewusst genug auftritt. Nicole ist dann oft beleidigt, was der Chef ihr auch anmerkt. Es kommt dann zu Konflikten. Nicole hat schon darüber nachgedacht, die Arbeit zu wechseln. Sie hat jedoch Angst, auf ihrer neuen Arbeitsstelle ähnliche Probleme zu bekommen.

Nicole hat einige Kollegen, mit denen sie gut auskommt und die auch wissen, wie sie mit Nicole umgehen können. Es passiert jedoch auch mit den Kollegen hin und wieder, dass sich Nicole beleidigt fühlt. Umgekehrt ist es aber auch schon passiert, dass Nicole mit einer unüberlegten Äußerung einen Kollegen verletzt hat.

Sylvia geht in ihrem Beruf als selbstständige Physiotherapeutin voll auf, da sie gerne mit Menschen zu tun hat. Sie hat ein offenes Ohr für die Beschwerden und Probleme ihrer Patienten und ist gerne bereit, zu helfen. Sie versetzt sich in die Lage ihrer Patienten. Häufig empfindet sie tiefes Mitleid mit den Patienten, sodass sie lange darüber nachdenkt und selbst leidet. Zu ihren Angestellten hat Sylvia ein gutes Verhältnis. Die Angestellten wissen Sylvia als gerechte und einfühlsame Chefin zu schätzen. Bei Problemen vertrauen sie sich ihr gern an. Es passiert jedoch hin und wieder, dass Angestellte Sylvias Gutmütigkeit ausnutzen, beispielsweise, wenn es darum geht, aufgrund einer privaten Situation später zur Arbeit zu kommen oder früher Feierabend zu machen.

Evelyn hatte bereits mehrere Stellen als Vertriebsassistentin in verschiedenen Unternehmen. Im Moment ist sie arbeitslos. Ihren letzten Job hat sie verloren, da sie Kunden gegenüber unwirsch aufgetreten ist. Sie hat ihre Meinung geäußert, was bei einem Kunden nicht gut ankam. Ihr Chef hatte ihr auch mehrmals gesagt, dass sie das Betriebsklima vergiften würde. Sie ließ keine Gelegenheit aus, um den Kollegen, aber auch den Vorgesetzten ihre Meinung zu sagen. Nur sie selbst versteht es nicht, mit Kritik umzugehen. Evelyn kann auch nicht gut mit Stress umgehen. Da sie extrovertiert ist, zieht sie sich nicht zurück, sondern wird launisch und lässt andere ihre Laune spüren.

Doreen ist Lehrerin für Kunst an einem Gymnasium. So kann sie ihre kreative Ader ausleben und sich einbringen. Da sie extrovertiert ist, liebt sie den Umgang mit Menschen. Sie arbeitet gern mit ihren Schülern und hat auch mit Kollegen und Vorgesetzten kein Problem. Mit ihrer offenen Art und ihrem ausgeprägten Sinn für Gerechtigkeit kommt sie bei ihren Schülern und bei ihren Kollegen gut an. Da sie es schafft, Kritik konstruktiv zu äußern, wird sie von ihren Kollegen und Vorgesetzten geschätzt.

Kapitel 4.6: Warum Hochsensibilität nicht schlecht sein muss

Hochsensibilität ist keine Krankheit und keine psychische Störung. Dennoch haben Hochsensible häufig Probleme in ihrem Umfeld. Auch die Mitmenschen haben hin und wieder Schwierigkeiten mit Hochsensiblen. Hochsensibilität muss jedoch nicht schlecht sein. Da Hochsensibilität noch ein junges Forschungsfeld in der Psychologie ist, stehen auch einige Psychologen vor einer Herausforderung. Häufig assoziieren sie Hochsensibilität mit Autismus, aber auch mit Hochbegabung. Autismus und Hochbegabung können unabhängig und selbstständig auftreten, doch ist es nicht ausgeschlossen, dass sie mit Hochsensibilität einhergehen.

Es gibt mehr als genug Tests im Internet, mit denen Sie feststellen können, ob Sie selbst oder Ihre Kinder hochsensibel sind. Es kommt jedoch auf einen guten und wissenschaftlich fundierten Test an. Wird die Hochsensibilität bei Ihrem Kind frühzeitig erkannt, gibt es gute Möglichkeiten, um die verstärkte Wahrnehmung in die richtigen Bahnen zu lenken und einen hohen Nutzen daraus zu ziehen. Das ist für Sie als Eltern, aber auch für Ihr Kind, dessen Freunde und andere Menschen in seinem Umfeld von Vorteil. Ihr Kind kann dann für andere eine Bereicherung sein, ohne ausgenutzt zu werden.

Hochsensibilität ist völlig normal. Diese Menschen gelten jedoch manchmal als nicht normal. Führen Sie sich vor Augen, dass es völlig normal ist, nicht ganz normal zu sein, da jeder Mensch seine individuelle Persönlichkeit hat. Sie sollten nicht versuchen, sich selbst oder Ihr Kind krampfhaft zu verändern. Akzeptieren Sie sich selbst so, wie Sie sind. So sollten Sie auch Ihr hochsensibles Kind akzeptieren. Setzen Sie Ihre eigenen Maßstäbe für sich und verlangen Sie sich nicht zu viel ab. Es gilt auch, dass Sie Ihrem hochsensiblen Kind nicht zu viel abverlangen und es nicht überfordern.

Es wäre völlig falsch, zu versuchen, hochsensible Menschen zu verbiegen und zu ändern. Ist Ihr Kind hochsensibel, sollten Sie es später in seiner Berufswahl unterstützen. Damit es sich nicht unterfordert fühlt, sollte es einen Beruf ergreifen, in dem es entsprechend gefordert wird und sich sowie seine Vorzüge einbringen kann. Verschiedene Neigungen und Begabungen können Sie, aber auch der Psychologe schon in der Kindheit erkennen. Das Kind kann, wenn das frühzeitig erkannt wird, entsprechend gefördert werden.

Hochsensibilität ist ein Wesenszug, der häufig vererbt wird. Sie sollten lernen, diesen Wesenszug zu akzeptieren. Auch wenn hochsensible Menschen nicht immer Gruppenmenschen sind und es lieben, für sich allein zu sein, ist das keine schlechte Eigenschaft. Mit ihrer Begabung und ihren Eigenschaften können diese Menschen viel Gutes für ihr Umfeld tun.

Der größte Teil der Hochsensiblen, nämlich ungefähr 70 Prozent, sind introvertiert. Nicht immer ist es diesen Menschen direkt anzumerken. Es gibt sogar verschiedene Prominente, die introvertiert sind und trotzdem in der Öffentlichkeit stehen. Hätten Sie gedacht, dass unsere Bundeskanzlerin Angela Merkel, der frühere US-Präsident Barrack Obama, der Sänger Herbert Grönemeyer, die Schriftstellerin Joanne K. Rowling, der Schauspieler Michael Bully Herbig oder der Moderator Günther Jauch in Wahrheit introvertiert sind? Schon eher ist das bei Microsoft-Gründer Bill Gates oder Facebook-Gründer Mark Zuckerberg denkbar. Introversion ist also keine negative Eigenschaft und schon ganz und gar kein Grund, sich zu verstecken.

Anders als der Durchschnitt – das trifft die Beschreibung für Hochsensible. Egal, ob Sie oder Ihr Kind ein Gruppentyp oder lieber für sich allein sind, können hochsensible Menschen viele gute Eigenschaften haben. Einige Hochsensible sind kommunikationsfreudig, wie die Beispiele von Sylvia und Doreen gezeigt haben. Andere, beispielsweise Evelyn oder Nicole, können aufbrausend, hektisch oder explodierend sein, da sie ihre Eindrücke loswerden wollen. Zu den positiven Eigenschaften gehören:

- Kreativität aufgrund eines reichen Innenlebens und einer großen Vorstellungskraft
- Gewissenhaftigkeit
- Feinfühligkeit
- intensives Erleben von Kunst
- hohes Maß an Uneigennützigkeit.

Mit Stress können hochsensible Menschen oft nur schwer umgehen. In einer stressarmen Umgebung und mit entsprechend vielen Ruhepausen gelingt es, hochsensiblen Kindern ein geeignetes Umfeld zu bereiten, in dem sie ihre positiven Eigenschaften gut anwenden können.

Die folgenden Kapitel zeigen, was Sie tun können, um die Hochsensibilität Ihres Kindes zu behandeln und zu fördern. Sie erfahren, wie Sie im täglichen Leben hochsensiblen Menschen begegnen können und wie Sie die Situation für beide Seiten positiv gestalten.

Kapitel 5: Hochsensibles Kind und nun?

Wie bereits eingangs erwähnt, sind mehr Menschen als vermutet hochsensibel. Die US-amerikanische Psychologin Elaine Aron nimmt an, dass 20 Prozent der Bevölkerung hochsensibel sind. Auch in verschiedenen anderen Quellen ist die Rede davon, dass 15 bis 20 Prozent der Menschen hochsensibel sind. Die Hochsensibilität ist mehr oder weniger stark ausgeprägt. Hochsensibilität trifft Männer und Frauen, Jungen und Mädchen gleichermaßen. Sie beginnt oft schon im Kindesalter, doch kann sie auch durch bestimmte Situationen wie traumatische Erlebnisse ausgelöst werden. Es ist keine Krankheit und keine psychische Störung. Hochsensible Menschen haben eine intensivere Wahrnehmung und sind feinfühliger als andere. Häufig wird Hochsensibilität vererbt. Sind die Eltern hochsensibel, ist häufig auch das Kind hochsensibel.

Viele Eltern wissen nicht, dass es Hochsensibilität gibt. Sie kennen den Begriff nicht und wundern sich, dass sich ihr Kind anders verhält als andere Kinder im gleichen Alter. Erkennen Eltern, dass ihr Kind etwas ganz Besonderes ist, dann ist das schon ein großer Fortschritt. Sie sollten als Eltern an Hochsensibilität denken, wenn Ihr Kind feinfühlig ist und verschiedene Dinge intensiver wahrnimmt. Möchten Sie Ihrem Kind helfen und es fördern, sollten Sie einen Kinderpsychologen konsultieren. Bewertungen und Empfehlungen im Internet helfen Ihnen bei der Auswahl eines geeigneten Psychologen. Würden Sie Ihrem Kind und seinen Besonderheiten keine Beachtung und kein Augenmerk schenken, könnte sich Ihr Kind ungünstig entwickeln. Eltern wundern sich dann später, warum ihr Kind anders ist und sich anders verhält. Auch beim Erwachsenwerden entwickeln sich hochsensible Kinder, die nicht genügend Beachtung und Förderung bekommen, anders als Gleichaltrige.

Sie sollten auch auf die Interessen Ihres Kindes achten. Fragt es viel und hinterfragt es viele Dinge, deutet das auf Hochbegabung hin. Es gibt Persönlichkeitstests, mit denen Sie feststellen können, ob Ihr Kind hochbegabt ist. Hochbegabte Kinder sollten frühzeitig gefördert werden, damit sie ihre Begabung entsprechend einsetzen und davon profitieren können. Wird die Hochbegabung nicht gefördert, fühlen sich Hochbegabte unterfordert und können darunter leiden.

Hochbegabte Menschen haben es in der Gesellschaft nicht immer leicht. Sie gelten häufig als Besserwisser. Sie haben es schwer, Gleichgesinnte zu finden, die ähnlich hochbegabt sind. In der Schule, beim Studium und im Berufsleben haben es Hochbegabte nicht so leicht, wie viele Menschen vielleicht vermuten. Hochbegabte Schüler sind in der Schule schnell gelangweilt, da sie ihren Mitschülern schon um einiges voraus sind. Die Folgen können Unruhe, Müdigkeit und Erschöpfung sein. Teilweise ist von einer unerlösten Begabung die Rede. Die Begabung muss erkannt und in die richtigen Bahnen gelenkt werden. Mit einem Intelligenztest beim Psychologen kann festgestellt werden, ob Ihr Kind hochbegabt ist. In der Psychologie gelten Menschen mit einem Intelligenzquotienten (IQ) von mindestens 130 als hochbegabt.

Etwa 2 Prozent der Kinder in Deutschland gelten als hochbegabt. Schon frühzeitig, oft schon vor der Einschulung, zeigen hochbegabte Kinder überdurchschnittliche Fähigkeiten und Interessen. Daher wird von ihnen zumeist erwartet, dass sie in der Schule durch herausragende Leistungen glänzen. Das ist längst nicht immer der Fall.

Hochbegabung kann sich auf verschiedene Weise bemerkbar machen:

- Lernen und Denken mit sprachlicher Kompetenz, umfangreichem Wortschatz, gutem Gedächtnis, schneller Auffassungsgabe, hohem Detailwissen, guter Beobachtungsgabe, Erkennen von zugrundeliegenden Prinzipien und schlussfolgerndem, selbstständigen Denken
- Arbeitshaltung und Interessen mit hoher Motivation und Zielstrebigkeit, Langeweile bei Routineaufgaben, Interesse an vielen Themen, hohen Leistungszielen, selbstkritischem Verhalten, selbstständigem und unabhängigem Arbeiten sowie Interesse an Erwachsenenthemen
- soziales Verhalten mit Aufgeschlossenheit, ausgeprägter Individualität, Gerechtigkeitssinn, gutem Einfühlungsvermögen sowie Verantwortlichkeit und Zuverlässigkeit.

Wissenschaftliche Studien haben gezeigt, dass Hochbegabung bei Kindern immer mit Hochsensibilität einher. Daher gilt es, die Hochbegabung zu erkennen und zu fördern.

In den folgenden Kapiteln erfahren Sie, wie Sie mit der Hochsensibilität Ihres Kindes umgehen und das geeignete Umfeld für Ihr Kind schaffen.

Kapitel 5.1: Erfolgreich alltägliche Kommunikation und Herausforderungen mit Kindern meistern

Sind Sie Eltern eines hochsensiblen Kindes, stehen Sie im Alltag vor einer großen Herausforderung. Ihr Kind kann schmerzempfindlich sein, schärfer ausgeprägte Sinne als andere haben, feinfühlig sein und viele Fragen stellen. Das erfordert ein hohes Maß an Geduld. Die vielen Reize aus der Umgebung können Ihr Kind schnell überfordern. Denken Sie daran, dass Sie Ihrem Kind die nötigen Ruhepausen gönnen, es zu nichts zwingen, aber es entsprechend seiner Begabung fördern. Hochbegabte Kinder sollten rechtzeitig gefördert werden, damit sie sich nicht langweilen. Zeigen Sie Verständnis und unterstützen Sie Ihr Kind.

Hochsensible Kinder sind kreativ, doch auch ihren Eltern verlangen sie ein hohes Maß an Kreativität ab. Da Hochsensibilität häufig genetisch vererbt wird, ist daran zu denken, dass mindestens ein Elternteil ebenfalls hochsensibel ist. Haben Sie mehrere Kinder, muss nicht jedes Ihrer Kinder hochsensibel sein. Das ist eine zusätzliche Herausforderung.

Hochsensibilität kann sich teilweise schon bei Babys bemerkbar machen. Ein hochsensibles Baby kann die Befindlichkeit seiner Bezugspersonen schon deutlich wahrnehmen und auf die kleinsten Veränderungen in der Umgebung reagieren.

Hochsensible Kinder sind durch verschiedene Eigenschaften geprägt, die Sie auf positive Weise beeinflussen können:

- Aufgrund ihres regen Gefühlslebens sind hochsensible Kinder schnell verletzt und weinen leicht. Sie sind jedoch begeisterungsfähig und können schnell richtig glücklich werden.
- Da hochsensible Kinder eine intensivere Wahrnehmung haben, können sie Ihnen neue Welten eröffnen. Sie handeln häufig überlegt und können Gefahren erkennen.
- Über ihre Beobachtungen denken hochsensible Kinder gründlich nach. Sie entwickeln mehr Ängste als Gleichaltrige, die nicht hochsensibel sind.
- In ihrem Kommunikationsverhalten unterscheiden sich hochsensible Kinder oft von gleichaltrigen, nichthochsensiblen Kindern. Sie sind oft nicht für wilde Spiele zu begeistern. In der Schule kann das zu Ausgrenzung oder Mobbing führen.
- Sind hochsensible Kinder überreizt, können sie unterschiedlich reagieren. Sie können zu Wutausbrüchen neigen oder sich zurückziehen. Gerade dann, wenn sie sich nach innen wenden, können sie unter Schlafstörungen, Kopfschmerzen und Magen-Darm-Beschwerden leiden.

Das Beispiel des siebenjährigen Johannes zeigt, wie sich hochsensible Kinder im Familiensystem verhalten können. Johannes ist hochsensibel und reagiert stark auf die Stimmungsschwankungen seiner Eltern und Geschwister. Er spürt, dass seine Eltern hohe Erwartungen an ihn stellen, und versucht, sich anzupassen. Für ihn ist es manchmal problematisch, den Erwartungen seiner Eltern gerecht zu werden. Das belastet ihn. Er ist schnell müde, doch kann er manchmal schlecht schlafen. Da er introvertiert ist, reagiert er mit innerem Rückzug. Er leidet häufig unter Magen-Darm-Beschwerden. Streiten sich die Eltern von Johannes oder schimpfen sie mit seinem älteren Bruder Simon, belastet ihn das. Er ergreift dann Partei für seinen Bruder. Simon ist nicht hochsensibel. Johannes ist manchmal der Meinung, dass Simon ungerecht behandelt wird. Er versucht dann, einzugreifen. Für die Eltern ist es schwer, sich in Johannes hineinzuversetzen und seine Gedanken nachzuvollziehen.

Eine weitere Herausforderung für die Eltern von Johannes ist, dass ihr Sohn viele Dinge hinterfragt, sich für Sachen interessiert, die Gleichaltrige eigentlich noch nicht interessieren, und verschiedene Situationen kritisch einschätzt. Alles deutet darauf hin, dass Johannes hochbegabt ist. In der Schule, er geht in die zweite Klasse, langweilt er sich häufig. Die Lehrerin hat Johannes bereits als kopflastig bezeichnet. Sie greift auch nicht oder kaum ein, wenn Johannes von seinen Mitschülern ausgegrenzt wird. Die Eltern haben an einen Schulwechsel gedacht. Sie möchten Johannes in eine Schule schicken, in der er von den Mitschülern und Lehrern so akzeptiert wird, wie er ist.

Nicht immer sind Eltern von hochsensiblen Kindern ebenfalls hochsensibel. Auch dann, wenn beide Eltern nicht hochsensibel sind, können sie für ihr hochsensibles Kind eine Bereicherung sein. Sind Sie nichthochsensibel, sollten Sie Ihr Kind akzeptieren, wie es ist. Sie können es auf das Leben außerhalb der Familie vorbereiten und für Ihr Kind eine Vorbildrolle einnehmen. Ihr Kind können Sie zu neuen Erfahrungen ermutigen, doch dürfen Sie ihm keine Vorwürfe machen, wenn es mit Wutausbrüchen reagiert oder sich zurückzieht. Sie sollten sich bezüglich der Hochsensibilität beraten lassen und mit erfahrenen Betreuern zusammenarbeiten. Lassen Sie Ihrem Kind genügend Zeit für Entscheidungen und zeigen Sie Geduld. Als nichthochsensible Eltern sollten Sie auf keinen Fall Ihre eigene Kindheit als Vorbild hinstellen und versuchen, eigene Vorlieben auf Ihr Kind zu übertragen. Bei Wutausbrüchen Ihres Kindes sollten Sie abwarten, bis Ihr Kind sich wieder beruhigt hat.

Sind beide Elternteile hochsensibel, können sie die Bedürfnisse ihres Kindes zumeist gut wahrnehmen und verstehen. Es gibt häufig gemeinsame Vorlieben in der Freizeitgestaltung, die Sie ausnutzen können. Sind Sie hochsensibel, aber bestehen negative Einstellungen zur Hochsensibilität, sollten Sie diese negativen Einstellungen nicht auf das Kind übertragen. Falsch ist es auch, Ihr Kind in Watte zu packen und zu versuchen, jegliche Unannehmlichkeiten von ihm abzuschirmen. Zügeln Sie Ihre eigenen Ängste und lassen Sie zu, dass Ihr Kind eigene Erfahrungen macht.

Eine Bereicherung für das hochsensible Kind kann es auch sein, wenn nur ein Elternteil hochsensibel ist. Eine solche Mischung kann sich positiv auf die Entwicklung des Kindes auswirken, wenn beide Eltern ihre Fähigkeiten richtig einsetzen. Abhängig davon, welches Thema ansteht, können sich beide Eltern in der Erziehung abwechseln. Sie sollten Konkurrenz untereinander vermeiden und nicht versuchen, sich beim Buhlen um die Gunst des Kindes zu übertreffen.

Gönnen Sie Ihrem Kind genügend Ruhephasen. Ist es von Reizen überflutet, sollten Sie versuchen, herauszufinden, auf welche Reize Ihr Kind empfindlich reagiert. Hochsensible Kinder können häufig Lärm nicht gut vertragen. Weint Ihr Kind beim Ausflug in die Stadt, kann das daran liegen, dass es sich an dem Lärm stört. Ohrstöpsel können hilfreich sein, doch hört Ihr Kind dann auch weniger. Das könnte gefährlich werden, wenn das Kind beispielsweise herannahende Fahrzeuge nicht wahrnimmt. Lassen Sie sich von einem Akustiker beraten. Er kann die richtigen Ohrstöpsel empfehlen und die entsprechenden Einstellungen vornehmen, um die laute Akustik auf ein erträgliches Maß herabzusetzen.

Kapitel 5.2: Die Hochsensibilität meines Kindes unterstützen – aber wie?

Hochsensibilität muss keine schlechte Eigenschaft sein. Hochsensible Kinder können sich häufig gut in andere Menschen hineinversetzen, die Menschen und deren Probleme verstehen und mit diesen Menschen fühlen. Wie die Beispiele zeigen, haben solche Kinder oft schon frühzeitig einen stark ausgeprägten Sinn für Gerechtigkeit. Möchten Sie die Hochsensibilität Ihres Kindes unterstützen, sollten Sie daher auf keinen Fall versuchen, Ihr Kind mit entsprechenden Methoden abzustumpfen. Geht Ihr Kind in die Schule, sollten Sie darauf achten, wie die Lehrer mit ihm umgehen. Aufmerksam sollten Sie werden, wenn Sie merken, dass Lehrer versuchen, Ihr Kind abzustumpfen oder wenn sie zu hohe Anforderungen an Ihr Kind stellen. Sie sollten dann das Gespräch mit den Lehrern suchen und vielleicht den Schuldirektor oder einen Schulpsychologen einschalten.

Halten Sie sich immer vor Augen, dass Hochsensibilität nicht schlecht und auch keine Krankheit ist. Es kommt daher nicht darauf an, Ihr Kind unsensibler oder weniger feinfühlig zu machen, sondern die positiven Seiten der Hochsensibilität zu erkennen und Ihr Kind entsprechend zu fördern. Wird Ihr Kind in seiner Hochsensibilität mit geeigneten Maßnahmen gefördert, profitiert davon nicht nur Ihr Kind. Das Kind kann eine Bereicherung für sein Umfeld sein, indem es seine Hochsensibilität in den verschiedenen Situationen richtig anwendet. Nutzen Sie die Gelegenheit, Ihr hochsensibles Kind zu unterstützen. Mit der richtigen Unterstützung kann Ihr Kind richtig glücklich sein.

In seiner Schullaufbahn muss sich ein hochsensibles Kind nicht schwerer tun als andere Kinder im gleichen Alter. Ähnlich wie hochbegabte Kinder fallen hochsensible Kinder aus dem Raster. Sie sind anders als ihre Altersgenossen und ecken daher bei anderen Kindern, aber auch bei Lehrern häufiger an. Es ist daher wichtig, Hochsensibilität frühzeitig zu erkennen. Ein hochsensibles Kind braucht eine Didaktik, ein spezielles Lernumfeld, das speziell auf seine Bedürfnisse abgestimmt ist. So kann es sich richtig entfalten und seine Hochsensibilität und teilweise auch die Hochbegabung richtig einbringen und daraus seine Vorteile ziehen. Wichtig ist eine gute Zusammenarbeit von Lehrkräften und Elternhaus. Das Kind kann seine Stärken optimal entfalten, wenn Lehrkraft und Elternhaus auf die besonderen Bedürfnisse eingehen.

In der Schule ist ein spezielles Lernumfeld für das hochsensible Kind wichtig, damit es nicht von Reizen überfordert wird, aber seine Begabung nicht auf der Strecke bleibt. Bekommt das Kind dieses Lernumfeld nicht, kann es sich überfordert fühlen oder sich langweilen. Das kann zu Konflikten mit den Mitschülern führen. Etwas Neues, verschiedene Veränderungen, aber auch neue Reiz sind oft für hochsensible Kinder verstörend.

Kapitel 5.2.1: Ein didaktisches Umfeld schaffen

Um auf die Bedürfnisse hochsensibler Kinder einzugehen und die Kinder zu fördern, muss ein didaktisches Umfeld geschaffen werden. Die Kinder können sich in einem didaktischen Umfeld entfalten und ihre Stärken einbringen. Es ist wichtig, die Hochsensibilität des Kindes frühzeitig zu erkennen. Für Eltern wird es dann leichter, eine geeignete Kindertagesstätte oder Schule zu finden. Wird die Hochsensibilität nicht früh genug erkannt und unterstützt, können im späteren Leben für das Kind schwerwiegende Konsequenzen drohen. Finden Eltern einen geeigneten Kindergarten oder die passende Schule, kann dort für das hochsensible Kind ein spezielles Lernumfeld geschaffen werden.

Was ist eigentlich Didaktik? Das Wort Didaktik stammt aus dem Griechischen und kann lehren oder unterrichten, aber auch lernen oder belehrt werden bedeuten. Abhängig von der Perspektive werden fünf Didaktik-Begriffe unterschieden:

- Wissenschaft und Lehre vom Lehren und Lernen
- Wissenschaft vom Unterricht oder allgemeine Unterrichtslehre
- Theorie der Bildungsinhalte
- Theorie der Steuerung von Lernprozessen
- Anwendung psychologischer Lehr- und Lernmethoden

In einem didaktischen Umfeld für das hochsensible Kind kommt es darauf an, dass das Kind die Lerninhalte auf seine eigene Art und Weise interpretieren und verarbeiten kann. Es ist nicht möglich, das Wissen aus dem Kopf des Lehrers 1 zu 1 in den Kopf des Kindes zu transferieren. Der Lernprozess und dessen Wirkung können nicht automatisch vorhergesehen werden.

Da hochsensible Kinder häufig sehr emotional sind, muss für erfolgreiches Lernen das Emotionale berücksichtigt werden. Das Kind sollte sich im Lernprozess nicht gedrängt oder gezwungen, sondern frei und nicht fremdbestimmt fühlen. Eine positive Atmosphäre und positive Emotionen können das Lernen fördern. Die Persönlichkeit der Lehrperson spielt eine wichtige Rolle. Kann sie die eigene Begeisterung für ein Thema authentisch vermitteln, kann die Begeisterung des Kindes geweckt werden. Sie ist eine wesentliche Voraussetzung für erfolgreiches Lernen. Die Lehrkraft sollte jedoch auf keinen Fall versuchen, ihre eigenen Vorlieben oder Interessen auf das Kind zu übertragen.

Ein didaktisches Umfeld ist wichtig für hochsensible Kinder, um sich entsprechend ihrer Fähigkeiten zu entfalten und entspannt zu lernen. Dabei sollte eine Überflutung mit Reizen vermieden werden, damit sich die Kinder nicht überfordert fühlen. Ein guter Lehrer kann die Lernfähigkeit und besondere Interessen des Kindes erkennen und fördern. Er kann auch ein Gespür dafür entwickeln, wie sich das Kind in der Gruppe integriert. Wird es ausgegrenzt oder gemobbt, kann sich das nicht nur auf die Leistungen, sondern auch auf die Persönlichkeit auswirken. Der Lehrer kann rechtzeitig eingreifen, um Ausgrenzungen oder Mobbing durch die Mitschüler entgegenzuwirken.

Für die betroffenen Kinder ist Hochsensibilität ein ernstes Thema. Wird sie entsprechend unterstützt, kann sich das Kind in der Schule, in einem didaktischen Umfeld, problemlos Wissen aneignen. Besondere Begabungen und Interessen können gefördert werden. Wird die Hochsensibilität jedoch nicht erkannt, kann das zu einer unangemessenen Schulkarriere führen. Da das Kind ausgegrenzt oder nicht entsprechend gefördert wird, langweilt es sich oder geht nicht gerne zur Schule. Vor allem in den höheren Klassen kann es die Schule schwänzen oder sogar abbrechen.

Noch längst ist das Thema Hochsensibilität nicht befriedigend erforscht. Weiten Teilen der Bevölkerung ist es noch völlig unbekannt. Bei einigen Menschen ist das Thema einfach unerwünscht oder sogar negativ besetzt. Sie haben Vorurteile gegen hochsensible Menschen, vor allem gegen Kinder. Wird Hochsensibilität nicht rechtzeitig erkannt, drohen für das spätere Leben schwerwiegende Konsequenzen. Die betroffenen Kinder und Jugendlichen können seelisch oder psychisch erkranken, wenn sie nicht entsprechend gefördert und gefordert werden.

Damit es erst gar nicht soweit kommt, sollten Eltern über Hochsensibilität Bescheid wissen und bei verschiedenen Anzeichen an Hochsensibilität denken. Je früher Eltern die Hochsensibilität ihres Kindes erkennen, desto besser können Erzieher und Lehrkräfte darauf aufmerksam gemacht werden. Es ist für die Eltern umso einfacher, den richtigen Kindergarten oder die geeignete Schule für ihr Kind zu finden, je früher die Hochsensibilität erkannt wird.

Bei der Auswahl des Kindergartens oder der Schule für Ihr Kind sollten Sie sich Zeit nehmen. Sie sollten die Leiterin des Kindergartens oder den Schulleiter auf die Hochsensibilität Ihres Kindes hinweisen. Gegebenenfalls kann Ihnen ein Kinderpsychologe einen geeigneten Kindergarten oder eine Schule für Ihr Kind empfehlen. Haben Sie einen Kindergarten oder eine Schule ausgewählt, sollten Sie Erzieher oder Lehrkräfte über die Bedürfnisse Ihres Kindes informieren. Scheuen Sie sich nicht, zu sagen, auf welche Reize Ihr Kind reagiert und wann es überfordert ist. Erfahrene Lehrkräfte werden darauf Rücksicht nehmen und Sie bei der Schaffung des geeigneten Umfelds unterstützen.

Ist die Erzieherin oder die Lehrkraft willig und fähig, wird sie Ihr Kind nicht einfach als schwierig abstempeln. Sie wird sich mit Ihrem Kind beschäftigen und erkennen, welche Bedürfnisse es beim Lernen hat. Sie kann die Stärken Ihres Kindes erkennen und Ihrem Kind die Gelegenheit geben, sie optimal zu entfalten.

Wie bereits beschrieben, kann es im Alltag zu verschiedenen Schwierigkeiten im Umgang mit hochsensiblen Kindern kommen. Hochsensible Kinder stoßen in der Familie oder im Freundeskreis nicht immer auf Akzeptanz. Auch in der Öffentlichkeit haben sie es manchmal schwer, wenn sie sich nicht trauen, andere Menschen anzusprechen oder wenn sie einfach Ängste verspüren. Kennen Sie diese Schwierigkeiten, können Sie entsprechend damit umgehen. Sie können auch die Erzieher im Kindergarten oder die Lehrkräfte in der Schule darüber informieren. Nicht alle Lehrkräfte oder Erzieher können mit den Schwierigkeiten von hochsensiblen Kindern im Alltag richtig umgehen, da ihnen einfach das Wissen über Hochsensibilität fehlt. Ein Kinderpsychologe, der über Kenntnisse auf diesem Gebiet verfügt, kann Sie beraten und kann auch im Gespräch mit Lehrkräften und Erziehern helfend eingreifen. Er kann Erzieher und Lehrkräfte über das Thema Hochsensibilität informieren und sie selbst für die Probleme, Schwierigkeiten und Bedürfnisse hochsensibler Kinder sensibilisieren.

Anzeichen für Hochsensibilität Ihres Kindes

Sie sollten Ihr Kind schon frühzeitig genauer beobachten. An verschiedenen Anzeichen können Sie erkennen, ob es hochsensibel ist:

- Ihr Kind wird bei zu viel Nähe, vor allem von fremden Menschen, nervös.

Am liebsten halten sich hochsensible Kinder in ihrem geschützten Umfeld auf. Sie mögen oft keine Gesellschaft oder Menschenmassen. Ist Ihr Kind in Gesellschaft eher still und schüchtern, kann das ein Zeichen für Hochsensibilität sein. Hochsensible Kinder verhalten sich oft ängstlich oder zurückgezogen. Ist eine Umgebung für Ihr Kind neu und ungewohnt, wird es nach Ihrer Nähe suchen. Von anderen wird Ihr Kind vielleicht als traurig, seltsam oder gar depressiv verstimmt wahrgenommen. Sind die Schulkameraden Ihres Kindes in der Freizeit gern mit Gleichaltrigen zusammen und zieht es Ihr Kind vor, zu Hause die Ruhe zu genießen, deutet das auf Hochsensibilität hin. Ihr Kind schreibt, bastelt oder beschäftigt sich vielleicht gern allein mit irgendwelchen Sachen.

- Nimmt Ihr Kind schnell Stimmungen wahr und hat es feine Antennen, kann es hochsensibel sein.

Als Eltern können Sie Ihrem Kind schlecht etwas vorspielen, da es wahrnimmt, was in Wirklichkeit los ist. Ihren Eltern fallen hochsensible Kinder oft durch ein starkes Einfühlungsvermögen auf. Für das Kind kann das ein hohes Maß an Stress bedeuten, da es nicht abschalten kann. Es nimmt permanent die Empfindungen von Menschen in seiner Nähe wahr.

- Ihr Kind hat einen starken Sinn für Gerechtigkeit.

Wird Ihr Kind selbst ungerecht behandelt oder merkt es, dass ein anderer ungerecht behandelt wird, kann es aufbrausend, wütend oder ungehalten reagieren. Es kann dadurch unangenehm auffallen.

- Bei lauten Geräuschen oder hektischen Fernsehsendungen kann Ihr Kind schnell gestresst sein.
- Ihr Kind beobachtet gerne und will Dinge verstehen.

Bei vielen Kindern geht Hochsensibilität mit Hochbegabung einher. Es gibt einen hohen Anteil hochbegabter Menschen, die gleichzeitig hochsensibel sind. Hochsensible Kinder sind umgekehrt oft auch hochbegabt. Im selben Moment können sich hochsensible Kinder von ihrer Umwelt überfordert und gleichzeitig vom fachlichen Lehrstoff unterfordert fühlen. Diese ungünstige Mischung kann schnell zu Verhaltensauffälligkeiten oder einem inneren Rückzug bei Ihrem Kind führen. In der Schule scheint Ihr Kind in solchen Momenten von der Lehrkraft kaum noch ansprechbar zu sein. Darunter leiden die Noten für die mündliche Mitarbeit.

- Zeigt Ihr Kind eine stark ausgeprägte Gewissenhaftigkeit, kann es hochsensibel sein. Schnell kann das zu Perfektionismus führen.
- Von vielen und zu schnell gestellten Fragen ist ein hochsensibles Kind manchmal so stark überfordert, dass es mit einem Wutausbruch oder anderem unangenehmem Verhalten darauf reagiert.

Manchmal können hochsensible Kinder schon bei einer kleinen Abweichung wütend und unglücklich reagieren.

- Ein Anzeichen von Hochsensibilität ist das häufige Bedürfnis Ihres Kindes nach kurzen Ruhepausen, damit es Kraft schöpfen kann.

Oft können sich hochsensible Kinder nicht so lange wie ihre Mitschüler konzentrieren. Im Unterricht kann Ihr Kind kaum Ruhepausen beanspruchen. Es kann der Lehrkraft durch Konzentrations- oder Lernschwierigkeiten auffallen.

- Wenn Ihr Kind Tiere mag und es von Tieren gemocht wird, kann das auf Hochsensibilität hindeuten.
- Ein ausgeprägtes Interesse oder eine Liebe zu Schönem wie Kunst oder Musik kann ein Zeichen von Hochsensibilität sein.
- Hochsensible Kinder spielen oft ausgesprochen fantasievoll. Sie sind schnell begeisterungsfähig und vielseitig interessiert.
- Häufiges Fragen nach dem Sinn eines Verhaltens oder einer Sache verblüfft die Erwachsenen.

Das Kind stellt präzise Fragen und zeichnet sich durch eine detailreiche Wahrnehmung aus. Es hat häufig ein ausgeprägtes Langzeitgedächtnis.

- Ist Ihr Kind überreizt, kann es launisch, ungehalten oder aufbrausend reagieren.

Solche Anzeichen machen sich schon in der Babyphase bemerkbar. Häufig sind solche Babys sogenannte Schreibabys. Zeigt ein Schüler ein für seine Außenwelt scheinbar grundloses aggressives Verhalten, wird er mit seinen Mitschülern und auch mit Lehrkräften Schwierigkeiten haben. Mitschüler wenden sich von ihm ab, während Lehrkräfte ein angepassteres Verhalten erwarten.

- Häufig sind hochsensible Kinder in das, was sie tun, versunken, als ob sie die Welt um sich herum für solche Momente ausschalten würden.

Mehrere Dinge gleichzeitig können hochsensible Kinder schnell überfordern, weshalb sich das Kind lieber eingehend mit einer Sache beschäftigt. Das Kind kann sich in der Schule gedanklich mit einem Thema beschäftigen, das für die Lehrkraft im Moment irrelevant ist. Lehrkräfte, die Hochsensibilität nicht erkennen, können hochsensible Kinder als Träumer einstufen.

Sind Sie verunsichert, da Ihr Kind solche Anzeichen zeigt, sollten Sie mit Ihrem Kind einen Kinder- und Jugendpsychologen konsultieren. Bei Schulpsychologen oder Erziehungsberatungsstellen bekommen Sie Hilfe. Damit Ihr Kind später keine Probleme bekommt, wenn die Hochsensibilität unentdeckt bleibt, sollte eine Abklärung erfolgen.

Kapitel 5.3: Hochsensibilität in der Schule

Die Maßnahmen zur Schaffung eines didaktischen Umfelds lassen sich zum Teil in der Schule umsetzen. Wird die Hochsensibilität Ihres Kindes frühzeitig erkannt, können Sie bereits, bevor Ihr Kind das Schulalter erreicht, die geeignete Schule auswählen. Sie haben dann bereits Gelegenheit, die Lehrkräfte kennenzulernen und mit ihnen ins Gespräch zu kommen. Erklären Sie den Lehrkräften, dass Ihr Kind hochsensibel ist. Machen Sie die Lehrkräfte auf eventuelle Schwierigkeiten im Alltag, aber auch unbedingt auf die Stärken und Fähigkeiten Ihres Kindes aufmerksam. Sagen Sie den Lehrkräften, was Sie sich vorstellen. Bei Gesprächen mit den Lehrkräften kann auch ein Schulpsychologe hinzugezogen werden.

Führen Sie sich als Eltern vor Augen, dass Ihr Kind in der Schule allein auf sich gestellt ist. Es wird mit äußeren Reizen konfrontiert und kann davon überflutet werden. Für Ihr Kind ist das nicht immer einfach. Es kommt mit vielen anderen Kindern, mit Lehrkräften und teilweise auch mit den Eltern anderer Kinder zusammen. Die Reize können Ihr Kind überfordern. Die Reaktionen Ihres Kindes sind unvorhersehbar. Sie können nicht eingreifen. Halten Sie einen guten Kontakt zu den Lehrkräften Ihres Kindes, damit Sie rechtzeitig informiert werden, was in der Schule passiert.

Ihr Kind muss die Probleme in der Schule ohne Sie bewältigen. Bereits bevor Ihr Kind zur Schule kommt, ist es pädagogisch notwendig, dass Sie es auf die neue Situation vorbereiten.

Machen Sie Ihrem Kind klar, dass es etwas ganz Besonderes ist. Klären Sie es über seine Besonderheiten auf. Das sollte selbstverständlich kindgerecht erfolgen. Sie könnten beispielsweise folgendermaßen vorgehen:

„Tilda, du bist etwas ganz Besonderes und wir haben dich lieb. Sicher hast du schon gemerkt, dass du in bestimmten Situationen weinen musst." Schildern Sie Ihrem Kind an dieser Stelle eine Situation, beispielsweise, als die Oma krank war, als das Lieblingskaninchen gestorben ist, als die Nachbarin ihren kleinen Sohn angeschrien hat und Ihr Kind lange damit beschäftigt war, die Situation zu verarbeiten. Es gibt sicher viele solcher Situationen, an die sich Ihr Kind erinnern kann und die Sie Ihrem Kind als Beispiel erläutern könnten. Sagen Sie Ihrem Kind, dass es durchaus richtig reagiert hat und dass es noch viele solcher Situationen im späteren Leben Ihres Kindes geben wird. Weisen Sie es auch darauf hin, dass es in der Schule häufig solche Situationen erleben wird.

Sagen Sie Ihrem Kind auch, dass es fein geschärfte Sinne hat, beispielsweise so: „Tilda, du siehst oder hörst manchmal etwas, was andere nicht wahrnehmen. Auch das ist eine gute Eigenschaft an dir. Das kann nicht jeder. In der Schule wird es häufig vorkommen, dass du etwas siehst oder hörst, was deinen Mitschülern oder vielleicht auch deiner Lehrerin verborgen bleibt. Da kann es passieren, dass die anderen vielleicht etwas neidisch auf dich sind und sich dann von dir abwenden. Denke aber immer daran, dass wir dich liebhaben und dass du deshalb genauso ein guter Mensch bist wie deine Mitschüler."

Sagen Sie Ihrem Kind auch, dass es von den vielen Reizen in einer Unterrichtsstunde überfordert sein kann und dann vielleicht nicht den gesamten Unterrichtsstoff versteht. Ermutigen Sie es, die Lehrerin anzusprechen und nachzufragen, wenn es etwas nicht verstanden haben sollte.

Weisen Sie Ihr Kind auch auf die Möglichkeit von Mobbing hin. Schildern Sie ihm das Problem kindgerecht. Sagen Sie ihm, dass es sicher emotional reagieren wird, wenn es mitbekommt, dass ein anderes Kind gemobbt wird. Ermutigen Sie Ihr Kind, dass es sich an die Lehrerin wenden soll, wenn es Mobbing bemerkt. Machen Sie ihm klar, dass dies kein Petzen ist, sondern dass es dem gemobbten Kind damit eine große Hilfe sein kann. So können Sie Ihr Kind frühzeitig zu Zivilcourage erziehen.

Haben Sie schon frühzeitig bei Ihrem Kind einen stark ausgeprägten Sinn für Gerechtigkeit bemerkt? Weisen Sie Ihr Kind darauf hin und erklären Sie ihm, dass das eine ganz besondere Gabe ist. Erklären Sie ihm, dass es vielmehr solcher Menschen geben müsste. Sie können Ihrem Kind beispielsweise wieder eine Situation schildern, die es bemerkt hat und bei der es entsprechend reagiert hat. Ihr Kind reagiert also richtig, wenn es sich an die Lehrerin oder an einen älteren Schüler wendet, dem es vertraut, wenn jemand ungerecht behandelt wird.

Behutsam sollten Sie Ihrem Kind erläutern, dass es auch selbst ein Opfer von Mobbing werden könnte. Das können Sie folgendermaßen machen: „Tilda, du möchtest, dass alle gut und gerecht behandelt werden. Schnell merkst du, wenn jemand falsch und ungerecht behandelt wird. Genauso kann es passieren, dass zu dir jemand böse ist oder dich ungerecht behandelt. Es kann auch passieren, dass derjenige, der zu dir böse ist, andere Kinder mit einbezieht und gegen dich aufhetzt. Du solltest dann sagen, dass du das nicht willst, und dich von den anderen abwenden. Schlage aber nicht zurück, denn dann kann alles nur noch schlimmer werden."

Ermutigen Sie Ihr Kind, zu Hause über solche Situationen zu sprechen. Sagen Sie auch, dass es die Lehrerin ansprechen sollte, wenn es von anderen gemobbt wird. Sie sollten Ihr Kind auch dazu anregen, neue Freundschaften zu schließen, und ihm verdeutlichen, dass es gemeinsam mit anderen stärker ist.

Geben Sie Ihrem Kind einfache, aber wirkungsvolle Techniken mit, damit es sich im Notfall selbst helfen kann. Dazu gehört eine aufrechte und selbstbewusste Körperhaltung. In einfachen Rollenspielen können Sie solche Situationen durchspielen und Ihr Kind mit den richtigen Reaktionen darauf vorbereiten. Solche wirkungsvollen Techniken sind beispielsweise:

- den Angreifenden in die Augen sehen und sagen „Hört damit auf", dann weggehen
- verwirrende Bemerkungen wie „Meinst du wirklich?"
- klare Ich-Botschaften vermitteln wie „Ich will nicht, dass ihr mich angreift", „Ich will nicht, dass ihr sowas zu mir sagt", „Ich will nicht, dass ihr mich schlagt oder tretet"

Machen Sie Ihrem Kind klar, dass es nicht zurückschlagen oder zurücktreten soll. Das macht alles nur noch schlimmer und ist nicht wirkungsvoll. Hochsensible Kinder haben es oft schwer, sich zu wehren. Es ist daher völlig verkehrt, ihm zu sagen, dass es sich wehren soll.

Selbstbehauptungskurse werden bereits für Kinder ab sechs Jahren angeboten. Sie sollten sich im Internet darüber informieren oder einen Kinderpsychologen danach fragen. Da Ihr Kind dabei auf andere Kinder trifft, die vielleicht ebenfalls hochsensibel sind, hat es die Gelegenheit, neue Freunde zu finden.

Schaffen Sie zu Hause eine vertrauensvolle Atmosphäre und machen Sie Ihrem Kind klar, dass Sie immer da sind, wenn es Sorgen, Ängste oder Probleme hat. Bedrängen Sie Ihr Kind nicht mit Fragen, wie der Tag in der Schule gelaufen ist und ob Probleme aufgetreten sind. Zeigen Sie Vertrauen und Interesse, wird Ihr Kind Fragen zu verschiedenen Sachverhalten und Dingen stellen. Seien Sie geduldig und beantworten Sie die Fragen. Ihr Kind wird dann auch zu Ihnen kommen und mit Ihnen über seine Ängste und Probleme sprechen. Es wird Ihnen auch besondere Situationen in der Schule schildern.

In der Schule ist es auch möglich, dass Ihr Kind eine schnelle Auffassungsgabe hat und Aufgaben gewissenhaft, aber trotzdem schnell erledigt. Vielleicht haben Sie das schon festgestellt, als Ihr Kind in die Vorschule kam. Es ist daher möglich, dass es sich langweilt, wenn es schon fertig ist und die anderen noch mit den Aufgaben beschäftigt sind. Ihr Kind möchte gefordert werden, wenn es hochbegabt ist und eine schnelle Auffassungsgabe hat. Weisen Sie die Lehrkraft darauf hin. Die Lehrkraft kann Ihrem Kind beispielsweise Sonderaufgaben erteilen. Ihr Kind könnte, wenn es bereits lesen kann, in einem Schulbuch lesen, während die anderen noch ihre Aufgaben erledigen. Sprechen Sie mit der Lehrkraft darüber.

Ebenso kann es passieren, dass Ihr Kind von den vielen Reizen in der Schule überfordert ist und dann einfach abschaltet. Das liegt darin, dass es Ruhepausen benötigt, um sich von den Reizen zu erholen. Die Lehrkraft sollte darauf Rücksicht nehmen und es dann nicht noch fragen, da es schnell vor den Mitschülern als Träumer oder gar als Dummkopf dasteht. Hat Ihr Kind eine schnelle Auffassungsgabe, kann es das kurzzeitig Versäumte schnell wieder aufholen.

Kapitel 6: Hochsensibilität – Positiv gesehen

Für viele hochsensible Menschen und deren soziales Umfeld mit Familie, Freunden und Kollegen kann die Hochsensibilität eine Belastung darstellen. Es kommt jedoch auf den richtigen Umgang mit der Hochsensibilität an. Sind Sie selbst oder Ihre Kinder hochsensibel, können Sie Vorteile daraus ziehen, wenn Sie die Hochsensibilität richtig einzusetzen wissen. Vorteile können beim richtigen Umgang mit der Hochsensibilität auch für das soziale Umfeld dieser Menschen entstehen. Hochsensibilität ist eine Besonderheit, die häufig unterschätzt wird. Für einige Sinnesbereiche sind die Hochsensiblen empfindlicher. Situationen können sie anders spüren oder einschätzen als andere Menschen. Das kann von Vorteil sein, beispielsweise, wenn Kinder schneller auf Gefahren aufmerksam werden. Die Menschen nehmen ihre Umwelt intensiver wahr und denken oft tiefsinnig darüber nach. Das kann zu einem interessanten und erfüllten Leben führen.

Volkshochschulen bieten bereits Kurse zum Thema Hochsensibilität an. Es gibt auch Selbsthilfegruppen für Hochsensible oder für Eltern hochsensibler Kinder. Im Internet gibt es zahlreiche Webseiten, die sich mit diesem Thema beschäftigen.

Bernhard, der eine Selbsthilfegruppe für Hochsensible in Berlin organisiert, ist ein Beweis dafür, dass Hochsensibilität etwas Gutes sein kann. Er sagt von sich, dass er nicht besonders licht- und geräuschempfindlich ist. Er hat jedoch feine Antennen für die Gefühle anderer Menschen. Ist jemand wütend, spürt er das. Er spürt auch, dass dahinter eine Verletzung liegt. Bernhard erweist sich als ein guter Zuhörer. Er kümmert sich unter anderem um Obdachlose und einen stark übergewichtigen Mann, für den sein Übergewicht zur Behinderung geworden ist.

Selbst einige Psychologen und Psychotherapeuten behandeln ihre hochsensiblen Patienten falsch. Häufig erkennen sie nicht, dass die Patienten hochsensibel sind, und behandeln sie eher wegen Angststörungen oder dem Aufmerksamkeits-Defizit-Syndrom ADHS. Werden die hochsensiblen Patienten jedoch richtig behandelt, können die feinen, geschärften Sinne in die richtigen Bahnen gelenkt und zum Vorteil ausgenutzt werden.

Unternehmen können von ihren hochsensiblen Mitarbeitern auf verschiedene Weise profitieren. Mit ihren feinen Sinnen sind diese Menschen häufig besonders kreativ oder analytisch denkend. Sie hinterfragen Sachverhalte und gehen akribisch vor. Die hochsensiblen Mitarbeiter können in verschiedenen Bereichen entsprechend ihrer Begabung eingesetzt werden.

Kapitel 6.1: Umgang in der Schule

Hochsensible Kinder unterscheiden sich von der breiten Masse – und das ist gut so. In der Schule ecken diese Kinder häufig an, da sie anders sind. Das trifft auch auf hochbegabte Kinder zu, die meistens gleichzeitig hochsensibel sind. Für hochsensible Kinder gilt die Schulpflicht, so wie für alle anderen Kinder, doch als Eltern sollten Sie Ihr hochsensibles Kind nicht einfach so in die Schule schicken. Sie sollten die richtige Schule aussuchen, Ihr Kind darauf vorbereiten und mit den Lehrern darüber sprechen.

Schon längst ist der Gedanke überholt, dass hochsensible Kinder in der Schule mit der Realität konfrontiert werden und abstumpfen sollten. Das schadet den empfindsamen Kindern mehr als es ihnen nützt. Es grenzt schon an eine Verletzung von Körper und Geist eines Kindes, es auf diese Art abstumpfen und verbiegen zu wollen. Viel wichtiger ist daher, dass die Lehrer auf das hochsensible Kind abgestimmt sind. So können sie es fördern, auf es eingehen und versuchen, es zu verstehen. Als Eltern sind Sie dann auf dem besten Weg, Ihrem Kind eine erfolgreiche Zukunft zu sichern.

Machen Sie Ihrem Kind frühzeitig in kindgerechter Form deutlich, dass sein erweitertes Wahrnehmungsspektrum oftmals weit über das hinausreicht, was gleichaltrige Kinder wahrnehmen.

Die achtjährige Maja ist hochsensibel und liefert ein Beispiel dafür, wie der Umgang der Lehrer mit hochsensiblen Kindern klappen kann. Für Maja kann teilweise schon das Zwitschern der Vögel zu einer Belastung werden. In einer lauten Umgebung mit vielen Stimmen ist sie überfordert. Sie nimmt nicht gerne an Gruppenaktivitäten teil und hält sich nicht gerne in einer fremden Umgebung auf. Nicht alle hochsensiblen Kinder sind so wie Maja, denn Hochsensibilität ist völlig unterschiedlich ausgeprägt und wird von verschiedenen Faktoren beeinflusst.

Bereits im Kindergarten fiel Maja mit ihrer Hochsensibilität auf. Da sie gestresst war, benötigte sie jeden Nachmittag, wenn sie aus dem Kindergarten nach Hause kam, eine Verschnaufpause. Sie war blass, erschöpft und introvertiert.

Jetzt, da Maja in die Schule geht, ist es nicht anders. Wegen ihrer Andersartigkeit wird sie gehänselt, ausgelacht oder als Heulsuse bezeichnet. Da sie gekränkt ist, zieht sie sich dann gern ins Schneckenhaus zurück. Sie ist aber auch oft impulsiver und unruhiger, wenn sie Abweichungen vom Gewohnten bemerkt. Die Lehrer kamen zu Anfang gar nicht auf die Idee, dass sie hochsensibel sein könnte. Sie dachten an ADHS und bemerkten, dass sie sozial noch nicht reif genug für die Schule wäre. Erst nach langen Gesprächen und viel Aufklärungsarbeit klappt es mit Maja in der Schule besser.

Inzwischen haben die Lehrer entdeckt, dass Maja über ein großes Potential und eine besondere Gabe verfügt. Sie weisen darauf hin, dass sie zwischenmenschliche Feinheiten und andere Kleinigkeiten wahrnimmt, die den anderen entgehen. Maja bemüht sich um Gerechtigkeit und setzt sich für andere ein. Nicht nur die Lehrer, sondern auch teilweise ihre Mitschüler wissen ihre Vorsicht und Sorgfalt zu schätzen.

Hochsensible Kinder sind schon von vornherein diejenigen, die deutlich mehr Reize als Gleichaltrige, die nicht hochsensibel sind, verarbeiten müssen. Daher ist es wichtig, dass diese Kinder ihre Reize selbst dosieren und beeinflussen können. Kinder können die Intensität ihrer Erfahrungen zu Hause selbst steuern, beispielsweise, indem sie sich etwas anderes anziehen, wenn es ihnen zu warm oder zu kalt ist, oder indem sie sich beschäftigen, wenn es ihnen langweilig ist. Sind sie traurig oder fürchten sie sich, vertrauen sie sich einer Bezugsperson an.

Ein derart selbstbestimmtes Handeln ist in der Schule nicht möglich. Auch Situationen, in denen andere Kinder angegriffen oder ungerecht behandelt werden, gehen an hochsensiblen Kindern nicht vorüber. Nicht immer ist dann jemand da, dem sich Ihr Kind anvertrauen kann. Als Eltern können Sie Ihrem Kind helfen, indem Sie mindestens einmal in der Woche eine längere Zeit mit ihm verbringen und ihm Ihre ungeteilte Aufmerksamkeit widmen. Ihr Kind darf dabei nicht das Gefühl bekommen, dass Sie es erziehen oder ihm etwas beibringen wollen. Die Zeit sollte möglichst unstrukturiert sein, sodass sie das Kind genießen kann.

Ein geeignetes Umfeld kann Ihrem Kind in der Schule helfen. Das könnte folgendermaßen aussehen:

- Feinfühlige Lehrer, die auf Ihr Kind eingehen und es annehmen, wie es ist. Entsteht eine enge Bindung der Lehrer zu Ihrem Kind, wird Ihr Kind seine Lehrer gern mögen.
- Entschleunigung und Reizreduzierung durch eine entsprechende Lernumgebung, eigenes Lerntempo und die Möglichkeit, sich mit Kopfhörern gegen den Lärm abzuschotten
- Pausen und Ausgleich mit viel Bewegung und der Möglichkeit, dass das Kind den Raum für einige Minuten verlassen darf
- Vorbereitung auf unangenehme Situationen und Angebot von Alternativen. Kinder können langsam an schwierige Situationen herangeführt werden. Möchte das Kind nicht an einem Ausflug teilnehmen, darf es den Tag in der Parallelklasse verbringen. Auf Klassenfahrten kann das Kind während eines Gesprächs vorbereitet werden, wenn es keine großen Überraschungen mag.
- Stärken unterstützen. Um Streit zu schlichten, kann das Kind einen Mentor erhalten, der es unterstützt. Ist das Kind mit Aufgaben fertig, kann es beispielsweise zeichnen oder malen.

Den Schulalltag Ihres hochsensiblen Kindes können Sie mit dem geeigneten Umfeld zu Hause unterstützen. Vielen Kindern hilft ein langsamer und strukturierter Lebensrhythmus. Stress am Morgen sollten Sie vermeiden. Ihr Kind sollte ausgeschlafen sein und ein ausgewogenes Frühstück bekommen. Stress können Sie mit ruhigen Farben im Raum und bei der Kleidung entgegenwirken. Vielen hochsensiblen Kindern tun Rituale gut. Das können kleine Gebete, Jahreszeitentische oder Fantasiereisen sein. Zu Hause und in der Schule benötigt Ihr Kind eine ruhige und strukturierte Umgebung. So bleibt Platz für Kreativität und Detailgenauigkeit.

Am Nachmittag, wenn Ihr Kind aus der Schule kommt, sollten Sie Freizeitstress vermeiden. Das Kind benötigt genügend Zeit, damit es sich von der Schule erholen kann. An zwei Nachmittagen in der Woche kann das Kind Freunde treffen, während die anderen Nachmittage der Familie gehören. Stress vermeiden Sie auch mit einem reduzierten Medienkonsum.

Schaffen Sie einen Ausgleich für Ihr Kind. Sie sollten herausfinden, was Ihrem Kind Spaß macht. Das Kind sollte Erfolgserlebnisse verzeichnen können. Vermeiden Sie Kritik im Alltag. Malen kann für hochsensible Kinder eine gute Beschäftigung sein. Das Kind kann seine Kreativität ausleben und seinen Alltag sowie seine Erlebnisse in den Bildern verarbeiten. Mit viel Bewegung in der Natur schaffen Sie einen Ausgleich zur Überreizung. Gehen Sie mit Ihrem Kind in den Wald oder an einen anderen geeigneten Platz in der Natur.

Maja kommt durch Schaukeln ins Gleichgewicht. Sie liebt auch eine mit Kirschkernen gefüllte Tonne. Bei Stress zieht sie sich gern darin zurück und kann sich selbst intensiv spüren.

Aufgrund der Überstimulation von Reizen in der Schule sollte Ihr Kind zu Hause möglichst nicht noch mehr Reizen ausgesetzt werden. Auch Streit der Eltern sowie das Verhalten und die Gemütslage der Eltern können sich negativ auf das Kind auswirken. Schnell merkt es, wenn etwas zwischen den Eltern nicht stimmt. Für Ihr Kind stellt das eine große Belastung dar. Hochsensible Kinder nehmen sich alles zu Herzen. Lange können eine abschätzende Geste, ein abwertender Blick oder ein verletzendes Wort dem Kind zu schaffen machen. Das Kind kann das nicht einfach so wie andere Kinder oder Erwachsene abschütteln.

Den Eltern des neunjährigen Julian wurde sogar schon ein Medikament empfohlen (Ritalin), damit er in der Schule wieder besser funktionieren sollte. Bei seinem Verhalten, das von den Lehrern von weinerlich bis bockig eingestuft wurde, dachten die Lehrer und der Schulpsychologe zuerst an ADHS. Zum Glück haben die Eltern das abgelehnt und einen Kinderpsychologen konsultiert, der sich Zeit für sie und für Julian genommen hat. Wichtig ist es, die Hochsensibilität in ihrer Vielfalt an Facetten zu verstehen. Alle Kinder sind gefühlvolle Wesen, doch einige von ihnen sind etwas sensibler, so wie Maja und Julian.

Da sich hochsensible Kinder wie Maja oder Julian in Gruppen oft nicht wohlfühlen, werden sie teilweise als autistisch eingestuft. Hochsensibilität ist jedoch nicht mit Autismus zu verwechseln.

Wird die Hochsensibilität Ihres Kindes nicht erkannt und wird Ihr Kind als mäklig, schwierig oder zickig abgestempelt, kann das zu ziemlichen Schwierigkeiten und Unannehmlichkeiten im Leben führen. Seinen Wahrnehmungsstil kann das hochsensible Kind nicht selbst verändern. Aufgrund seines durchlässigen Filtersystems wird es weniger vor Reizüberflutung geschützt. Solche Kinder sind empfänglich für Soziales und Emotionales. Ihr Gefühlsleben ist extremer und reichhaltiger.

Es ist für hochsensible Kinder schwieriger als für diejenigen, die nicht hochsensibel sind, eine solide Selbstachtung zu entwickeln. Die Kinder müssen sich einerseits selbst treu bleiben, andererseits der Mehrheit anpassen. Um sich unter Gleichaltrigen nicht nur zu integrieren, sondern auch, um sich wohlzufühlen, brauchen hochsensible Kinder oft eine Art Coaching. Als Eltern können Sie die Selbstachtung fördern:

- Zeigen Sie Ihrem Kind, dass Sie es bedingungslos lieben.
- Üben Sie keine harte Kritik an Ihrem Kind und verletzen Sie es nicht im Zorn.
- Geben Sie sich als Eltern verständnisvoll und vertrauenswürdig. Halten Sie, was Sie Ihrem Kind versprechen.
- Sorgen Sie für Ihr eigenes Wohlbefinden und achten Sie auf Ihre eigene Sensibilität.
- Zeigen Sie Mitgefühl statt Mitleid und bieten Sie Ihrem Kind Hilfe zur Selbsthilfe an.
- Machen Sie Ihrem Kind seine Kompetenzen bewusst und fördern Sie sie.
- Wählen Sie geeignete Hobbys oder Sportarten für Ihr Kind aus, bei denen es besonders gut sein kann.

Kapitel 6.2: Privater Umgang

In der Schule, aber auch im privaten Bereich sind Vorbilder für hochsensible Kinder wichtig. Das größte Vorbild für Ihr hochsensibles Kind sind Sie als Eltern! Sie sollten nicht versuchen, Ihre eigenen Vorstellungen und Wünsche auf Ihr Kind zu projizieren. Vielmehr sollten Sie mit Ihrem Verhalten dafür sorgen, dass Ihr Kind Vertrauen zu Ihnen fast und bei Problemen jederzeit zu Ihnen kommen kann. Während sich Ihr Kind in der Schule von den vielen Reizen nicht zurückziehen kann, lässt sich die Reizüberflutung zu Hause im privaten Umfeld auf ein Minimum reduzieren. Das gelingt beispielsweise mit der richtigen Gestaltung des Wohnumfelds. Vermeiden Sie grelle oder abstrakte Farben und wählen Sie stattdessen sanftere Zimmerfarben. Ein fester Tagesablauf und kleine alltägliche Rituale wie ein Gedicht beim Frühstück können hilfreich sein.

Schaffen Sie zu Hause ein geeignetes Lernumfeld für Ihr Kind, damit es konzentriert und selbstständig seine Schulaufgaben erledigen kann. Am besten richten Sie einen solchen Lernplatz im Kinderzimmer bereits einige Wochen vor der Einschulung Ihres Kindes ein. So kann es sich bereits daran gewöhnen und auf die Schule vorbereiten. Sie sollten im Kinderzimmer darauf achten, dass Lern- und Spielbereich voneinander getrennt sind.

Kapitel 6.2.1: Der eigene Arbeitsplatz für hochsensible Kinder

Zu Hause sollten Sie für Ihr Kind das richtige Lernumfeld schaffen und ihm einen Arbeitsplatz einrichten. Der beste Ort dafür ist das Kinderzimmer. Sie sollten diesen Arbeitsplatz gemeinsam mit Ihrem Kind mehrere Wochen vor der Einschulung oder vor dem Start in das neue Schuljahr einrichten. Ihr Kind sollte den Arbeitsplatz nach seinen eigenen Wünschen mitgestalten. Lern- und Spielbereich sollten optisch voneinander getrennt sein. So kann sich Ihr Kind nicht durch sein Lieblingsspielzeug ablenken lassen. Helle Regale oder Zimmerpflanzen bilden einen schönen Sichtschutz. Konzentriertes Lernen wird durch helle Farben unterstützt. Eine perfekte Arbeitsumgebung für Ihr Kind schaffen Sie mit ergonomisch geformten Möbeln.

Um die Vorfreude und die Zuversicht auf den Schulbeginn zu fördern, sollten Sie den Lernbereich im Kinderzimmer rechtzeitig vor der Einschulung einrichten. Die Schule stellt eine neue Herausforderung für Ihr Kind dar. Ihr Kind muss nun methodisch lernen. Das kann mit dem passenden Lernplatz unterstützt werden. Auch wenn Grundschüler bei ihren Hausaufgaben die Bestätigung durch die Eltern suchen und Eltern ihren Kindern bei Problemen direkt helfen möchten, sollten Sie Ihr Kind von Anfang an daran gewöhnen, seine Hausaufgaben am eigenen Arbeitsplatz zu erledigen. Die Lernatmosphäre sollte ungestört sein. Störend können bei hochsensiblen Kindern auch zu viele gutgemeinte Hilfestellungen der Eltern sein. Am eigenen Lernplatz können sich Kinder besser konzentrieren und mehr Verantwortung für das Lernen übernehmen.

Ein Sichtschutz sollte Lern- und Spielbereich voneinander trennen. Um den Blick auf die verlockenden Spielkisten zu verhindern, sollten Sie Regale geschickt anordnen. Ihr Kind sollte jedoch nicht in seinem Lernbereich beengt sein. Als Sichtschutz können auch Zimmerpflanzen dienen. Sie verbessern das Raumklima, sind schallschluckend und fördern die Konzentration. Der Lernplatz kann auch gestalterisch mit anderen Farben vom übrigen Bereich des Kinderzimmers abgegrenzt werden. Eine helle Wandfarbe oder Blau- und Grüntöne eignen sich gut dafür.

Gutes Licht ist wichtig für eine optimale Lernatmosphäre. Am besten ist Tageslicht. Der Schreibtisch sollte möglichst seitlich zum Fenster platziert werden, damit Tageslicht von der Seite einfällt. Reicht das Tageslicht nicht aus, ist eine helle Beleuchtung wichtig, die flexibel ausgerichtet werden kann. Am besten sind LED-Leuchtmittel geeignet, die ein möglichst natürliches Farbspektrum abdecken. Die Lampe am Schreibtisch darf nicht zu heiß werden.

Hervorragend geeignet ist eine Tageslichtlampe, da sie eine angenehme Arbeitsatmosphäre schafft. Ihr Licht ist dem Sonnenlicht ähnlich.

Beim Kauf der Lernmöbel sollten Sie auf Ergonomie achten. Der Kinderschreibtisch sollte höhenverstellbar und ergonomisch sein. Er muss eine gesunde, aufrechte Sitzhaltung ermöglichen. Eine flache Tischplatte führt dazu, dass der Rücken über das Arbeitsmaterial gekrümmt ist. Die Wirbelsäule wird dadurch stark belastet. Das ist für die empfindliche Wirbelsäule, die sich noch im Wachstum befindet, absolut schädlich. Die Schreibtischplatte sollte neigbar sein, damit Ihr Kind daran besser lesen und schreiben kann und eine gesunde Haltung möglich ist. Beim Lesen ist eine geneigte Arbeitsfläche sinnvoll. Sie schont Augen und Rücken. Für eine ergonomische Kopfhaltung sollte die Neigung etwa 16 Grad betragen. Sie sollten auch darauf achten, dass Ihr Kind seine Arme auflegen kann. Der Winkel zwischen Ellenbogen und Oberarm sollte 90 Grad betragen.

Die Arbeitsfläche des Schreibtischs sollte eine Größe von 120 x 80 Zentimetern haben. Der Schreibtisch sollte in der Höhe verstellbar sein, also mit Ihrem Kind mitwachsen. Die richtige Höhe ist eingestellt, wenn Ihr Kind aufrecht am Schreibtisch sitzt und die Spitzen der Ellenbogen bei herabhängenden Armen zwei bis drei Zentimeter unter der Schreibtischkante enden.

Verschiedene Kinderschreibtische lassen sich erweitern, sodass auch noch Stauraum, beispielsweise für Bücher, vorhanden ist. Damit Ihr Kind seine Schulsachen verstauen kann, eignen sich mobile Container. Sie können unter den Schreibtisch geschoben werden.

Weiterhin kommt es auf den passenden Schreibtischstuhl für Ihr Kind an. Ihr Kind sollte aufrecht sitzen und beide Füße auf den Boden stellen können. Ober- und Unterschenkel sollten einen rechten Winkel zueinander bilden, wenn Ihr Kind die Füße flach auf den Boden stellt. Der Schreibtischstuhl muss eine aufrechte Sitzhaltung unterstützen und in der Höhe verstellbar sein. Nicht nur die Sitzhöhe, sondern auch die Rückenlehne sollte verstellbar sein. Auch die Sitztiefe und eine angenehme Polsterung sind wichtig, damit das Kind auch über mehrere Stunden bequem und entspannt sitzen kann. Der Schreibtischstuhl sollte, so wie der Schreibtisch, mit Ihrem Kind mitwachsen.

Qualität zahlt sich beim Kauf der Kindermöbel aus. Sie sollten nicht nur auf eine angenehme Optik und eine gute Verarbeitung achten. Auf der sicheren Seite sind Sie, wenn Sie auf Prüfsiegel achten, beispielsweise:

- TÜV Rheinland
- Ökotest
- Stiftung Warentest
- Blauer Umweltengel
- GS-Zeichen.

So können Sie sicher sein, dass Schreibtisch und Stuhl alle Anforderungen an Verarbeitung, Schadstofffreiheit und Ergonomie erfüllen.

Lassen es die Platzverhältnisse nicht zu, können Sie den Lernbereich für Ihr Kind auch im Wohnzimmer einrichten. Sie sollten dann aber ebenfalls auf Schreibtisch, Stuhl und Lichtverhältnisse achten. Es ist selbstverständlich, dass Ihr Kind auch dort ungestört arbeiten sollte.

Kapitel 7: Konzentrationstraining für hochsensible Kinder

Hochsensible Kinder können Schwierigkeiten haben, sich zu konzentrieren. Das liegt daran, dass sie viel zu viele Reize wahrnehmen. Auch wenn viele hochsensible Kinder gleichzeitig hochbegabt oder hochintelligent sind, schneiden sie oft schlechter in der Schule ab. Das liegt nicht an der mangelnden Intelligenz oder einem Mangel an Fleiß, sondern einfach daran, dass zu viele Reize auf sie einprasseln. Es fällt den Kindern schwer, sich über viele Stunden in der Schule zu konzentrieren und dem Unterricht zu folgen.

Als Eltern können Sie die Konzentration Ihrer Kinder fördern. Es geht darum, dass Ihre Kinder möglichst viel aus dem Unterricht mitnehmen können, auch wenn sie hochsensibel sind. Es gibt einige praktische Übungen für Kinder, mit denen die Konzentration trainiert werden kann. Das ist auch auf spielerische Weise möglich.

In der Schule ist Ihr Kind über mehrere Stunden zahlreichen Reizen ausgesetzt. Umso wichtiger sind daher Ruhepausen, die Sie Ihrem Kind gönnen sollten, wenn es nach Hause kommt. So kann es abschalten, die Reize verarbeiten und neue Kraft tanken.

Die Schule, vor allem die Tage kurz nach der Einschulung, stellen Ihr Kind vor eine neue Aufgabe. Einerseits freut es sich über den Imagegewinn, da es als Schulkind nun erwachsener erscheint als in der Zeit im Kindergarten. Andererseits nimmt es viele neue Reize wahr und muss womöglich auch noch mit Ermahnungen der Lehrer und Hänseleien der Mitschüler zurechtkommen. Vermeiden Sie unbedingt abfällige Bemerkungen über das Schulsystem oder den Schulalltag in Gegenwart des Kindes. Ihr Kind gewinnt dadurch eine negative Einstellung zur Schule.

Die Konzentration Ihres Kindes können Sie bereits fördern, indem Sie Ihr Kind gut auf die Schule vorbereiten. Dafür können Sie einiges tun:

- Erkunden Sie mit Ihrem Kind in den Sommerferien das Schulgelände. Das ist zumeist zu bestimmten Zeiten möglich.
- Setzen Sie sich dafür ein, dass Ihr Kind zusammen mit einem Freund aus dem Kindergarten in eine Klasse kommt.
- Lassen Sie im Kindergarten eine Beurteilung über die besonderen Wahrnehmungsfähigkeiten Ihres Kindes anfertigen und sprechen Sie mit der Lehrkraft darüber.
- Fragen Sie die Lehrkraft, ob zu Beginn kleine Auszeiten für Ihr Kind möglich sind.
- Fragen Sie nach, ob es in der Schule Strategien gegen Mobbing gibt.
- Halten Sie Kontakt mit der Lehrkraft und informieren Sie sich darüber, wie Ihr Kind den Schulalltag meistert.

Achten Sie darauf, dass Ihr Kind immer ausgeschlafen ist. So kommt es mit den verschiedenen Reizen besser zurecht. Vermeiden Sie auch anstrengende Freizeitaktivitäten wie Musikschule, Ballett oder andere Herausforderungen, die Ihrem Kind ein hohes Maß an Konzentration abverlangen.

In der Schule, gerade zu Beginn, können hochsensible Kinder einen langsamen Eindruck machen. Das liegt an der komplexeren Wahrnehmung. Das Wahrgenommene wird detaillierter und gewissenhafter verarbeitet. Hinter einem langsamen Schulanfänger kann sich ein intelligentes Kind verbergen.

Ein Abendritual kann eine gute Gelegenheit sein, um die vielen Eindrücke zu verarbeiten. Gleichzeitig kann es die Konzentration fördern, wenn Ihr Kind den Tag Revue passieren lässt und über seine positiven, aber auch negativen Erlebnisse erzählt.

Bereiten Sie verschiedene Ereignisse wie Ausflüge oder Klassenfahrten gut vor. Ihr Kind kann sich dann darauf freuen, da es weiß, was es erwartet. Überraschungen mögen hochsensible Kinder oft nicht. Bemühen Sie sich um Gespräche auf Augenhöhe und weisen Sie auch die Lehrkräfte darauf hin.

Die Konzentration können Sie auch mit einem Stresstraining fördern. Muten Sie Ihrem Kind nicht zu viel zu. Kommt Ihr Kind mit einem geringen Stresslevel gut zurecht, können Sie das Stresslevel langsam steigern. Loben Sie das Kind für seine Erfolge und Fortschritte. Auch Fantasiereisen oder Kinderyoga können zur Entspannung beitragen und die Konzentration Ihres Kindes fördern.

Konzentrationstraining gelingt schon mit einfachen Übungen oder Spielen, die dem Kind Spaß machen und seinem Alter entsprechen. Im Internet finden Sie viele solcher Übungen und Spiele. Kann das Kind seine ersten Erfolge verzeichnen, können Sie auch hier das Level steigern. Solche Konzentrationsspiele können beispielsweise Memory oder Rechenspiele sein.

Kapitel 8: Hochsensibilität – Handy und Co.

Geht es um hochsensible Kinder, wurde dem Handy noch keine große wissenschaftliche Beachtung geschenkt. Dabei wird es im digitalen Zeitalter immer wichtiger und hat längst Einzug in die Klassenzimmer gehalten, auch in den unteren Klassen. In einigen Studien wurde jedoch festgestellt, dass ein Handy keine gute Idee für hochsensible Kinder ist. Die Gefahr der Reizüberflutung ist damit akut. Eltern ermöglichen es damit auf zwanghafte Art und Weise, dass ihr Kind für unnötige Benachrichtigungen und Apps ständig erreichbar ist. Das Kind kann schnell überfordert und durch die zusätzlichen Reize in seiner Konzentration gestört werden.

Kinder oder Jugendliche sollten erst dann ein Handy bekommen, wenn sie sich darüber bewusst sind, dass es eine ständige starke Reizüberflutung darstellt und dass sie diese Überflutung aber selbst kontrollieren können.

Ein Handy kann für Kinder durchaus nützlich sein, beispielsweise, wenn Unterricht ausfällt oder die Eltern ihr Kind nicht wie vereinbart abholen können. Das Handy ist auch sinnvoll, wenn das Kind in einer bedrohlichen Situation Hilfe benötigt.

Es muss nicht gleich ein teures Smartphone sein. Nach einer allgemeinen pädagogischen Empfehlung sollten Kinder nicht vor dem neunten Lebensjahr ein Smartphone bekommen. Für die Jüngsten, darunter auch für Hochsensible, reicht ein Notfallhandy aus. Kinder können dann bei Gefahren ihre Kontaktpersonen informieren. Um immer die volle Kostenkontrolle zu haben, ist für kleinere Kinder ein Prepaid-Handy zu empfehlen. Ein Smartphone birgt auch die Gefahr von Datenmissbrauch. Statten Sie Ihr Kind mit einem Smartphone aus, sollten Sie altersgerechte begrenzte Handyzeiten festlegen und Apps auswählen, die Ihr Kind nutzen darf.

Sie sollten Ihrem Kind erst dann ein eigenes Smartphone kaufen, wenn Sie ihm die verschiedenen Funktionen Ihres Smartphones erklärt haben und Ihr Kind unter Aufsicht die ersten Erfahrungen gesammelt hat. Erklären Sie Ihrem Kind in diesem Zusammenhang auch die Gefahren von Cybermobbing. Ihr Kind sollte erst genügend Medienkompetenz entwickelt haben, bevor Sie ihm ein Smartphone mit vielen Funktionen kaufen. Ein internetfähiges Smartphone sollten hochsensible Kinder erst dann erhalten, wenn sie von der Grundschule an eine weiterführende Schule wechseln.

Schauen Sie nicht heimlich auf das Handy Ihres Kindes, da das einen Vertrauensbruch gegenüber Ihrem Kind darstellen kann. Sprechen Sie stattdessen mit Ihrem Kind über die Handynutzung und zeigen Sie gegenüber Ihrem Kind Interesse an Apps und Webseiten, die Ihr Kind nutzt. So wird Ihr Kind auch dann zu Ihnen kommen, wenn es Probleme hat oder gar Cybermobbing erlebt.

Ein Handy hat zwar Vorteile, da es zur Sicherheit Ihres Kindes dient und Ihr Kind sich über aktuelle Themen, über das Wetter und andere Dinge informieren kann. Es hat jedoch auch Nachteile. US-amerikanische Mediziner vom Cinncinnati Children's Hospital Medical Center haben festgestellt, dass die weiße Gehirnmasse von Kindern schrumpft, wenn sie mehr als eine Stunde lang auf den Bildschirm starren. Die weiße Gehirnmasse ist wichtig für die Entwicklung von Sprach- und Schreibfähigkeiten. Die Forscher werteten Scans der Gehirne von 47 Kindern im Alter von drei bis fünf Jahren aus. Die Gehirnstrukturen der Kinder, die sich länger als eine Stunde am Tag ohne ihre Eltern mit dem Handy beschäftigten, waren schlechter entwickelt als die von gleichaltrigen Kindern, die weniger mit ihren Handys beschäftigt waren.

Thomas Fischbach, Präsident des deutschen Kinder- und Jugendärzteverbands, empfiehlt, dass Kinder unter elf Jahren noch kein eigenes Smartphone bekommen sollten. Er weist darauf hin, dass das Gehirn einen solchen medialen Dauerbeschuss nicht mitmacht. Er sieht in Handy und Tablet einen Grund, warum Kinder immer häufiger an Konzentrationsschwäche leiden. Vielmehr sollten Eltern ihren Kindern beibringen, sich sinnvoll zu beschäftigen und zu spielen. Seiner Meinung nach reicht ein einfaches Handy, das nicht internetfähig ist, für Kinder vollkommen aus.

Kapitel 9: Hochsensibel – Der Test

Das Finale für die Eltern.

Ist Ihr Kind außerordentlich feinfühlig, muss es nicht abgehärtet werden. Das würde nur einen schwerwiegenden Eingriff in die Persönlichkeit Ihres Kindes bedeuten. An dieser Stelle können Sie als Eltern nun feststellen, ob Ihr Kind tatsächlich hochsensibel ist. Der ultimative Test wurde aus den verschiedensten Tests zusammengestellt. Vorlagen von Pädagogen und Therapeuten dienten als Grundlage. Sie erhalten mit diesem Test die finale Gewissheit, ob Ihr Kind hochsensibel ist und welche Art der Hochsensibilität bei Ihrem Kind vorliegt.

Hochsensible Kinder werden häufig missverstanden, da viele Menschen noch nichts über die Hochsensibilität wissen. Vor allem Erzieher und Lehrer stempeln das Kind schnell als schwierig, autistisch oder an ADHS leidend ab, wenn es anders ist als andere Kinder im gleichen Alter. Für viele Eltern ist es daher eine Erleichterung, wenn sie wissen, dass ihr feinfühliges Kind hochsensibel ist. Der Test bringt Ihnen Gewissheit.

Den Test über die Hochsensibilität können Sie online absolvieren. Beantworten Sie alle Fragen möglichst spontan und wahrheitsgemäß.

Haben Sie im Test festgestellt, dass Ihr Kind hochsensibel ist? Dann sollten Sie sich die Webseite des Autors anschauen. Sie finden dort hilfreiche Tipps zum Umgang mit hochsensiblen Kindern im Alltag. Neben dem Thema Hochsensibilität werden auch andere wichtige Themen über Kinder behandelt, beispielsweise die Sprachförderung von Kindern.

Résumé: Der Erwachsene achtet auf Taten, das Kind auf Liebe

Es wird nun Zeit, dass ich meinen Lesern für ihre Aufmerksamkeit danke.

Ich danke auch meiner Familie, den Therapeuten und den Logopäden, ohne deren intensive Hilfe dieses Buch nicht zustande gekommen wäre.

Hochsensibilität ist keine Krankheit und keine psychische Störung. Sie ist vielmehr ein Persönlichkeitsmerkmal, über das noch wenig bekannt ist. Hochsensibilität zeichnet sich durch ein feines Empfinden, Feinfühligkeit und geschärfte Sinne aus. Für hochsensible Menschen und deren Umfeld kann Hochsensibilität zum Problem werden, wenn sie nicht rechtzeitig erkannt wird. Sie kann jedoch für die Hochsensiblen selbst und für deren Umfeld vorteilhaft sein, wenn sie erkannt, gefördert und in die richtigen Bahnen gelenkt wird.

Umso wichtiger ist es daher, die Hochsensibilität so früh wie möglich zu erkennen und zu fördern. Mit dem richtigen Umfeld, strukturierten Tagesabläufen, genügend Ruhepausen für die Kinder, aber vor allem mit ganz viel Liebe können Eltern sehr viel tun, um ihren hochsensiblen Kindern den Weg in eine erfüllte und erfolgreiche Zukunft zu ebnen. Auf keinen Fall sollten Sie die Situation im Kindergarten oder in der Schule einfach so akzeptieren, wie sie ist. Sie sollten sich informieren, wie Ihr Kind dort entsprechend seiner Fähigkeiten und Begabungen gefördert werden kann. Auf keinen Fall darf Ihr Kind abgehärtet oder abgestumpft werden, denn das käme einer Verletzung seiner Persönlichkeit gleich.

Wie auch immer Sie sich die Zukunft Ihres Kindes vorstellen – es sollte eine Zukunft im Sinne Ihres Kindes sein. Auf diesem Planeten gibt es keine Eltern, die ihre Kinder unglücklich sehen wollen. Es ist daher umso wichtiger, dass Sie sich der Verantwortung Ihren Kindern und deren Zukunft gegenüber bewusst sind.

PUBERTÄT

Vorwort

Die Pubertät ist eine wunderbare Zeit. Das glauben Sie nicht? Dann haben Sie recht. Wobei: Ein bisschen wunderbar ist sie schon. Es kommt eben, wie so oft, auf den richtigen Umgang an. Das heißt, Sie haben es zu einem guten Teil selbst in der Hand, wie Sie und Ihr Kind oder Ihre Kinder durch die Pubertät kommen. Dieses Buch soll Ihnen dabei helfen, eine möglichst gute Figur zu machen.

Eines bietet Ihnen dieses Buch nicht: *Lösungen*. Aber halt! Bevor Sie jetzt die Flinte ins Korn und das Buch in den Papierkorb werfen, lesen Sie bitte noch einen Satz weiter: Dieses Buch bietet Ihnen *keine Lösungen*, weil die Pubertät *kein Problem ist* – die Pubertät ist vielmehr ein ganz normaler Vorgang innerhalb einer gesunden menschlichen Entwicklung. Sehen Sie die Pubertät als eine zeitweilige unruhige Wetterlage: Ihr Lebensschiff befindet sich auf hoher See, und eine Sturmflut droht. Die lässt sich nicht einfach durch bestimmte Gegenmaßnahmen wegzaubern, aber man kann sie aushalten und gut überstehen.

Kleine Kinder werden oft mit neugierigen Fragen in Verbindung gebracht, die bei erwachsenen Menschen mitunter für Belustigung (oder Überforderung) sorgen. *„Wieso, weshalb, warum – wer nicht fragt, bleibt dumm!"*, lautet schon das Motto einer beliebten Kindersendung. Aber glauben Sie mir: Die wirklich harten Fragen stellen Ihnen nicht die kleinen Stumpen mit ihren verschmierten Mündern und roten Bäckchen. Die wirklich harten Fragen gibt es erst in der Pubertät.

Wenn Ihre Kinder mit dem Pubertieren anfangen, ist in Sachen Fragen Schluss mit lustig. Dann heißt es: Ab ins dunkle Zimmer, auf den harten Stuhl, Lampe an und los geht's – das peinlich genaue Verhör hat begonnen. Jedenfalls werden Sie sich mitunter so fühlen, wie ein ertappter Krimineller auf dem heißen Stuhl, wenn Sie von Ihren Kindern mit den Themen konfrontiert werden, die jetzt plötzlich interessant werden. Mit Blumen und Bienen kommen sie da nicht weit, der Klapperstorch legt einen bühnenreifen Absturz hin und auch sonst geht es jetzt richtig ans Eingemachte. Ihr Kind will das Leben und sich selbst verstehen – und Sie sollen plötzlich Dolmetscher und Erklärbär sein.

Wenn es so kommt, ist das ein gutes Zeichen. Und eine einmalige Chance – für Sie: Ihr Kind bietet Ihnen mit diesen Fragen an, Teil seiner pubertären Entwicklung zu werden. Das ist ein Angebot, das Sie zwar ablehnen können, aber unbedingt annehmen sollten. Es ist der Schlüssel zum Leben Ihres Kindes. Wenn Sie ihn annehmen, ins Schloss stecken und umdrehen, dann stellen Sie damit die Weichen für Ihr weiteres Verhältnis – vielleicht für viele Jahre. In der Pubertät kann viel zu Bruch gehen – aber auch sehr viel aufgebaut werden.

Es liegt an Ihnen! Deshalb sollten Sie bereit sein. Auf die Fragen. Auf viele und auf unangenehme Fragen. Auf Verhalten, das Ihnen widersprüchlich und irrational scheint. Seien Sie bereit und zeigen Sie sich offen – und wehren Sie Ihr Kind auf keinen Fall ab. Dieses Buch soll Ihnen dabei helfen.

Denn auch wenn es so aussieht: Eigentlich will Ihr Kind Sie gar nicht loswerden. Ich kenne es aus höchsteigener Anschauung, aus eigener Erfahrung und von nahezu allen betroffenen Freunden und Bekannten: Die Kinder wünschen sich Ihre Eltern als Gesprächspartner und Vertrauenspersonen auf Augenhöhe. Mit Verständnis für ihre Themen. Und mit einem rundum offenen Wort, gerade auch zu pikanten Themen. Und genau da tun sich viele Eltern schwer.

Aber bedenken Sie: Wenn Ihr Kind Sie nicht fragen kann, dann wird es jemand anderen fragen. Und Sie ahnen schon: Das werden nicht immer die besten Vorbilder sein. Vielleicht ist es dann plötzlich der coolste Typ an der Schule, der sich lässig in der großen Pause einen Joint dreht, an harten Getränken nuckelt, Hausaufgaben aus Prinzip unerledigt lässt und womöglich bald seine ersten Alimente zahlen muss. Da ist es doch besser, Ihr Kind fragt Sie, oder? Dann sollten Sie aber auch Antworten parat haben. Gute Antworten.

Und genau darum geht es in diesem Buch: um Fragen. Und um Antworten. Zeitgemäß und auf den Punkt gebracht. Es ist nicht das erste Buch zu diesem Thema, und wird aller Voraussicht nach auch nicht das letzte sein. Aber es ist trotzdem ein besonderes

Buch, wenn ich das ganz unbescheiden sagen darf: Wir gehen hier mit gutem Beispiel voran. Und wir tun genau das, was in der Pubertät angebracht ist: Wir sparen die unangenehmen Details nicht aus, sondern nennen sie beim Namen.

Wir halten uns fern von alten Klischees und bleiben dicht am Puls der Zeit: Wir sprechen über die Themen, die Kinder wirklich interessieren und die sonst gerne ausgelassen oder allzu knapp behandelt werden. Wir knacken die Tabus! Hier geht's um Pornos, um Killerspiele und um Instagram! Wir zeigen, was hinter den trendigen Schlagwörtern steckt und machen Eltern fit für den Umgang mit den richtig heißen Eisen.

Auch wenn hier Eltern mit Eltern reden: Wir wollen keineswegs unter uns bleiben. Auch die Kinder dürfen gerne einen Blick riskieren. Es kann ja schließlich nichts schaden, wenn die Kids wissen, was die Alten so über sie denken, nicht wahr? In diesem Buch stehen auch keine Geheimnisse, sondern Dinge, die eigentlich jeder wissen könnte – die aber oft nicht wahrgenommen werden.

Also los: Lassen Sie uns der Pubertät den Zahn ziehen – und wenn es sein muss, auch mehrere. Wir schaffen das! Oder, um genau zu sein: Ich habe es schon geschafft. Und Sie schaffen das auch. Ich verrate Ihnen jetzt nämlich, wie Sie das anstellen. Es ist nicht leicht und auch nicht schwer – es ist nur eine Frage der richtigen Methode.

Kapitel 1: Pubertät verstehen

Ein weiser Mensch hat einmal gesagt: Man hat sich ein Kind angeschafft, weil man ein Kind wollte. Und dann hat man plötzlich einen Menschen am Hals. Keine Frage – so spricht nur jemand, der mit seinem Nachwuchs durch die Freuden der Pubertät gegangen ist. Wobei der überaus kluge Satz des niederländischen Biologen Midas Dekkers eigentlich sogar eine Untertreibung ist, denn in der Pubertät wird aus Ihrem Kind nicht nur ein Mensch, sondern gleich viele. Und diese vielen Menschen unterscheiden sich untereinander bisweilen ganz gehörig – von Tag zu Tag und manchmal sogar von Augenblick zu Augenblick.

Manchmal treten diese vielen unterschiedlichen Menschen in Gruppen auf, und Sie wissen gar nicht, wie Sie gegen das Geschrei ankommen sollen. Es hilft nicht, dagegen anzuschreien. Sie müssen die Sache anders angehen. Sie sind ein Fußballtrainer oder ein Filmregisseur, der es mit vielen Superstars zu tun hat. Und es geht vor allem darum, dass Sie diese bei Laune halten und in die richtigen Bahnen lenken. Sie müssen sie dazu bringen, die Spielregeln oder das Drehbuch zu beachten. Wenn Sie den Code erst einmal geknackt haben, ist das Ganze gar nicht mehr so schwer.

Der wichtigste Ansatz zum Verständnis der Pubertät ist dieser: keine Angst! Die Pubertät wird oft größer gemacht, als sie ist. Junge Eltern fürchten den Mythos, ältere verdrängen ihn und wollen nicht daran erinnert werden. Beides ist übertrieben – und eigentlich auch falsch. Wenn ich von mir ausgehe, dann wünsche ich mir die Pubertät nicht zurück – weder meine eigene noch die meiner Kinder. Aber es ist auch nicht so, dass ich nur unter Schrecken daran denke.

Im Gegenteil: Die Pubertät birgt einige sehr schöne Erinnerungen. Es war die Zeit, in der meine Kinder endgültig von meinem Arm gesprungen sind und sich zu mir auf die Couch gesetzt haben – als interessante Persönlichkeiten und als spannende Gesprächspartner.

Dazu ist es einerseits notwendig, dass Sie sich mit Ihrem Kind ganz neu auseinandersetzen. Andererseits ist dieser Prozess aber auch so lohnend wie nie zuvor.

Vielleicht hilft es, wenn Sie sich die Pubertät als eine Art zweite Geburt vorstellen: Natürlich ist sie mit Schmerzen verbunden, das lässt sich nicht vermeiden. Aber welche Mutter wird am Ende an die Schmerzen denken, wenn sie ihr neugeborenes Kind im Arm hält? Auch die Pubertät ist mit solchen Geburtswehen vergleichbar. Am Ende haben Sie aber Ihr Kind auf ganz neue Weise gewonnen – wenn Sie sich als Geburtshelfer bewähren.

Warum aber ist diese zweite Geburt Ihres Kindes überhaupt nötig? Hätte das ganze Prozedere nicht auch einmal vollkommen ausgereicht? Haben wir hier vielleicht wieder einen Fehler der Natur entdeckt?

Nein, so ist es nicht: Die Pubertät hat ihren guten Sinn. Zunächst einmal zeigt sie den Übergang vom Kindsein zum Erwachsensein an. Biologisch ausgedrückt: Ihr Kind ist jetzt fortpflanzungsfähig. Herzlichen Glückwunsch!

Hallo? Sind Sie noch da? Oder schon vor Schreck vom Stuhl gefallen? Was meinen Sie? So früh wollten Sie keine Enkel? Das kann ich verstehen – wir haben uns da auch lieber ein bisschen Zeit gelassen. Aber keine Sorge: Nur, weil die Möglichkeit vorhanden ist, muss diese ja nicht gleich genutzt werden. Aber auch deshalb ist es wichtig, dass Sie und Ihr Kind lernen, mit dieser neuen Situation richtig umzugehen. Sonst passieren womöglich Dinge, die niemand will.

Das Thema Fruchtbarkeit betrifft überdies nicht nur die Fortpflanzung. Auch in anderer Hinsicht ist die Pubertät eine entscheidende Phase, die große Auswirkungen auf das weitere Leben Ihrer Kinder hat. Während Sandkastenfreunde aus der Kinderzeit oft an Bedeutung verlieren, werden in der Pubertät Bande geknüpft, die häufig ein Leben lang anhalten. Es ist wissenschaftlich belegt, dass die meisten engen Kontakte von Erwachsenen ihre Wurzeln in der Jugendzeit haben.

Aus evolutionsbiologischer Sicht ist das Gehirn von Kindern in der Pubertät eine Baustelle. Besser: eine Großbaustelle. Überall liegen aufgeschüttete Sandhaufen, sind erste Fundamente zu sehen und beginnende Rohbauten. Das Besondere an dieser Baustelle: Es ist noch nicht endgültig entschieden, welche Art Gebäude hier errichtet werden soll. Es streiten sich noch verschiedene Architekten um die Anerkennung ihrer Baupläne. Fast alles ist möglich – aber wenn der Bau erst einmal Gestalt annimmt, dann ist schwer, sehr schwer, ihn noch umzuformen.

Deshalb sollten Sie Ihren Einfluss auf die Planung und das Baugeschehen rechtzeitig geltend machen. Dabei ist aber auch wichtig, dass Sie nicht auf Teufel komm raus Ihre eigenen Vorstellungen verwirklichen möchten, sondern erkennen, welche Ressourcen Ihr Kind auf seiner Baustelle besitzt und welche Strukturen sich am besten daraus errichten lassen. Stellen Sie sich ein großes LEGO-Set vor, zu dem Ihnen die Bauanleitung fehlt. Natürlich können Sie diese aus dem Internet laden, aber dafür müssen Sie zunächst einmal feststellen, um welches Modell es sich handelt. Also studieren Sie die einzelnen Teile und kommen so der Sache auf die Spur.

Die Veranlagungen und Begabungen Ihres Kindes können Sie nicht ändern. Aber die Pubertät ist der richtige Zeitpunkt, um diese zu erkennen und zu fördern. Schubsen Sie Ihr Kind nicht an eine Stelle, an der Sie es gerne sähen, sondern helfen Sie ihm dabei, seinen Platz im Leben zu finden!

Machen Sie sich vor allem klar, dass Ihr Kind während der Pubertät unter ungeheurem Druck steht! Auf die Phase der schützenden Geborgenheit bei den Eltern folgt plötzlich und verhältnismäßig schnell die völlig fremde Situation der Selbstversorgung. Natürlich bekommt Ihr Kind bei Ihnen noch Unterkunft und Verpflegung, aber darum geht es nicht.

Ihr Kind gewinnt plötzlich die Kontrolle über neue Fähigkeiten, die zwar für Erwachsene selbstverständlich sein mögen, einen jungen Menschen aber vor eine echte Herausforderung stellen. Gleichzeitig aber befinden sich junge Menschen auch auf der Höhe ihrer Leistungsfähigkeit. Sie sind kreativ und aufnahmebereit – und hungrig nach neuen Einflüssen und Veränderungen.

Gleichzeitig ist die Pubertät mit ihrem hohen Maß an Sensibilität und Aufnahmebereitschaft auch eine gefährliche Phase. Denn natürlich können es auch die falschen Reize, Impulse und Einflüsse sein, die sich Kinder zu eigen machen. Das geschieht vor allem dann, wenn sie in ihrem eigenen Familienverband nicht die nötige Unterstützung bekommen. Dann werden Ersatzlösungen gesucht, oft manifestiert sich der Betätigungshunger der Jugendlichen dann in übersteigertem Konsum.

Gibt es allerdings die notwendige Orientierung und Förderung, dann kann die Pubertät aus Kindern Superhelden machen – oder zumindest sehr wertvolle Erwachsene.

Sie sehen also: Die sich anbahnende Pubertät ist kein Grund zur Sorge – und erst recht nicht zu Angst und Schrecken. Die Pubertät ist eine Chance – für Ihr Kind und auch für Sie. Am Ende dieses Buches werden Sie wissen, wie Sie diese Chance nutzen können.

Kapitel 1.1: Pubertät – allgemeine Anzeichen der Anbahnung

Beim Fußball sind es die einlaufenden Mannschaften, auf einem Konzert die Musiker, die die Bühne betreten, beim Film der Vorspann, bei schlechtem Wetter die aufziehenden Wolken und so weiter. In vielen Fällen gibt es Anzeichen, dass eine bestimmte Sache bald beginnt.

Bei der Pubertät verhält es sich ganz ähnlich: Zwar kommt sie schneller, als so manchen Eltern lieb ist, aber nie gänzlich unerwartet. Dabei ist die rechtzeitige Entdeckung der entsprechenden Anzeichen äußerst wichtig und entscheidend für eine erfolgreiche Bewältigung dieser so immens wichtigen Lebensphase.

Ein ganz einfaches Beispiel aus dem Alltag kann das verdeutlichen: Wenn Sie die Regenwolken am Himmel übersehen und ohne Regenschirm aus dem Haus gehen, dann kann Ihnen ein Regenguss ziemlich den Tag versauen – oder Sie zumindest gehörig ausbremsen. Haben Sie dagegen die Zeichen am Himmel beizeiten erkannt und einen Schirm sowie die passende Kleidung ausgewählt, dann wird Sie auch andauernder Regen nicht von Ihrem Weg abhalten.

Wir werden in späteren Kapiteln noch genauer auf die Anzeichen der Pubertät eingehen, deshalb geben wir hier nur einen kurzen Überblick: Wichtig ist zu wissen, dass die Signale einer sich anbahnenden Pubertät bei Jungen und Mädchen zumindest teilweise verschieden ausfallen und sich vor allem an keinen Zeitplan halten. Ihre Kinder dürfen sich keinesfalls mit ihren Altersgenossen vergleichen und daraus einen Gradmesser für Norm und Soll ableiten!

Ein fixes Alter gibt es bei beiden Geschlechtern nicht. Ein gutes Indiz für die beginnende Pubertät sind auffällige Wachstumsschübe bei Jungen und Mädchen. Weil dieses schnelle und plötzliche Wachstum oft mit Schmerzen verbunden sind, sind die betroffenen Kinder in dieser Zeit mitunter scheinbar grundlos unleidlich und reizbar.

Bei Mädchen äußert sich das Wachstum in weiblicheren Formen, einem runderen, fülligeren Becken, das keineswegs unbedingt etwas mit unbotmäßiger Gewichtszunahme zu tun haben muss – ein wichtiger Punkt, den manche Eltern ihrer Tochter besonders nachdrücklich bewusst machen müssen, um Komplexe zu vermeiden. Auch entwickeln sich die Brüste und die Schambehaarung, was für viele Mädchen ebenfalls zunächst problematisch ist. Die einschneidendste Veränderung bei Mädchen ist aber sicher der Beginn der Periode – hier sind vonseiten der Eltern besonders viel Verständnis und Einfühlungsvermögen gefragt. Es versteht sich von selbst, dass in diesem Fall vor allem die Mutter als Ansprechpartnerin dient.

Bei Jungen verändert sich das Gesicht, was in der Pubertät vorübergehend zu verschobenen Proportionen führen kann. Das kann für die Betroffenen problematisch sein, ist aber ganz normal und geht vorüber. Akne und Pickel können diese Probleme noch verstärken. Mit der Ausbildung des Kehlkopfes beginnt auch der Stimmbruch, was ebenfalls ungewohnt ist. Während sich die Geschlechtsorgane eher langsam entwickeln, wächst bereits das Schamhaar – und es kommt zu ersten Erektionen und Samenergüssen, was die Jungen vor große Probleme stellen kann. Auch hier liegt es in der Natur der Sache, dass der Vater eher Ansprechpartner ist als die Mutter.

Neben den äußerlich sichtbaren körperlichen Veränderungen ist aber auch immer – und vor allem – die Psyche betroffen. Diese psychischen Veränderungen sind es, die die Pubertät oft so heimtückisch und unberechenbar machen. Wenn ihre Tochter plötzlich ihr Verhalten signifikant ändert, immer wieder zickig reagiert oder völlig überdreht und aufgekratzt ist oder sich eben auch ganz in sich zurückzieht, dann ist auch dieses Verhalten ein Zeichen für die beginnende Pubertät.

Jungen werden in den meisten Fällen nicht zickig (auch wenn es natürlich Ausnahmen geben kann), sondern ziehen sich in ihre eigene Welt zurück und werden einsilbig. Sie sehen sich als einsamer Wolf, der sich von den Eltern abnabelt und seinen eigenen Weg geht. Aus eigener Erfahrung kann ich Ihnen versichern, dass es eine ganz schöne Herausforderung ist, in dieser Phase noch einen Zugang zu einem pubertierenden Jungen zu finden. Auch das ist aber ganz normal und nicht weiter schlimm. Nur wenn Ihr Kind Ihnen vorrangig traurig und wehmütig erscheint, sollten Sie handeln.

Kapitel 1.2: Formen der verfrühten Pubertät

Wenn Sie beim Lesen der Kapitelüberschrift mit der Stirn gerunzelt haben, dann sind Sie mit dieser Überraschung nicht allein. Tatsächlich ist die verfrühte Pubertät ein weitgehend unbekanntes Thema. Kaum jemand abseits der Fachwelt hat von ihr gehört oder sich mit ihr beschäftigt. Auch in den Massenmedien führt sie ein weitgehend unbeachtetes Nischendasein.

In der Realität aber ist die verführte Pubertät immer häufiger ein Thema, und Statistiken weisen unmissverständlich aus, dass Ihre Bedeutung für die Gesellschaft weiter zunimmt. Natürlich müssen Sie selbst nicht zwangsläufig damit in Berührung kommen, aber es kann sicher nichts schaden, wenn Sie sich schon einmal mit dieser besonderen Variante der Pubertät beschäftigt haben. Schließlich ist trotz allem nicht völlig auszuschließen, dass Ihr Kind davon betroffen sein wird - und je besser Sie Bescheid wissen, desto souveräner können Sie auch damit umgehen.

Von einer verfrühten Pubertät spricht man, wenn die sexuelle Reife bei einem Jungen vor dem 9. Lebensjahr und bei einem Mädchen vor dem 8. Lebensjahr einsetzt. Die jeweiligen Ursachen können nicht immer festgestellt werden, oft liegt aber ein Tumor zugrunde. Eine genaue Diagnose ist nur mittels Röntgenaufnahmen und Blutuntersuchungen möglich. Da es sich bei der verfrühten Pubertät unter Umständen um die Auswirkung einer ernst zu nehmenden Erkrankung handeln kann, sollten Sie mit Ihrem Kind rechtzeitig einen Arzt aufsuchen. Eine Behandlung ist in vielen Fällen nötig und auch möglich, je nach Art der verfrühten Pubertät kann sogar eine Hormontherapie verordnet werden.

Bei der verfrühten Pubertät wird im Allgemeinen zwischen drei Formen unterschieden, die ich Ihnen nachfolgend genauer vorstellen möchte.

Kapitel 1.2.1: Zentrale Pubertät

Die zentral ausgelöste Pubertät ist die verbreitetste Form einer verfrühten Pubertät. Sie tritt bei Mädchen häufiger auf als bei Jungen.

Schuld daran hat die sogenannte Hirnanhangdrüse. Wenn Sie nicht gerade Medizin studiert haben, dann haben Sie von dieser wahrscheinlich noch nie gehört. Und eigentlich wäre das komische Ding für uns auch völlig uninteressant. Wenn Ihr Kind aber das Pech hat und ausgerechnet ein besonders fleißiges Exemplar erwischt hat, einen Hirnanhangdrüsen-Workaholic sozusagen, dann kann das Stress bedeuten, weil nämlich bestimmte Geschlechtshormone viel früher ausgeschüttet werden, als es eigentlich geplant ist. Diese Hormone wiederum bewirken eine frühzeitige Reifung von Eierstöcken (bei Mädchen) oder Hoden (bei Jungen).

Wichtig an dieser Stelle ist unbedingt der Hinweis, dass der enorme Wachstumsschub einer zentralen Pubertät nicht immer Teil einer natürlichen Entwicklung sein muss, sondern im Gegenteil auf ernsthafte Erkrankungen hinweisen kann! So kann sich zum Beispiel ein Tumor auf diese Weise bemerkbar machen. Um hier keine Fragen offenzulassen, ist ein Besuch beim Arzt unumgänglich. Über die allseits beliebte Recherche im Internet werden Sie jedenfalls über derartige Fragen keine hundertprozentige Gewissheit gewinnen.

Aber bitte beunruhigen Sie sich nicht: In den meisten Fällen wird Ihr Arzt für die frühzeitige Ausschüttung von Hormonen keine Ursache finden. Ein Tumor ist die Ausnahme, nicht die Regel. Aber je früher eine solche Ausnahme erkannt wird, desto höher ist die Chance auf Heilung.

Kapitel 1.2.2: Periphere Pubertät

Die periphere Pubertät soll hier der Vollständigkeit halber Erwähnung finden, obwohl sie in der Praxis sehr selten auftritt. Bei der peripheren Pubertät ist es nicht die bereits vorgestellte Hirnanhangdrüse, die es mit ihrer Arbeit übertreibt, sondern ein ungewollter Störenfried im Körper, der für die verführten Pubertätssymptome sorgt. In der Regel ist es ein Tumor oder eine ähnliche Anomalie, die der Hirnanhangdrüse dazwischenfunkt und die Hormone durcheinanderbringt. Auch hier ist ein Besuch beim Arzt notwendig, um die Ursache zu ermitteln und gegebenenfalls richtig zu behandeln.

Anzeichen für eine periphere Pubertät ist ein verfrühtes Wachstum der Brüste bei Mädchen, eine auffallende Verlängerung des Penis bei Jungen (auffallend auch deshalb, weil die Hoden sich nicht verändern!), ein frühzeitiges Sprießen der Schambehaarung bei Mädchen und Jungen sowie Akne und Körpergeruch bei beiden Geschlechtern.

Kapitel 1.2.3: Unvollständige Pubertät

Die unvollständige Pubertät ist ein Cocktail, eine Mischung aus der zentralen und der peripheren Pubertät, also auch im Prinzip eher etwas, auf das man nicht sehr dringend gewartet hat. Trotzdem gibt es die unvollständige Pubertät, und ich will Sie Ihnen auch nicht vorenthalten. Im Wesentlichen ist diese dritte Form der verfrühten Pubertät lediglich ein Mix aus einzelnen Symptomen der beiden zuvor vorgestellten Formen. In der Regel beschränkt sich ihr Erscheinungsbild auf vorzeitig, wenn auch langsam wachsende Brüste und Schambehaarung.

Sehr wahrscheinlich haben Sie mit der verführten Pubertät in keiner der drei vorgestellten Ausprägungen wirklich etwas zu tun. Trotzdem sollten Sie für den Sonderfall gewappnet sein – und gerade bei Heranwachsenden sind regelmäßige medizinische Untersuchungen unbedingt notwendig, auch wenn Besuche beim Arzt verständlicherweise nicht besonders hoch im Kurs stehen. Es ist aber hier ähnlich wie bei einem Zahnarztbesuch: Je länger man es hinausschiebt, desto tiefer fällt das Loch aus, das gebohrt werden muss. Und wer rechtzeitig genug zum Arzt geht, kommt vielleicht mit ein paar guten Ratschlägen davon.

Kapitel 1.3: Biologisch gesehen

Pubertät ist Biologie, jedenfalls zu einem großen Teil. Wenn Sie aber einen Mediziner um eine Erklärung der biologischen Vorgänge im Verlauf einer Pubertät bitten, dann bekommen Sie sehr wahrscheinlich einen Schwall von Fachwörtern zu hören, bei dem Sie zwar prima einschlafen können, aber eher wenig Verständnis hinzugewinnen.

Wir halten es deshalb kurz und einfach: Pubertät bedeutet Erwachsenwerden. Körperlich und geistig. Erwachsenwerden bedeutet aber auch Veränderung. Und diese Veränderung kommt schleichend, auf leisen Pfoten, und ist für die Betroffenen vielleicht auf Anhieb gar nicht so genau festzustellen. Das liegt auch daran, dass man sich selbst relativ häufig begegnet. Man trifft sich am Morgen vor dem Spiegel, ebenso am Abend, und über den Tag findet sich auch die eine oder andere Gelegenheit, einen Blick auf das eigene Abbild zu werfen.

Dabei würde schon ein Blick auf ein altes Foto genügen, um deutlich zu machen, wie stark sich der Körper des Kindes und später des Jugendlichen während der Pubertät verändert. Auch entfernte Bekannte, die man vielleicht nur alle paar Wochen, Monate oder gar Jahre trifft, werden diese Veränderung viel deutlicher wahrnehmen als die unmittelbar selbst Betroffenen. Trotzdem findet diese Veränderung zweifellos statt. Und das ist auch gut so, denn sie ist normal, richtig und wichtig.

Körperlich wird das Erwachsenwerden vor allem an der einsetzenden Geschlechtsreife festgemacht. Das ist schon am Namen der Pubertät abzulesen, denn Pubertät leitet sich ab von dem lateinischen Wort pubertas, das schlicht und ergreifend »Geschlechtsreife« bedeutet.

Die Hirnanhangdrüse (auch Hypophyse genannt), die wir bereits kennengelernt haben, eine Art Vorarbeiter im Gehirn, gibt dabei das Signal, mit der Produktion von Geschlechtshormonen zu beginnen beziehungsweise diese zu verstärken. Hormone, das haben Sie bestimmt schon einmal gehört, sind für den menschlichen Körper aber unbedingt wichtig. Bei den Jungen heißen die Sexualhormone Testosteron und Progesteron, bei den Mädchen Östrogen und Progesteron. Den Startschuss für das bunte pubertäre Treiben gibt übrigens der Chef der Hirnanhangdrüse. Ein Wichtigtuer, ein Däumling – denn größer als ein Daumen ist er nicht. Es ist der Hypothalamus, ein Teil des Gehirns. Eigentlich müssen Sie das gar nicht wissen, aber irgendwie fühlt es sich gut an, das einmal erwähnt zu haben – sonst heißt es noch, ich würde hier wichtige Details unterschlagen.

Haben Sie schon einmal ein mechanisches Klavier oder eine Drehorgel gesehen? Diese Instrumente sind heute selten geworden, aber es gibt sie noch, auch und gerade zur Freude der Kinder. Sie spielen ihre Lieder nicht vom Blatt, sondern von der Walze. Notenrolle nennt man dieselbe, und anstelle von Noten besitzen sie viele kleine Löcher, eine Lochschrift also, die auf mechanischem Wege abgetastet und in musikalische Klänge umgewandelt wird.

So ähnlich (aber wirklich nur so ähnlich, denn es ist nur ein Vergleich, und Sie wissen: Jeder Vergleich hinkt ein wenig) können Sie sich die Funktion der Hormone vorstellen. Sie sagen dem Körper, welche Musik gespielt wird. Im Falle der Pubertät und der Geschlechtshormone ist es das Lied des Erwachsenwerdens. Der Körper wird sozusagen auf Fortpflanzung, auf Erhaltung der Art, programmiert. Ein ganz natürlicher Prozess, auch wenn diese Weise für die betroffenen Kinder beziehungsweise Jugendlichen wie auch ihre Eltern mitunter etwas schwierig ist.

Dabei wird zwischen zwei Arten von Veränderungen unterschieden, die für den unkundigen Laien öfters verwischen und nicht klar voneinander abgegrenzt sind: Es handelt sich zum einen um das Wachstum. Das leuchtet jedem sofort ein: Die Kinder werden größer, Becken, Brüste, Schamhaare, Geschlechtsorgane wachsen. Auf Anhieb zu sehen und sofort zu verstehen. Daneben gibt es aber noch die zweite Veränderung: die Entwicklung. Der menschliche Körper wächst nicht nur, der menschliche Organismus entwickelt sich auch. Einzelne Organe entwickeln Fähigkeiten, die sie zuvor nicht oder nur eingeschränkt besaßen.

Streng genommen verändert sich der menschliche Körper während des gesamten menschlichen Lebens. Nie geschieht das aber so massiv und so folgenreich wie in der Pubertät – und keine Veränderung ist auch annähernd so wichtig, denn in der Pubertät werden die entscheidenden Weichen für ein gelingendes Leben gestellt.

Die Pubertät verläuft dabei auch aus biologischer Sicht bei jedem Kind und Jugendlichen in einem eigenen, höchst individuellen Rhythmus. Entscheidend ist das Ziel: Wenn der biologische Vorgang der Pubertät abgeschlossen ist, dann sind alle Jungen und Mädchen auf dem gleichen Entwicklungsstand, das heißt: Sie haben dasselbe *biologische Alter* erreicht. Das biologische Alter kann sich durchaus vom *chronologischen Alter* – also den erreichten Lebensjahren – unterscheiden. Die Pubertät ist nämlich kein Wettrennen. Sie ist ein natürlicher biologischer Prozess, der seine Zeit braucht – und er ist zu Ende, wenn er eben zu Ende ist, nicht früher und auch nicht später.

Wobei »früher« ein gutes Stichwort ist – für den nächsten Punkt auf unserer Liste.

Kapitel 1.4: Pubertät kommt immer früher!

Früher war alles besser! Oder? So ist es oft zu hören, aber über den Wahrheitsgehalt dieser Aussage lässt sich streiten. Zumindest war früher manches anders. Und langsamer. Die Autos, die Züge – und auch die Pubertät. Die hat in den letzten Jahren nachweislich ziemlich an Tempo zugelegt.

Die Pubertät fährt nicht mit der Deutschen Bahn, das heißt: Sie ist meist ziemlich pünktlich. In den letzten Jahren sogar überpünktlich! Das kann den Stress für die Eltern – und die Kinder! – noch erhöhen. Dabei handelt es sich nicht um einen subjektiven Eindruck, sondern um einen objektiv messbaren Tatbestand.

Um jedem Missverständnis vorzubeugen: Die Rede ist jetzt nicht von der verfrühten Pubertät, die wir im vorherigen Kapitel behandelt haben. Es geht nicht um einige wenige Ausreißer, die von der Norm abweichen, sondern um eine statistisch erfassbare Veränderung, die den überwiegenden Teil der Pubertierenden betrifft. Es geht um die ganz normale Pubertät, die einfach früher einsetzt. Der oft gehörte Eindruck, die Jugendlichen beziehungsweise Kinder von heute seien »frühreif«, hat also durchaus seine Berechtigung – oder ist zumindest nicht ganz falsch.

Diese Entwicklung ist allerdings nicht neu, sondern wenigstens zwei Jahrhunderte alt. Wussten Sie, dass im Europa des 19. Jahrhunderts die meisten Mädchen ihre erste Regelblutung erst mit 17 Jahren bekamen? Das ist heute undenkbar! Seither ist die Alterskurve immer weiter abgesunken. Heute liegt das Durchschnittsalter bei 12 und 13 Jahren – eine gewaltige Diskrepanz von mehreren Jahren!

Diese Tendenz setzt sich ungebrochen fort. Das betrifft vor allem die Mädchen: Eine unter Wissenschaftlern als sehr verlässlich eingestufte Studie aus Dänemark hat für das beginnende Brustwachstum von Mädchen ein Durchschnittsalter von 10,5 Jahren errechnet. Den Abschluss der Pubertät erreichen Mädchen heute im Schnitt mit 15,8 Jahren – da hatten die Mädchen des 19. Jahrhunderts noch nicht einmal mit dem Reifeprozess angefangen! Der Sprung ist sogar innerhalb einer Generation messbar: Die

Mütter der für die Studie untersuchten Mädchen hatten ihre erste Regelblutung im Schnitt 3,6 Monate später. Das ist eine nicht zu leugnende Entwicklung.

Aber auch die Jungen haben in den letzten Jahren immer weiter an Tempo zugelegt. Das Wachstum der Hoden lässt sich bereits in einem Durchschnittsalter von 11,1 Jahren beobachten. Die erste Ejakulation ereignete sich im Alter von 13,4 Jahren, der Stimmbruch begann im Alter von 13,1 Jahren, mit 15,6 Jahren war die pubertäre Entwicklung abgeschlossen. Im Vergleich zu früheren Generationen ist das eine deutliche Beschleunigung um mehrere Monate oder sogar ein Jahr.

Das sind die Fakten, aber was bedeuten sie? Ist das frühere Einsetzen der Pubertät nun gut oder schlecht? Vor allem ist sie eine Tatsache, und Sie müssen damit umgehen. Es macht die Pubertät nicht schwerer oder leichter, aber Eltern und Kinder müssen einfach früher damit rechnen, dass die Entwicklung zum Erwachsenen einsetzt. Das bedeutet, die vergleichsweise ruhige und geborgene Kindheit wird verkürzt.

Wichtig ist, dass die Pubertät im Schnitt liegt. Der Vergleich mit früheren Generationen ist dabei nicht so sehr von Belang. Es zählt die aktuelle Generation als Gradmesser. Wenn Ihr Kind deutlich früher oder später als seine Altersgenossen mit der Pubertät beginnt, fällt die Belastung, vor allem die psychische, ungleich höher aus. Gleich mehrere Studien haben den verlässlichen Nachweis erbracht, dass zum Beispiel früh pubertierende Mädchen häufiger unter Depressionen leiden. Das kann die weitere Entwicklung natürlich erheblich überschatten und negativ beeinflussen.

Ganz ohne jede Panikmache müssen wir festhalten: Eine stark verfrüht oder verspätet einsetzende Pubertät kann den Lebensweg eines Menschen erschweren und zu diversen sozialen Anpassungsstörungen führen. Es ist wichtig, dass Eltern über diesen Umstand Bescheid wissen und so gut wie möglich gegensteuern und die Pubertät ihrer Kinder begleiten können.

Denn es gibt auch steuerbare Faktoren, die den Beginn der Pubertät beeinflussen können. So gilt als gesichert, dass übergewichtige Kinder früher in die Pubertät kommen – ein Umstand, der sich durch eine gesunde und ausgewogene Ernährung also durchaus lenken lässt! Allerdings ist es so, dass der moderne Lebensstil vieler Kinder und Jugendlicher eine Gewichtszunahme durchaus begünstigt. Ständiges Sitzen und stundenlanger Medienkonsum sind für das Gehirn eine Herausforderung – das sprichwörtliche Abstumpfen ist keinesfalls eine Erfindung und wirkt sich auch auf die Pubertät aus.

Ein wichtiger Faktor, der die Pubertät nachhaltig beeinflussen kann, aber viel zu häufig ignoriert wird, sind Umweltgifte. Wir müssen und werden im nächsten Kapitel darüber sprechen.

Kapitel 2: Pubertäre Prozesse im Körper

Die meisten Menschen wissen, dass die Pubertät mit tiefgreifenden Veränderungen im menschlichen Körper verbunden ist. Wir haben in einem vorherigen Kapitel schon aus dem Blickwinkel der Biologie auf den Prozess der Pubertät geblickt. Aber wie sehen diese biologischen Veränderungen nun genau aus?

Die Pubertät verläuft bei Jungen und Mädchen trotz aller vorhandenen Gemeinsamkeiten auch unterschiedlich. Männliche und weibliche Körper sind verschieden, ebenso die Gehirne. Und diese Unterschiede werden durch die Pubertät noch verstärkt beziehungsweise überhaupt erst deutlich herausgearbeitet. Mit diesen Unterschieden müssen beide Geschlechter auch erst einmal zurechtkommen.

Es wäre fatal, die Pubertät nur auf äußerliche Veränderungen zu reduzieren. Diese Veränderungen, wir haben es bereits angesprochen, gehen auch mit einer gewissen Entwicklung einher – und eröffnen den Jungen und Mädchen bis dahin ungekannte Möglichkeiten. Sie entdecken in dieser Zeit sozusagen ihre körpereigenen Superkräfte – es ist für Pubertierende wirklich beinahe so, als könnten sie plötzlich fliegen wie Superman oder sich an einem Netz schwingen wie Spiderman.

Die pubertären Prozesse bedeuten im Körper Rush Hour. Der persönliche Lebensweg wird plötzlich zur Schnellstraße, zur vielbefahrenen Autobahn, auf der es zeitweilig schwerfällt, den Wagen bei hohem Tempo in der richtigen Spur zu halten. Jeder äußerliche Prozess ist auch an einen inneren gekoppelt, die Veränderungen des Körpers finden ihr Echo in Veränderungen der Seele.

Es geht jetzt also auch darum, die richtige Balance zu finden – zwischen den Veränderungen, den Entwicklungen und den Möglichkeiten. Es geht darum, gesunde Grenzen zu ziehen, ohne die Jugendlichen einzuengen. Damit das gelingt, müssen Sie die pubertären Prozesse kennen und verstehen. Und Sie müssen wissen, welche Faktoren diese Prozesse beschädigen können.

Genau darum geht es in diesem Kapitel. In den folgenden drei Abschnitten werden wir erfahren, welche körperlichen Veränderungen Jungen durchlaufen und welche Mädchen – und welche Gefahren durch diese Veränderungen drohen.

Kapitel 2.1: Pubertät bei Jungs

In der Pubertät werden Jungen zwar kräftiger, aber die Pubertät stellt auch einen gehörigen Kraftakt für die männlichen Heranwachsenden dar – und oft genug auch für sein unmittelbares Umfeld, namentlich die Eltern.

Die ersten Anzeichen einer Pubertät zeigen sich bereits im Alter von 9 bis 11 Jahren. In dieser Phase der sogenannten Vorpubertät beginnen die Hoden zu wachsen und die ersten Schamhaare sprießen. Auslöser dieser Entwicklung ist ein erster Schub an Sexualhormonen, der gleichzeitig auch für eine Welle der Euphorie sorgt. Die betroffenen Jungen glauben plötzlich, alle Türen stünden ihnen offen, kein Hindernis sei zu groß und keine Last zu schwer. Diese Empfindung kollidiert natürlich mit der Wirklichkeit und wird früher oder später zu psychischen Belastungen führen – darauf gehen wir im nächsten Kapitel genauer ein.

Das Wachstum der Hoden setzt sich etwa bis zum 15. Lebensjahr fort, während sich der Penis in der Regel bis zum 17. Lebensjahr weiterentwickelt. Neben der Schambehaarung wächst auch das Haar unter den Achseln. Der prominenteste Haarwuchs ereignet sich aber natürlich im Gesicht: Was als zarter Flaum beginnt, kann sich bald zu einem formidablen Bartwuchs entwickeln. Damit wird plötzlich die tägliche Rasur ein Thema. Gerade die Gesichtsbehaarung lässt sich aber mitunter auch Zeit und setzt erst verhältnismäßig spät während der Pubertät ein.

Das Erwachsenwerden schlägt sich auch in den Stimmbändern nieder: Die dehnen sich durch ein fortgeschrittenes Wachstum des Kehlkopfes nämlich aus und sorgen für eine tiefere Stimme. Dieser Teil der Pubertät wird in der Regel als unproblematisch empfunden – viele Jungen freuen sich sogar über das kerniger werdende Organ, das ihrem erwachenden Bedürfnis nach Selbstbehauptung zupasskommt.

Weitaus heikler und für Söhne und Eltern gleichermaßen schwierig zu behandeln ist der erste Samenerguss. Den meisten Jungen ist diese Erfahrung peinlich, weshalb von den Eltern in dieser Situation besonders viel Feingefühl erfordert wird. Da sich ebenfalls in der Pubertät auch ein gesteigertes Schamgefühl einstellt, ist der Umgang mit der erwachenden Sexualität besonders herausfordernd.

Eine weitere große Belastung während der Pubertät ist die erhöhte Talgproduktion der Hautporen. In der Praxis führt diese nämlich zu fettigem Haar, das schnell ungepflegt aussieht, und zu unreiner Haut. Pickel und Mitesser machen vielen Jugendlichen das Leben schwer. Allerdings lässt sich dieser Problematik inzwischen recht gut mit geeigneten Pflegemitteln zu Leibe rücken.

Außerdem wird die Pubertät natürlich von einem allgemeinen Körperwachstum begleitet. Der Muskelaufbau wird gefördert, Schulter und Brust werden breiter. Die Entwicklung hin zu einer männlichen Körperstruktur kann zeitweise bei den betroffenen Jungen für Desorientierung sorgen: Sie fühlen sich nicht mehr ganz sicher auf ihren Beinen und haben Koordinationsprobleme. Das sollte sich aber schnell von selbst geben und ist nur zu verständlich – denn schließlich müssen die veränderten Größen- und Gewichtsverhältnisse erst einmal vernünftig koordiniert werden.

Kapitel 2.2: Pubertät bei Mädchen

Auch bei Mädchen ist die Pubertät vor allem eine Zeit des Wachstums. Nur äußert sich dieses in anderer Weise und an anderen Stellen, als es bei den Jungen der Fall ist. (Die meisten Mädchen sind mit diesen Abweichungen auch sehr zufrieden.)

Die vielleicht meistdiskutierte und auch etwas berüchtigte Veränderung während der Pubertät ist das Einsetzen der Regelblutung. Dieser geht in vielen Fällen ein weißlicher Ausfluss voraus, der bei den betroffenen Mädchen mitunter für Unruhe sorgt. Hier dürfen die Eltern, die natürlich bei diesem sehr delikaten Thema ihr ganz besonderes Einfühlungsvermögen und tiefes Verständnis demonstrieren sollten, ihr Kind beruhigen: Der Ausfluss ist eine normale Hygienemaßnahme des Körpers, mit dem die Vagina vor Verunreinigungen geschützt werden soll. Setzt dann die eigentliche Regelblutung ein, bedeutet das vor allem eines: Das Mädchen ist jetzt geschlechtsreif und kann schwanger werden. Ein guter Zeitpunkt für das eine oder andere helfende Wort, bevorzugt aus dem Mund der Mutter – die wenigsten Mädchen möchten ihre Periode gerne mit ihren Vätern besprechen.

Auch beim Wachsen der Schambehaarung kann die Mutter wertvolle Hilfestellung leisten. Viele Mädchen tun sich zunächst mit der sich kräuselnden Haarpracht an ungewohnter Stelle schwer. Beim Trimmen oder Rasieren kann aber viel Schaden angerichtet werden, deshalb ist es gut, wenn die Mutter ein paar sinn- und wertvolle Tipps aus ihrem eigenen Erfahrungsschatz beisteuert.

Eine wichtige Veränderung ist auch die Entwicklung der Geschlechtsorgane. Schamlippen und Klitoris wachsen, was das Mädchen von außen erkennen beziehungsweise ertasten kann. Aber auch unsichtbar im Inneren nehmen Gebärmutter, Eierstöcke und innere Geschlechtsorgane an Größe zu. Auch wenn nicht alle diese Veränderungen augenfällig sind, kann das Mädchen sie doch erspüren und muss sie erst einmal verarbeiten.

Ähnlich wie die Jungen müssen sich auch Mädchen mit fettigen Haaren und öliger Haut herumplagen. Pickel und Pustel sind gerade für Mädchen ein ernstes Problem, das sich zu einer intensiven psychischen Belastung auswachsen kann. Mit entsprechenden Reinigungs- und Pflegemitteln kann dieses Problem aber weitgehend entschärft werden.

Das äußerlich auffälligste Merkmal der Pubertät ist ohne Zweifel die Ausprägung der typischen weiblichen Formen. Die Brüste des Mädchens inklusive der Milchdrüsen entwickeln sich und wachsen, das Becken wird runder, die Taille schmaler. Drei bis fünf Jahre dauert es im Schnitt, bis die weiblichen Brüste voll entwickelt sind. Die Veränderung der Formen ist aber auch mit einer Gewichtszunahme verbunden, die bei Mädchen schnell zu einem dauerhaften Übergewicht führen kann, wenn nicht rechtzeitig entsprechende Gegenmaßnahmen ergriffen werden – durch sportliche Betätigung und gesunde Ernährung.

Auch für Mädchen sind diese äußerlichen und innerlichen Veränderungen selbstredend mit großen psychischen Herausforderungen verbunden. Im nächsten Kapitel dieses Buches gehen wir auf dieses wichtige Thema ein. Abschließend schenken wir jetzt aber noch einem anderen bereits angeklungenen Punkt unsere Aufmerksamkeit: Gift für die Pubertät.

Kapitel 2.3: Gift für die Pubertät

Gift ist ein hässliches und aggressives Wort, gleichbedeutend mit einer knallroten Signalleuchte: Gefährlich! In den meisten Fällen wird es heute im übertragenen Sinn verwendet. Im Alltag haben die wenigsten von uns mit echten Giften zu tun. Wenn wir davon sprechen, dass eine bestimme Sache Gift für eine andere Sache ist, dann meinen wir damit, dass Schaden bewirkt wird.

Wenn es um die Pubertät geht, dann kann natürlich so manches Verhalten auch Gift für eine gesunde Entwicklung und einen ungestörten Verlauf dieser schwierigen Phase sein. Aber davon ist hier nicht die Rede. Es geht um wirkliches Gift, das besonders in der Pubertät Ihrem Kind messbaren Schaden zufügen kann. Und manchmal bekommt es dieses Gift sogar - von Ihnen.

Jetzt werden Sie vielleicht empört die Hände in die Höhe strecken und vielleicht auch mit virtuellen faulen Tomaten nach dem Verfasser dieser Zeilen werfen, aber es ist gar nicht böse gemeint. Natürlich würden Sie Ihrem Kind nie bewusst und aus freien Stücken Gift verabreichen. Trotzdem geschieht das meistens unbewusst, ohne Kenntnis der genauen Vorgänge.

Wir haben bereits gehört, dass die Pubertät immer früher einsetzt. Die Gründe für diese belegbare Tatsache sind aber keineswegs nur natürlichen Ursprungs und deshalb unveränderlich. Ganz im Gegenteil: Die Wissenschaft hat zweifelsfrei nachgewiesen, dass eine wachsende Zahl an chemischen Giftcocktails nicht nur, aber vor allem unsere Kinder vergiftet.

Oft fängt dieses sehr gravierende Problem schon unbemerkt während der Schwangerschaft an: Durch vermeintliche Hygiene- und Pflegeprodukte und Kunststoffe können hormonaktive Substanzen in den Kreislauf gelangen und beim noch ungeborenen Kind dafür sorgen, dass mehr Fettzellen und weniger Muskel- und Knochenzellen gebildet werden. Das bedeutet bereits vor der Geburt eine Hypothek für die erst Jahre später bevorstehende Pubertät!

Eine Studie der Umweltorganisation BUND förderte im Jahr 2013 erschreckende Erkenntnisse zutage: In nahezu jedem dritten Kosmetikprodukt in Deutschland sind solche schädlichen Chemikalien enthalten - auch in Zahnbürsten und Babyschnullern.

Ein hervorstechendes Beispiel ist Bisphenol-A, das auch für die Herstellung von Thermopapier verwendet wird. Thermopapier kam lange Zeit bei Kontoauszügen und Kassenzetteln zum Einsatz, wurde von unzähligen Müttern und Kindern angefasst und dringt bei der Berührung in die Haut ein. Die Gefährlichkeit von Bisphenol-A ist kein Hirngespinst, sondern faktisch erwiesen und auch von der Europäischen Union anerkannt: Seit dem Jahr 2020 ist die Verwendung europaweit verboten. Allerdings ist das Gift noch immer in Umlauf, steckt in vielen Alltagsprodukten wie den trotz Streaming-Boom weitverbreiteten DVDs oder in Trinkflaschen. Es wird also noch eine ganze Weile dauern, bis man wirklich mit Sicherheit davon ausgehen kann, im Alltag nicht mehr auf Bisphenol-A zu stoßen. Bis dahin ist Wachsamkeit gefragt.

Allerdings: Auch wenn Bisphenol-A jetzt so ein bisschen (zu Recht!) als Buhmann ausgeguckt wurde und in aller Munde ist – es ist bei weitem nicht das einzige gefährliche Gift, das die Gesundheit Ihrer Kinder bedroht. Es sind noch weit mehr gefährliche Stoffe im alltäglichen Umlauf. Dazu zählen beispielsweise Weichmacher, wie sie in vielen Kunststoffen zum Einsatz kommen, und Parabene, die sich in Pflegeprodukten finden.

Das Gefährliche an diesen Giften: Ihre Wirkung ist zunächst gar nicht zu bemerken. Sie beeinflussen, besser beeinträchtigen, langfristig, aber nachhaltig den Hormonhaushalt. Wir haben nun aber in einem früheren Kapitel schon gesehen, dass die Hormone von kaum zu überschätzender Wichtigkeit für den menschlichen Körper und damit für die Gesundheit sind.

Die Folgen können entsprechend schwerwiegend ausfallen: So kann der gesamte Stoffwechsel durcheinandergeraten oder die gesunde Hormonproduktion blockiert werden. Ein nicht richtig funktionierendes Hormonsystem kann zu einer gestörten geistigen oder körperlichen Entwicklung Ihres Kindes führen. Es kann die spätere Fortpflanzungsfähigkeit beeinträchtigen. Es kann eine verfrühte Pubertät auslösen und bei Mädchen das Risiko für Brustkrebs steigern. Diese Gifte können eine ganze Anzahl schwerwiegender Erkrankungen auslösen: Diabetes, Allergien, Herz-Kreislauf-Störungen, Fettleibigkeit und geistige Beeinträchtigungen.

Diese gefährlichen Gifte finden sich in Alltagsgegenständen, in der Kleidung – und in der Luft. Es ist alles andere als einfach, diese Gifte weitgehend zu vermeiden. Sie sollten deshalb genau darauf achten, aus welchen Quellen Sie Kleidung, Möbel, Kosmetika, Reinigungsmittel, Geschirr und vor allem auch Spielzeuge beziehen. Der Blick auf das Biosiegel ist sicher keine schlechte Idee. Aber noch ein weiterer Punkt fällt bei der möglichen Aufnahme von Giften ins Gewicht.

Wir sprechen von einem Thema, das selbst Erwachsenen oft schwer genug fällt: der Ernährung. Allmählich hat sich herumgesprochen, dass eine ausgewogene und möglichst gesunde Ernährung wichtig für ein gelingendes Leben ist. Die Auswahl fällt aber schwer, und das gilt insbesondere für Kinder in der Pubertät, denn die jungen und in der Entwicklung befindlichen Körper sind besonderen Risiken ausgesetzt.

Die Auswahl an Lebensmitteln ist heute so groß wie nie zuvor. Globalisierung, moderne Landwirtschaft und hochtechnisierte Verarbeitungsmethoden haben zumindest in der westlichen Welt zu einem Überangebot geführt – auch an Nahrungsmitteln, die so in der Natur nicht auftaucht. Manche der in der Lebensmittelindustrie häufig verwendeten Stoffe sind nachweislich gerade in der Pubertät einer gesunden Entwicklung hinderlich.

Vermeiden Sie deshalb nach Möglichkeit künstlich hergestellte und bearbeitete Lebensmittel. Neben dem Biosiegel ist die Frage hilfreich, ob es so ein Nahrungsmittel auch in der Natur gibt. Gerade für viele bunte Süßigkeiten, die Kinder so gern mögen, muss man das verneinen.

Die gute Nachricht ist: Noch nie war das Angebot an gesunden Lebensmitteln so umfangreich wie heute. Es ist wirklich keine große Sache, gesunde und vor allem schadstofffreie Alternativen für das persönliche Lieblingsessen zu finden. Tipps dazu gibt es überall – auch kostenlos im Internet. Die Mühe lohnt sich, wenn Sie damit sich und Ihre Kinder vor Schaden bewahren.

Kapitel 3: Psychische Veränderungen

Ich verrate Ihnen ein schlecht gehütetes Geheimnis: Es sind gar nicht so sehr die körperlichen Veränderungen, die eine Pubertät so anstrengend und schwierig machen. Es ist vor allem der innere Stress, der für viel Unruhe sorgt. Jede äußerliche Veränderung löst ein vielfaches Echo im Inneren Ihres Kindes aus. Ich würde sogar so weit gehen, dass die psychischen Veränderungen die eigentliche Herausforderung in der Pubertät sind.

Denn abgesehen von gelegentlichen Schmerzen bei den Wachstumsschüben passiert mit dem Körper der Kinder bei einem normalen Verlauf der Pubertät nichts Schlimmes. Die vergleichsweise kleinen Ärgernisse mit fettigem Haar, Pickeln und Mitessern lassen sich normalerweise gut in den Griff bekommen. Aber das Gehirn, das während der Pubertät zur Großbaustelle wird, und die stark belastete Psyche machen den Jugendlichen und auch den Eltern schwer zu schaffen.

Auch bei den psychischen Veränderungen gibt es wieder beachtenswerte Unterschiede zwischen Jungen und Mädchen. Eine Sache aber haben beide Geschlechter gemeinsam: Es gibt bei aller noch so gründlichen Recherche keine grundlegende Formel, nach der eine Pubertät abläuft und verstanden werden kann. Jeder Mensch ist bekanntlich ein Individuum – und pubertierende Jugendliche sind noch ein bisschen individueller. Deshalb müssen Sie und Ihr Kind oder Ihre Kinder einen eigenen, persönlichen Weg durch die Pubertät finden. Eine Generallösung gibt es nicht.

Alle Tipps, Empfehlungen und Ratschläge, die ich Ihnen in diesem Buch zu geben versuche, sind Annäherungen und Hilfestellungen, die Sie für sich selbst in geeigneter Manier anwenden müssen. Sie sind keine Schritt-für-Schritt-Gebrauchsanweisung zur richtigen »Bedienung« Ihrer Kinder. Die lassen sich nämlich nicht so einfach steuern. Nicht als kleine Schreisäcke – und erst recht nicht während der Pubertät. Wenn die Kinder nämlich auch sonst noch nicht viel haben: Einen eigenen Kopf haben sie, und der ist ziemlich dick.

Es wäre aber eine grobe Verfehlung, den Pubertierenden die Schuld zuzuschieben. Denn die Jugendlichen können gar nicht viel dafür, sondern werden selbst ganz unerwartet von manchen ungekannten Emotionen und Stimmungen überwältigt. Schauen wir uns an, welche psychischen Herausforderungen Jungen und Mädchen zu bewältigen haben.

Kapitel 3.1: Psychische Veränderungen bei Jungs

Ein pubertierender Junge ist ein Gralssucher. Und der Gral, den er sucht, ist er selbst: seine Persönlichkeit, seine individuelle, unverwechselbare Identität. Und diese Identität versteckt sich irgendwo in einem riesigen, weltraumgroßen Chaos: seinem Gehirn.

Lange Zeit hat man geglaubt, das menschliche Gehirn sei im Alter von 12 Jahren vollständig entwickelt. Inzwischen weiß man, dass es ein Trugschluss war. Das Gehirn braucht für seine Entwicklung viel länger und es reifen auch nicht alle Regionen gleich schnell. Das bedeutet, der Junge findet sich ganz unversehens ausgesetzt auf einer Großbaustelle. Und was macht ein Junge auf einer Großbaustelle? Richtig, er beginnt damit, seine Umgebung zu entdecken, er klettert, stöbert, stromert umher, kriecht in Winkel und wagt sich an unwegsame Ecken.

Mitunter ist das Gehirn des Jungen von der Vielzahl der Möglichkeiten aber auch einfach überfordert und nichts geht mehr. Dann reagieren Jungen häufig so, wie wir es auch oft bei Tieren beobachten können, die in eine fremde Umgebung kommen: Sie ziehen sich in ihren eigenen Winkel zurück und besinnen sich erst einmal auf sich selbst.

Für Eltern kann es eine ziemliche Quälerei sein, wenn der früher so gesprächige, gesellige und fröhliche Nachwuchs plötzlich zu einem einsilbigen Einzelgänger wird und sich die Wörter noch nicht einmal mehr richtig aus der Nase ziehen lässt. Dahinter steht aber kein böser Wille, sondern Unsicherheit und das Bedürfnis nach Selbstfindung.

Erschwerend kommt hinzu, dass ausgerechnet das erste Leitorgan des Gehirns, der präfrontale Cortex, für die vollständige Entwicklung am längsten braucht. Das bedeutet in der Praxis: Die Brücke ist nicht besetzt, der Kapitän noch nicht an Bord, der erste Offizier im Urlaub, der Steuermann liegt krank im Bett. Das ganze Schiff treibt mitunter also etwas führerlos dahin und läuft ständig Gefahr, sich an irgendwelchen Hindernissen zu stoßen.

Gleichzeitig fehlen auch die nötigen Instrumente, um die Umwelt richtig einzuschätzen. Während Erwachsene zum Beispiel imstande sind, Emotionen ihrer Mitmenschen richtig zu deuten, fällt es Pubertierenden meistens schwer, Minenspiel und Gestik richtig zu interpretieren. Eine Studie, die Erwachsenen und pubertierenden Kindern Filmszenen mit angstverzerrten Gesichtern vorgeführt und dabei die Hirnströme gemessen hat, kam zu dem erstaunlichen Ergebnis, dass die werdenden Erwachsenen viel häufiger mit ihrer Einschätzung falschlagen.

Charakteristisch für Jungen ist das Austesten der Grenzen, die sogenannte Mutprobe. Besonders angriffslustig erweisen sich Jungen dabei den Grenzen gegenüber, die von den Eltern gesetzt werden. Denn während der Pubertät möchten sich Jungen abnabeln, vom Elternhaus lösen, auf eigenen Beinen stehen. Das ist ganz normal und ja auch der Sinn des Ganzen. Manchmal schießen sie dabei übers Ziel hinaus, ist doch die Pubertät auch immer mit impulsiven, rational nicht zur Gänze erklärbaren Reaktionen verbunden. Da ist es wichtig, dass Eltern sich nicht anstecken lassen und ähnlich reagieren. Souveräne Gelassenheit und Konsequenz sind stattdessen gefragt.

Übrigens gibt es für diese Ablösungsbedürfnisse gerade bei Jungen sogar einen einleuchtenden evolutionsbedingten Grund: Vor Millionen Jahren, am frühen Morgen der Menschheit, starben die Eltern, wenn die Kinder in die Pubertät kamen. Die Jungen mussten jetzt selbst Jäger und Versorger sein und ihren Mann stehen. Nun ist es heute schon so, dass Eltern eher nicht in ihren 30ern oder 40ern abtreten möchten, was ich aus eigener Betroffenheit auch voll und ganz verstehen kann. An den Bedürfnissen der Jugendlichen hat sich aber nichts geändert.

Vor diesem Hintergrund lässt sich aber leicht verstehen, warum die Jungen, die eigentlich nach Selbstständigkeit dürsten, die

Regeln und Verbote der Eltern als besonders einengend empfinden und sich mit teilweise irrationaler Heftigkeit dagegen auflehnen. Je mehr Eltern dies in ihre Überlegungen miteinbeziehen, desto leichter können sie mit dieser Situation umgehen.

Kapitel 3.2: Psychische Veränderungen bei Mädchen

Auch bei den Mädchen steht das Gehirn im Zentrum der Pubertät. Auch bei Mädchen ist das Gehirn noch mitten in der Entwicklung und gleicht einer Großbaustelle. Allerdings gehen Mädchen in der Regel ganz anders damit um als Jungen. Sie sind im Gegensatz zu diesen weit launischer – das berühmt-berüchtigte Vorurteil von der Zickigkeit ist hier durchaus am Platz.

Was für die Jungen gesagt wurde, gilt insbesondere in einem Fall auch für die Mädchen: Die Pubertät ist nicht nur die Zeit, in der sich der Körper verändert, es ist auch die Zeit, in der das Mädchen seine Identität sucht und seine Persönlichkeit herausbildet. Das ist gar nicht so einfach und durchaus mit einer zweiten Geburt zu vergleichen. Im Gehirn des Mädchens tobt ein Chaos, das von außen nicht einsehbar ist – und das macht es für Eltern auch so schwer.

Stellen Sie sich ein Telefongespräch vor, bei dem Sie nur hören, was der eine Partner sagt. Vielleicht kommt es zum Streit, vielleicht wird ein Scherz gemacht, aber alles, was am anderen Ende der Leitung geschieht, bekommen Sie nicht mit – Sie sind auf die bloßen Reaktionen nur einer Seite angewiesen. Ihre Tochter hängt nun während der Pubertät ständig am Telefon – und damit sind nicht Ihr Hausanschluss oder das Smartphone gemeint, obwohl das sehr wahrscheinlich auch zutreffen wird.

Vielmehr befindet sich Ihre Tochter im fortgesetzten und sehr angeregten Austausch mit sich selbst. Und diesen zu bewältigen, ist gar nicht so einfach. Sie kriegen dabei immer nur bestimmte Reaktionen mit, diejenigen nämlich, die nach außen dringen – und daher rührt Ihr Eindruck, Ihr Kind verhalte sich plötzlich willkürlich und unberechenbar. Dabei ist es eine wilde emotionale Achterbahnfahrt, die Ihre Tochter gehörig durchrüttelt und vor immense Herausforderungen steht.

Ihr Kind hat Stress, sehr großen Stress – und Sie bekommen nur die Ausläufer davon zu spüren. Obwohl Mädchen genau wie Jungen in der Pubertät auf eigenen Füßen stehen wollen, verhalten sie sich während dieser Phase anders – und stehen auch vor anderen Problemen. Das ist heute noch mehr der Fall, als in früheren Zeiten, denn Mädchen vermissen zunehmend attraktive Vorbilder.

Zwar gab es noch nie so viele Frauen, die in ursprüngliche Männerdomänen vordringen und dort Karriere machen. Diese vermeintlich erfolgreichen Vorbilder leiden aber alle unter einer nicht unerheblichen Einschränkung: Sie haben in sehr vielen Fällen keine Familie. Im unmittelbaren Umfeld treffen die Mädchen hingegen überwiegend auf Mütter und Hausfrauen, oder Frauen, die sich im immer noch schwierigen Spannungsverhältnis zwischen Haushalt und Beruf befinden. Für viele junge Mädchen sind all diese Modelle unbefriedigend.

Das Mädchen fühlt sich innerlich zwischen diesen unterschiedlichen Polen hin- und hergerissen und bringt das durch plötzliche Gefühlsausbrüche und vor allem Gefühlsschwankungen zum Ausdruck. Da wird aus heiterem Himmel gekichert, was das Zeug hält, und wenn die Mutter interessiert nachfragt, was denn da so lustig sei, kommt es plötzlich zu einem Wutausbruch. Wirklich erklären kann sich das niemand – am wenigsten oft das betroffene Mädchen selbst.

Eine wichtige Rolle spielt auch der Körperkult, der durch die modernen sozialen Medien noch mehr befeuert wird, als es schon zu Zeiten von Illustrierten und Fernsehen der Fall war. Da können die Veränderungen, die der Körper im Lauf der Pubertät durchmacht, ein Mädchen stark belasten – eine an sich belanglose Hautunreinheit wird so zu einem persönlichen Drama.

Hinzu kommt auch bei Mädchen die zunehmende Spannung mit dem anderen Geschlecht. Jungs sind natürlich ein großes Thema – wenn nicht das Thema überhaupt. Gerade deren pubertäres Verhalten kann aber Mädchen in ein weiteres emotionales Chaos stürzen. Denn zwischen Jungen und Mädchen gibt es gerade auf diesem sensiblen Gebiet gewaltige Unterschiede und Spannungen.

Da hilft nur die richtige Aufklärung. Darum geht es im nächsten Kapitel.

Kapitel 4: Die richtige Aufklärung

Die Welt dreht sich immer schneller, aber noch immer fliegen die Bienen summend und sammelnd von Blüte zu Blüte. Früher oder später wird es Zeit, den Klapperstorch in den verdienten Ruhestand zu schicken und mit Ihren Kindern ein ehrliches Wort zu sprechen – und in der heutigen Zeit ist es leider eher früher als später. Manche Eltern möchten es gar nicht so gern wahrhaben, wie schnell die Kinder in ein Alter kommen, in dem Sexualität eine Rolle spielt.

In Wahrheit ist Sex aber das mit Abstand wichtigste und meist diskutierte Thema der Pubertät. Und je früher Sie sich dieser Tatsache stellen, desto eher können Sie Ihrem Kind dabei helfen, den richtigen Zugang zu diesem heißen Eisen zu finden. Dafür müssen Sie aber selbst wissen, wie man es richtig schmiedet.

Natürlich werden Sie jetzt abwinken und feststellen, dass Sie doch längst ziemlich gut aufgeklärt sind – sonst hätten Sie ja auch keine Kinder. Aber genau da liegt der Haken: Es geht nicht um das bloße Wissen. Es geht darum, Ihrem Kind dieses Wissen auf die richtige Weise zu vermitteln. Mit einer falschen Ansprache können Sie mehr Schaden anrichten als Nutzen bewirken. Es hilft aber auch nichts, das unbequeme Thema einfach auszublenden. Erinnern Sie sich daran, was wir schon früher festgestellt haben: Wenn Sie die Fragen Ihres Kindes nicht beantworten, dann wird es jemand anderes tun. Und möglicherweise die ganz falschen Antworten geben.

Die Sexualität ist ein Sumpf, in dem Ihr Kind leicht versinken kann, wenn es nicht einen sicheren Pfad durch die schwankende Oberfläche gewiesen bekommt. Es können Entscheidungen getroffen werden, die sich nicht mehr rückgängig machen lassen, die aber schwerwiegende Folgen nach sich ziehen. Missbrauch, ungewollte Schwangerschaften, emotionale Abhängigkeiten – all das ist möglich, wenn Ihr Kind unvorbereitet und ungeschützt in eine falsche Beziehung gerät.

Selbstverständlich sollten Sie bedenken, dass Ihre Kinder einer Generation nach Ihnen angehören. In dieser Zeit hat sich viel verändert. Sex wird heute anders behandelt als noch zu Ihrer Zeit. Aber Vorsicht vor übereilten Trugschlüssen: Auch wenn heute die Pubertät nachweislich früher beginnt als es noch vor einigen Jahren der Fall war, ist das nicht gleichbedeutend mit einer früheren sexuellen Aktivität! Wenn Sie jemandem einen Werkzeugkasten schenken, macht ihn das noch nicht zum Handwerker. So fangen auch geschlechtsreife Jugendliche nicht sofort mit dem Schrauben an, nur weil sie die Möglichkeit dazu besitzen.

Selbst wenn sich Ihr Kind sehr für Sex zu interessieren beginnt, müssen Sie deshalb nicht gleich Opas Keuschheitsgürtel vom Dachboden holen (zumal die Jugend von heute ohnehin ziemlich gut darin ist, derlei Instrumentarien zu überlisten). Mitunter lassen sich heute viele Jugendliche sogar mehr Zeit damit, sexuell aktiv zu werden, als es in früheren Generationen der Fall war. Ein Grund dafür mag paradox klingen: Es ist der gestiegene Pornokonsum. Wir gehen in einem späteren Abschnitt dieses Kapitels darauf ein.

Auch wenn der Keuschheitsgürtel nur ein augenzwinkernd gemeintes Bild war, illustriert er trotzdem in überspitzter Weise, dass sich der Umgang mit der Sexualität im Lauf der Jahre und Jahrhunderte stark verändert hat. Wir müssen aber gar nicht bis ins Mittelalter zurückgehen – schon zwischen Eltern und Kinder gibt es enorme Generationsunterschiede. Darüber handelt der nächste Abschnitt.

Nur noch ein Hinweis: Gute Aufklärung ist immens wichtig. Für Jungen und Mädchen. Sie besteht aber nicht aus dem einen Gespräch, das so berüchtigt ist. Wer sich mit Sohn oder Tochter gezielt hinsetzen möchte, um in einer gewichtigen Vier-Augen-Unterredung dieses heikle Thema zu besprechen, der wird meist eine Enttäuschung erleben.

Besser ist eine grundsätzliche Offenheit für derartige Nachfragen. Nehmen Sie die Gelegenheiten wahr, die sich Ihnen bieten, und pflegen Sie von Anfang an einen offenen Umgang mit diesem Thema. Das schließt natürlich nicht aus, dass es auch einmal zu einem längeren und ausführlicheren Gespräch über Sex kommen kann. Nur sollten Sie dieses nicht verkrampft erzwingen und auf den Tagesplan setzen.

Nichts ist so wichtig wie ein grundsätzliches, völlig intaktes Vertrauensverhältnis zu ihren Kindern. Je früher diese daran gewöhnt werden, dass sie mit Ihren Eltern über alles sprechen können, desto eher werden Sie auch später bei delikaten Themen nicht zögern, ihre Fragen zu stellen.

Aber Vorsicht: Geben Sie sich nicht dem Trugschluss hin, dass Ihre Kinder mit allen heiklen Themen immer von selbst kommen. Damit Fragen gestellt und Antworten gegeben werden, braucht es einen Anlass. Eltern sollten deshalb zum einen die kindliche Neugier zulassen, zu respektieren und zu stillen versuchen. Sie sollten den Kindern aber auch Anlässe und Gelegenheiten geben, dieses Thema unverkrampft anzusprechen. Nur eins sollten Eltern nie tun: Die Aufklärung den Kindern aufdrängen. Vielleicht wollen sie bestimmte Themen erst einmal selbst recherchieren oder mit älteren Geschwistern darüber sprechen. Das sollten Eltern akzeptieren und geduldig auf ihren Einsatz warten.

Vor allem aber: Nehmen Sie Ihre Kinder ernst. Immer und überall. Gehen Sie auf ihre Sorgen und Überlegungen ein. Dann ergeben sich die gewünschten und nötigen Gespräche fast von selbst.

Kapitel 4.1: Generationsunterschiede

Früher war alles besser, und zu unserer Zeit hätte es die heutige Jugend nicht gegeben. Dafür aber eine andere – und die Jugend aller Zeiten hat sich schon immer von den Erwachsenen derselben Zeit unterschieden. Heute haben allerdings nicht nur die gesellschaftlichen Veränderungen, sondern vor allem auch die neuen technischen Möglichkeiten großen Einfluss auf das Miteinander der Geschlechter. Jungen und Mädchen treffen sich heute nicht mehr von Angesicht zu Angesicht, sondern von Online-Profil zu Online-Profil.

Ein wesentlicher Unterschied zwischen den Generationen liegt in der Verlagerung des Lebens in den virtuellen Raum. Das bedeutet lustigerweise, dass das tatsächliche Erlebnis immer weiter in den Hintergrund rückt. Sex tatsächlich zu haben ist für viele Jugendliche nicht annähernd so wichtig wie Likes auf Instagram zu bekommen. Es geht um den erfolgreichen Schein. Was früher das getunte Moped war, das in nervenzerfetzender Lautstärke aus den Hinterhöfen gezuckelt kam, um die Mädchen zu beeindrucken, ist heute ein cooles Instagram-Profil. Finden Sie albern? Ich auch, ist aber so. Bei Licht gesehen fanden aber unsere eigenen Eltern das getunte Moped vielleicht auch nicht so toll.

Vielleicht kehrt sich das in künftigen Generationen wieder um – dann geht die Jugend vor die Tür, um das echte Leben zu erfahren, und die Erwachsenen sitzen daheim und schütteln den Kopf, weil »die heutige Jugend« nicht einmal mehr ihr Instagram-Profil ordentlich pflegen kann. Sie sehen: Der Verfall der Sitten ist nicht aufzuhalten, er liegt nur eben immer im Auge des Betrachters.

Die Generationsunterschiede sind auch zwingend nötig für den Prozess der Abnabelung. Wenn es keine Unterschiede zwischen Eltern und Kindern gibt, wie sollen sich die Kinder dann vernünftig von Vater und Mutter abheben? Eigene Wege müssen her, und der oft gehörte Satz in der Pubertät: »Das verstehst du nicht!«, ist weniger ein Vorwurf, sondern ein Versuch der Selbstbehauptung. Eltern sollten ihm deshalb nicht zu viel Bedeutung beimessen. Er ist zu allen Zeiten gesagt worden und wird zu allen Zeiten gesagt werden – und ist bei weitem nicht so richtig, wie die Jugendlichen das gerne hätten. Denn eigentlich verstehen wir Eltern weit mehr, als es den Pubertierenden lieb ist – auch wenn wir uns manche Sichtweisen nur schwer zu eigen machen können.

Im Prinzip aber geht es heute wie damals um den Schein, nicht um das Sein. Wir haben früher auch angegeben, was das Zeug hielt, um einen möglichst guten Eindruck bei der Clique zu hinterlassen – und natürlich auch, um den heimlichen Schwarm zu beeindrucken. Wir hatten nur nicht die heutigen Möglichkeiten der sozialen Medien – dafür allerdings auch nicht den immensen Druck, den diese mit sich bringen. Ein Druck, der nicht zu unterschätzen ist und der nicht nur mit Sex zu tun hat. Das lag auch daran, dass wir viele Fragen einfach nicht stellen konnten. Es gab in früheren Generationen Frauen, die wussten über Sexualität, Kinderkriegen und ihren Körper noch bis zur Hochzeitsnacht rein gar nichts! Auf vorsichtige Nachfrage wurde höchstens geantwortet: »Das merkst du dann schon, wenn es so weit ist.«

Trotzdem ist Sex natürlich ein wichtiges Thema, das für die heutige Generation auch mit weit mehr Varianten und Details gespickt ist, als es das früher der Fall war. Tipps und Anregungen bekommen die Jugendlichen praktisch auf allen Kanälen – ob sie das wollen oder nicht. Und ob Sie es glauben oder nicht: Es wollen beileibe nicht alle Jugendlichen, vor allem nicht die Mädchen. Aber oft bleibt ihnen keine Wahl. Denn Sex ist heute vor allem auch eine Frage der Erwartungen. Er ist weit stärker aufgeladen als in früheren Generationen, wo Sexualität noch häufig auf die Fortpflanzung reduziert wurde. Heute stehen Genuss und Selbstverwirklichung im Mittelpunkt.

Übrigens bringt die Verlagerung des Lebens in den virtuellen Raum eine interessante Beobachtung mit sich: Menschen haben heute weit weniger Sex, als es etwa vor 20 Jahren der Fall war. Dieser Umstand trifft besonders auf die in dieser Hinsicht besonders übel beleumdete junge Generation zu: Obwohl (oder vielleicht auch weil? – wir gehen dieser Frage später nach) Sex heute überall in allen erdenklichen Spielarten verfügbar ist, sind die sogenannten Millenials zurückhaltender als ihre Eltern und Großeltern. Das durchschnittliche Alter für das erste Mal liegt bei 17 Jahren – und dabei sind Mädchen sogar im Schnitt noch ein wenig früher dran als Jungen.

Kapitel 4.2: Was bedeutet Sex für Jungs?

Jungen pflegen häufig einen sehr pragmatischen Zugang zu Sex. Mitunter missverstehen sie sexuelle Handlungen unter dem Zwang einer Gruppe sogar als Mutprobe. Häufig wird die sexuelle Handlung nicht mit romantischen Gefühlen verbunden, sondern entspringt entweder einem schlichten biologischen Bedürfnis, das ebenso gestillt werden muss wie eben Hunger oder Durst, oder eben dem Wunsch, dazuzugehören, und dem Vorbild und Trend einer Clique zu folgen. Es braucht die Kerbe im Colt, um als echter Cowboy anerkannt zu werden - besser noch viele Kerben. Dies ist eine typisch männliche Herangehensweise an das Thema.

Dabei geht es natürlich auch um Varianten und um vorgebliches Wissen. Vorgeblich heißt, dass die Jungen Bescheid wissen wollen: Alle Reizwörter, die frühere Generationen mitunter nicht einmal kannten, werden mit Leben gefüllt und als eine Art Einweihungsritual gebraucht: Milf, SM, anal, oral etc. Die Jugend weiß, was das alles bedeutet - oder gibt es zumindest vor.

Für Jungen hat Sexualität häufig etwas Unverbindliches. Sie wollen, wie überhaupt in der Pubertät, auch hier Grenzen ausloten und diese nach Möglichkeit überschreiten. Sie wollen Erfahrungen sammeln, das Spiel auf die Spitze treiben, sich dabei aber in vielen Fällen nicht binden. Sie stellen keine emotionalen Ansprüche und wollen auch keine diesbezüglichen Erwartungen erfüllen. Gerade dieser Punkt bringt sie vielfach in Konflikt mit ihren Partnerinnen - denn Mädchen empfinden ausgerechnet in diesem Punkt ganz anders, was zu folgenreichen Missverständnissen führen kann.

Kapitel 4.3: Und was bedeutet Sex für Mädchen?

Mädchen haben noch immer einen eher romantischen Blick auf die Sexualität. Allen Bemühungen des Feminismus zum Trotz wird noch immer gern auf den Märchenprinzen gewartet, der auf weißem Ross – oder noch besser, auf einem Einhorn mit Regenbogenschweif – in das heimische Kinderzimmer geritten kommt und die darbende Pubertierende mit sich nimmt in ein Land aus Glanz und Glitter. Bei einer derart hohen Erwartungshaltung sind Enttäuschungen vorprogrammiert – zumal die andere Seite, wie wir im vorigen Abschnitt gesehen haben, sich diesem Thema auf eine gänzlich andere Art nähert. Das ist aber nur die eine Seite der Medaille!

Denn auch Mädchen können sehr pragmatisch sein: Ab und an werden sexuelle Handlungen als eine Art Tauschgeschäft verstanden. Das liest sich auf den ersten Blick erschreckend, Sie dürfen dabei aber jetzt nicht an Prostitution denken – denn so sehen es die Mädchen selbst auch nicht. Es ist in der Praxis auch etwas weniger dramatisch: Für Mädchen ist Sex häufig die Karotte, die sie dem Jungen vor die Nase hängen, damit er das tut, was sie sich wünschen.

Diese These wurde von Evolutionspsychologen auf die Probe gestellt und bestätigt. Für Frauen – und auch Mädchen – ist Sex durchaus eine Waffe, ein Mittel zum Zweck, um die gewünschten Ziele zu erreichen. Das kann sich ganz banal auf Tätigkeiten im Haushalt beziehen, aber auch auf größere Wünsche und Erwartungen abzielen.

Auch wenn viele Mädchen nach wie vor mit sehr romantischen und teils auch überhöhten Erwartungen an das Thema Sexualität herangehen, gibt es auch viele Frauen, die Sexualität nicht zwingend mit Liebe in Verbindung bringen – Tendenz steigend.

Der Trophäengedanke, der für Jungen oft entscheidend ist, spielt auch bei Mädchen eine Rolle, wenn auch in etwas anderer Ausprägung. Mädchen erobern gerne ihren Traumprinzen, den auch ihre Freundinnen begehren und wollen diesen gern für sich festhalten. Das erste Mittel der Eroberung ist Sex – eine Waffe, der die meisten Jungen nur wenig bis nichts entgegenzusetzen haben. Auch die Mädchen probieren sich aus – und sie genießen das Gefühl der Macht, das ihnen ihre Sexualität gibt.

Das Treueideal, das insbesondere den Mädchen zugeschrieben wird, wird gerade durch die beginnende Menstruation immer wieder infrage gestellt: In der Zeit besonderer Fruchtbarkeit wächst das Verlangen der Frau nach anderen Geschlechtspartnern. Das ist ein Erbe der Evolution, ein Wunsch nach gelingender Fortpflanzung. Frauen sind in diesem Fall also gar nicht so von Männern verschieden, wie man glauben mag.

Kapitel 4.4: Tinder und andere Dating Apps

Wir haben schon davon gesprochen, dass sich Jugendliche heute vor allem in digitalen Profilen gegenüberstehen. Das trifft selbst dann noch zu, wenn sie sich eigentlich aus Schule oder Sportverein kennen – wenn sie überhaupt noch in einem Sportverein Mitglied sein möchten. Es zählt nicht die Person, der man leibhaftig gegenübersteht – sondern die, die sie im Netz zu sein vorgibt.

Natürlich gibt es auch mehr als genug Bekanntschaften, die ausschließlich im Internet geschlossen werden. Die sind besonders gefährlich, weil es hier keine Möglichkeit des Korrektivs gibt: Es zählt nur der Schein, weil die Jugendlichen nur diesen kennenlernen. Hier besteht auch eine valide Missbrauchsgefahr, weil natürlich nicht kontrolliert werden kann, ob hinter dem Online-Profil wirklich die vorgegebene Identität steht. Es gibt erwachsene Männer, die sich genau zu diesem Zweck eine jugendliche Fake-Identität zulegen, um die arglosen Pubertierenden zu beeinflussen.

Deshalb ist es wichtig, dass Sie Ihr Kind auch im Umgang mit Tinder und Dating Apps nicht alleinlassen. Natürlich kann die Frage gestellt werden, ob es im jugendlichen Alter überhaupt schon notwendig ist, sich bei derartigen Apps, bei denen es nur um Beziehungen geht, überhaupt anzumelden. Tun es Instagram, YouTube oder Facebook nicht auch? Wenn es in der Klasse oder in der Gruppe gerade angesagt ist, dann werden Sie Ihr Kind kaum davon abhalten können, ein solches Profil anzulegen – zumal Sie auch schlicht nicht alles kontrollieren können, was Ihr Kind im Netz macht.

Deshalb ist es besser, rechtzeitig mit Ihrem Sohn oder Ihrer Tochter auch über dieses Thema zu sprechen. Vielleicht hilft der Vergleich mit der Werbung: Dort sieht auch immer alles schöner und besser aus, als es in Wirklichkeit ist. Gehen Sie mit Ihren Kindern ins Schnellrestaurant, zeigen Sie Ihnen das Werbefoto auf der Auswahltafel und regen Sie dann einen Vergleich mit dem tatsächlichen Produkt an. Sieht das Gemüse nicht viel schrumpeliger aus als auf dem Bild? Und das Brötchen viel zerknautschter?

Vor allem sollten Sie mit allem Nachdruck darauf hinweisen, dass das Internet nichts vergisst – auch dann nicht, wenn ein Inhalt vom Urheber gelöscht werden. Das gilt besonders für Fotos: Es ist leider ein unter Kindern und Jugendlichen immer stärker verbreiteter Trend, erotische Fotos von sich selbst über Tinder und andere Dating Apps auszutauschen.

Hier endet allerdings die elterliche Toleranz – und auch die des Gesetzgebers. Machen Sie Ihre Kinder darauf aufmerksam, dass die Verbreitung von Kinderpornografie strafbar ist. Das gilt auch dann, wenn zum Beispiel ein 17-jähriger Junge mit einem 14-jährigen Mädchen zusammen ist.

Es kann in dieser Hinsicht nur eine Regel und Linie geben: Erotische Fotos und Filme sind in jeder Hinsicht ein nicht zu verhandelndes Tabu!

Für die Akzeptanz solcher Tabus ist es übrigens hilfreich, wenn Ihre Kinder Sie nicht immer und überall als wandelndes Stoppschild erleben. Wenn von Ihrer Seite immer nur Ermahnungen und Regelsetzungen erfolgen, aber jedes Verständnis fehlt, dann werden Ihre Kinder schnell innerlich abschalten und Ihre Eingaben blockieren.

Kapitel 4.5: Pornos

Natürlich schauen Sie keine Pornos. Ich auch nicht. Nie gesehen. Wirklich! Ich musste für diesen Abschnitt extra recherchieren, worum es sich dabei handelt. Und ich war entsetzt! Meine Kinder würden natürlich nie ... und Ihre sowieso nicht. Oder? Doch! Und dafür müssen wir und unsere Kinder nicht einmal Schweinigel sein. Es genügt die ganz normale menschliche Neugier.

Sagen wird es mal deutlich: Zumindest in Bezug auf die Pubertät sind Pornos wenig hilfreich. Um das festzustellen, muss man kein altjüngferlich-protestantisch verklemmter Moralapostel sein. Fast alle Psychologen sind sich einig, dass die Pornos den Kindern eine Welt vorgaukeln, die es gar nicht gibt, einen Leistungsdruck erzeugen, der ungesund ist. Nur bei den Folgen herrscht Uneinigkeit: Da reicht das Meinungsspektrum von völlig harmlos bis brandgefährlich. Ob die Wahrheit in der Mitte liegt oder doch eine Seite recht hat? Das können und wollen wir nicht entscheiden, es ist für den richtigen Umgang mit der Sache auch unerheblich.

Besonders betroffen sind hier die Jungen, deren Pornokonsum nachweislich ungleich höher ausfällt als es bei Mädchen der Fall ist. Das hat Folgen: Jungen bekommen durch diese Filme ein völlig verzerrtes Bild von Sexualität vermittelt, das mit der Wirklichkeit nichts zu tun hat. Trotzdem muss das nicht gleich eine völlige Verderbnis Ihres Nachwuchses bedeuten. Die Welt geht nicht unter, weil Ihr Kind einmal einen Porno ansieht. Dahinter steckt oft nur kindliche Neugier und Entdeckerfreude.

Ihr Kind wird Pornos anschauen. Sie werden es nicht verhindern können. Vielleicht hilft es Ihnen, wenn Sie sich bewusst machen, dass das Überangebot an visueller Information zur Sexualität gerade eben nicht zur Folge hat, dass die pubertierenden Jugendlichen von heute nur noch an das eine denken. Wobei: Sie denken möglicherweise schon daran, aber sie tun es eben nicht. Jedenfalls nicht früher als ihre Eltern und Großeltern – eher das Gegenteil ist der Fall, wie wir bereits gesehen haben.

Wir halten also mit einem großen Ausrufezeichen fest: Die sogenannte »Generation Porno« gibt es nicht!

Ein weiteres Ausrufe- oder besser Alarmzeichen müssen wir beim Pornokonsum allerdings setzen. Das betrifft Pornos oder auch erotische Bilder, die Jugendliche untereinander austauschen. Wir haben es im vorherigen Abschnitt schon angeschnitten. Alle erotischen Aufnahmen von sich selbst oder von Klassenkameraden sollten ein absolutes Tabu sein – und bergen auch ein strafrechtliches Risiko.

Kapitel 4.6: Missbrauch

Ein ernstes Thema, mit dem Sie hoffentlich nie in der Praxis zu tun haben werden. Aussparen können und wollen wir es aber nicht.

Sprechen wir zunächst einmal darüber, wie man Missbrauch im Allgemeinen definiert: Die Bandbreite der möglichen Missbrauchsformen ist sehr weitläufig, und beileibe nicht jeder Missbrauch zählt nach aktueller Rechtsprechung auch als Straftat.

Es ist ohnehin klar: Wenn der Missbrauch erst einmal geschehen ist, dann lässt sich der Schaden kaum beheben, es geht dann nur noch um Begrenzung, um eine Eindämmung des über die Ufer tretenden Hochwassers. Kellerräume abdichten, Sandsäcke auftürmen, Wasser abpumpen – keine angenehme Vorstellung.

Das Ziel muss sein, den Missbrauch zu verhindern, bevor es dazu kommt. Nicht immer ist das möglich. Aber eine wichtige Maßnahme hierzu ist wie so oft die rechtzeitige und umfassende Aufklärung. Diese betrifft Eltern und Kinder gleichermaßen. Fast immer gibt es nämlich Anzeichen für drohenden oder beginnenden Missbrauch – nur werden diese erschreckend häufig übersehen.

Missbrauch bedeutet nicht immer, dass Ihr Kind tatsächlich unsittlich berührt oder zu sexuellen Handlungen aufgefordert wird. Missbrauch kann viele Gesichter haben. Es bedarf nicht einmal eines unmittelbaren Kontakts! Selbst wenn jemand Ihrem Kind, und sei es über das Internet, zum Beispiel während eines Chats, pornografische Bilder zeigt, ist das eine Form von Missbrauch. Das gilt auch für exhibitionistische Handlungen, die jemand vor einem Kind durchführt.

Sexuelle Handlungen im Zusammenhang mit Minderjährigen sind immer eine Straftat, egal, ob der Minderjährige aktiv oder passiv bleibt. Es muss nicht zu sexuellen Handlungen kommen, um ein Kind zu missbrauchen. Dieser Umstand muss auch Kindern bewusst gemacht werden.

Oft unberücksichtigt bleiben bei der Missbrauchsdiskussion die Frauen. Es wäre allerdings fatal, davon auszugehen, dass Missbrauch nur von Männern begangen würde. Auch wenn es noch nicht flächendeckend im allgemeinen Bewusstsein angekommen ist, hat die Forschung doch längst Gewissheit, dass unter den Missbrauchstätern auch viele Frauen zu finden sind.

Zwar stellen nach wie vor Männer die Mehrheit – 96 Prozent aller ermittelten Missbrauchsfälle wurden von Männern begangen –, doch liegt das auch daran, dass Missbrauch durch Frauen stärker als Tabu gilt und seltener angezeigt wird. Dennoch findet er statt und muss in das Denken über Missbrauch miteinbezogen werden.

Die genaue Ermittlung der Zahlen von Missbrauchsopfern fällt schwer. Rund 8,5 Prozent aller jungen Erwachsenen in Deutschland wurden als Kinder Opfer von sexuellem Missbrauch. Das sind aber nur die bekannten Zahlen – alle Experten sind sich einig, dass die Dunkelziffer weit höher liegt.

Wird ein Missbrauch nicht erkannt und aufgeklärt, dann besteht die Gefahr, dass die Opfer ein Leben lang unter den Folgen leiden und möglicherweise selbst zu Tätern werden. Experten sprechen von einer Art Überlebensstrategie, bei der das Opfer den erlebten, aber nie aufgearbeiteten, sondern verdrängten Missbrauch durch eine selbst verübte Tat zu überwinden versucht.

Die wichtigste Waffe im Kampf gegen sexuellen Missbrauch ist und bleibt die Aufklärung. Das gilt für Kinder und Eltern gleichermaßen. Denn Umfragen und Studien haben einen erschreckenden Umstand zutage gefördert: Nur wenige Kinder und Jugendliche, die online sexueller Belästigung ausgesetzt waren, haben im Anschluss auch den Kontakt zu der jeweiligen Person abgebrochen. Rund 86 Prozent setzten die Beziehung fort – und rund ein Viertel stimmte sogar einem persönlichen Treffen zu.

Das ist vor allem damit zu erklären, dass die betroffenen Kinder und Jugendliche von dieser Situation überfordert waren und sich gegen ihren Bedränger nicht zur Wehr setzen konnten. Deshalb ist es wichtig, dass die Kinder und Jugendlichen über derartige Möglichkeiten Bescheid wissen und sich wappnen. Eltern sollten mit ihren Kindern solche Situationen durchspielen und auch miteinander festlegen, wie das richtige Verhalten angesichts von Belästigung aussieht.

Bedenken Sie auch, dass sich die Betroffenen aus Scham selten offenbaren und auch keine therapeutische Hilfe in Anspruch nehmen. Die langfristigen Folgeschäden für das Individuum und die gesamte Gesellschaft sind immens.

Die vielleicht wichtigste Lektion, die Eltern in dieser Sache ihren Kindern beibringen können, ist deshalb ein gesundes Nein. Kinder sollen und dürfen laut und bestimmt Nein sagen, wenn ihnen eine Annäherung zu weit geht. Dabei muss es gar nicht immer um Missbrauch gehen. Auch wenn den Kinder gerade nicht nach Umarmungen der Eltern ist, dürfen und sollen sie das sagen – und die Eltern sollten das respektieren, ohne beleidigt zu sein.

Kapitel 4.6.1: Pädophilie

Die schlimmste Form des Missbrauchs ist wohl Pädophilie. Wobei man hier einen Trennstrich ziehen muss: Bei Weitem nicht jeder, der pädophile Neigungen verspürt, wird auch wirklich zum Täter – und häufig entspringt der Missbrauch an Kindern nicht einem pädophilen Trieb, sondern einem krankhaften Bedürfnis nach Macht und Überlegenheit.

Trotzdem sind die nackten Zahlen erschreckend: Allein in Deutschland leben rund 250.000 erwachsene Männer, die Kinder unter 14 Jahren sexuell anziehend finden. Das ist zwar nur ein Prozent der Gesamtbevölkerung, aber doch eine ebenso erstaunlich wie erschreckend große Zahl. Andere Studien sprechen davon, dass 4,4 Prozent aller Männer sexuelle Fantasien mit Kindern haben.

Pädophilie macht sich übrigens normalerweise in der Pubertät erstmals bemerkbar. Man versteht darunter eine sexuelle Präferenz für das kindliche Körperschema. Im Gegensatz zum allgemeinen sexuellen Missbrauch handelt es sich bei Pädophilie nach derzeitigem Forschungsstand tatsächlich um ein rein männliches Phänomen. Experten sind allerdings davon überzeugt, dass es auch Frauen mit pädophilen Neigungen gibt.

Das Gefährliche an der Pädophilie ist vor allem der Umstand, dass sie in der Regel im unmittelbaren Umfeld des Täters ausgelebt wird. Es ist wirklich der vielbeschworene nette Onkel, Nachbar oder mitunter sogar der eigene Vater.

Die Wissenschaft unterscheidet zwischen einer pädophilen Störung, die nicht therapierbar ist, und einer pädophilen Neigung, die sich behandeln lässt. Die pädophile Veranlagung an sich ist übrigens keine Straftat! Nur wenn es in der Tat zu einem Missbrauch kommt, wird ein Verbrechen begangen.

Wie auch beim allgemeinen Missbrauch sind Aufklärung und Achtsamkeit die wirksamste Maßnahme gegen Pädophilie. Achten Sie auf alle möglichen Signale und schauen Sie nicht weg – viel Kinderleid hätte verhindert werden können, wenn die Zeugen sich nicht bewusst abgewendet hätten.

Kapitel 5: Die erste Beziehung – echte Challenge

Die erste Liebe vergisst man nie, heißt es. Manchmal ist aber auch gerade die erste Liebe zum Vergessen, und das macht Pubertierenden sehr zu schaffen. Trotzdem wird die erste Liebe Spuren hinterlassen, die ihren Abdruck ein Leben lang behalten. Ganz gleich, wie viele Beziehungen ein Mensch im Laufe seines Lebens hat, die erste Liebe wird immer einen besonderen Stellenwert behalten und auch auf andere, spätere Beziehungen abstrahlen.

Das Erste ist immer das Besondere. Das erste Kind, der erste Läufer im Ziel, der erste Ausbildungsvertrag, das erste Gehalt – und eben der erste Kuss und das erste Mal. Erste Dinge sind aber auch immer eine besondere Herausforderung, sie stellen eine Pionierleistung dar, ein Vordringen über die Grenze in neue, unerkannte Bereiche.

Sehr wahrscheinlich werden Sie es Ihrem Kind recht schnell anmerken, wenn die Liebe das erste Mal zuschlägt und Amors Pfeile bündelweise im unerfahrenen Herzen vibrieren. Dann sollten Sie unbedingt der Versuchung widerstehen, ihre Scherze damit zu treiben. Für die frisch und erstmals verliebten jungen Menschen ist diese erste Liebe nämlich eine todernste Sache. Und in vielen Fällen sind sie auch fest davon überzeugt, dass es die große und einzige Liebe sein und bleiben wird.

Vielleicht fragen Sie sich jetzt, ob Ihr Kind nicht viel zu jung für so ein schwerwiegendes Ereignis ist. Insbesondere Väter von Töchtern können sich oft gar nicht damit anfreunden, dass ihre kleine Prinzessin plötzlich einen anderen Mann anhimmelt. Aber ob Vater oder Mutter, ob Sohn oder Tochter – eine Sache müssen Sie sich klarmachen: Ihre Einflussmöglichkeit ist begrenzt. Wenn es etwas gibt, was sich Kinder niemals ausreden lassen, dann ist das die erste Liebe.

Deshalb ist Vertrauen gefragt: Vertrauen in Ihr Kind, aber auch Vertrauen in Ihre Erziehung. Und natürlich müssen Sie erster Ansprechpartner bleiben – das geht aber nur, wenn Sie, wie eingangs erwähnt, die Gefühle Ihres Kindes ernst nehmen. Ihr Kind wird es Ihnen danken, denn auch wenn Ihr Sohn oder Ihre Tochter zu Beginn der Beziehung vielleicht noch nicht so richtig mit der Sprache heraus möchte, wird sich der Redebedarf langfristig ganz sicher einstellen.

Und ein möglichst früh zu behandelndes Thema sollte bei diesen Gesprächen die richtige Verhütung sein. Die ist nämlich in doppeltem Sinn wichtig: Einerseits bewahrt Sie Ihr Kind vor unerwünschtem, viel zu frühem Nachwuchs. Anderseits schützt sie auch vor Krankheiten. Geschlechtskrankheiten sind nach wie vor ein großes Problem, das durch ungenügende Verhütung noch gesteigert wird. Deshalb sollten Sie dieses heiße Thema möglichst bald bei den Hörnern packen und erst wieder loslassen, wenn alles Wichtige gesagt wurde.

Eine erste Liebe bedeutet oft auch ersten Liebeskummer. Natürlich würden Sie als Eltern Ihrem Kind diese leidvolle Erfahrung gerne ersparen. Aber Sie können es nicht. Je eher Sie das akzeptieren, desto leichter fällt Ihnen der Umgang mit dieser Situation – und desto mehr Verständnis und Trost können Sie Ihrem Kind schenken, wenn es wirklich dazu kommt.

Oft ist in Ratgebern der Hinweis zu lesen, Eltern sollten an ihre eigene erste Liebe denken. Dieser Rat ist aber ein zweischneidiges Schwert, denn er birgt auch die Gefahr, dass Eltern ihre eigenen Erfahrungen und Erinnerungen auf die Beziehung ihres Kindes übertragen. Das ist aber nur sehr begrenzt sinnvoll. Ihr Kind muss seine eigenen Erfahrungen machen – und das werden möglicherweise oder sehr wahrscheinlich ganz andere sein als Ihre. Und das ist gut so. Sie sollten Ihr Kind dabei unterstützen, diese Erfahrungen zu machen – unter anderem mit der ersten Übernachtung. Womit wir beim nächsten Punkt wären.

Kapitel 5.1: Erste Übernachtung

Die schlechte Nachricht: Nein, Sie dürfen nicht dabei sein, auch wenn Sie noch so gerne Mäuschen spielen möchten. Aber es ist der Romantik wirklich nicht dienlich, wenn Papa oder Mama mit Argusaugen danebensitzen und hilfreiche Ratschläge erteilen. Gefragt sind die Eltern höchstens im Vorfeld, aber keineswegs als Begleiter. In diesem Zusammenhang auch gleich noch ein guter Tipp: Es ist keine gute Idee, zwischendurch mal eine SMS oder WhatsApp-Nachricht zu schicken. Wenn es eine Person gibt, von der Ihr Kind bei seiner ersten gemeinsamen Nacht mit der oder dem Liebsten nichts hören oder lesen will, dann sind Sie das. Tut mir leid, wenn das jetzt harsch klingt, aber so ist es nun mal.

Eines müssen Sie sich von Anfang an klar machen: Verhindern können Sie das erste Mal nicht. Sie können lediglich so gut wie möglich dafür sorgen, dass alles in geordneten Bahnen verläuft und keine folgenreiche Missgeschicke passieren. Nicht von ungefähr heißt es: Wo ein Wille ist, da ist auch ein Busch! Bevor Ihr Kind sich unter Stress und Zeitnot in einem dornigen Busch seine ersten Erfahrungen sucht, ist es besser, Sie helfen beim Schaffen eines geeigneten Rahmens.

Die wichtigste und keinesfalls verhandelbare Grundregel sollten Eltern allerdings in allem Ernst und mit angemessenem Nachdruck im Vorfeld abklären: Niemals, wirklich niemals darf etwas geschehen, für das sich der Sohn oder die Tochter noch nicht bereit fühlen. Die erste Übernachtung ist möglich – wenn der oder die Jugendliche das auch wirklich möchte.

Genau da ist Ihr Einfühlungsvermögen gefragt. Reagieren Sie nicht mit reflexartigem Widerstand auf einen solchen Wunsch, sondern mit Verständnis. Klären Sie dann in einem vertrauensvollen Gespräch ab, ob Ihr Kind wirklich bereit ist für solch einen Schritt. Machen Sie ihm klar, dass es das erste Mal eben wirklich nur ein einziges Mal geben wird und keine spätere Korrektur möglich ist.

Oft fühlen sich Mädchen noch gar nicht wirklich bereit und geben nur dem ständigen Drängen des Freundes nach. Es kann aber auch umgekehrt sein, dass der Junge noch gar nicht will, der Druck im Freundeskreis aber entsprechend groß ist, sodass er endlich gleichziehen möchte.

Damit die erste Übernachtung auch bei gegenseitiger Übereinstimmung und dem echten Wunsch nach sexuellen Erfahrungen nicht mit einer unverhofften Empfängnis endet, sollten Sie rechtzeitig mit Ihrem Kind über Verhütungsmittel sprechen. Rechtzeitig heißt: Zu Beginn oder vor einer Beziehung, nicht erst dann, wenn es die Jungverliebten bereits aufs gemeinsame Lager zieht.

Es kann auch sein, dass Sie im Vorfeld gar nicht über die erste Übernachtung informiert werden. Dann steht plötzlich ein wildfremder Jüngling oder eine junge Maid in Ihrem Badezimmer, wenn Sie am Morgen noch reichlich verschlafen zur Toilette schlurfen. In diesem Fall sollten Sie eventuelle Schlag- und Beißreflexe tunlichst unterdrücken.

Kapitel 5.2: Die Sache mit den Eltern

Eltern sind uncool, das liegt in der Natur der Sache. Ganz besonders uncool sind sie, wenn es um die erste Beziehung geht. Trotzdem sind Eltern nach wie vor die ersten und wichtigsten Ansprechpartner, wenn es um das wichtige und heikle Thema Sexualität geht. Nur da, wo Eltern sich diesem Gespräch verweigern – was zum Beispiel in muslimischen Familien, die das Thema Sex generell eher tabuisieren, der Fall ist –, treten häufig die Lehrer in der Schule an diese Stelle.

Es gibt allerdings einen Punkt, bei dem es ohne Eltern nicht geht, und das betrifft auch die eben besprochene erste Übernachtung. Und dabei sollten Sie – und auch Ihre Kinder – nicht vergessen, dass es ja immer zwei Elternpaare gibt. Das bedeutet eine Menge schwieriger Vorstellungen. Einmal müssen die Eltern den Freund oder die Freundin kennenlernen – und dann eben auch die anderen Eltern. Das kann mitunter in hohe Diplomatie ausarten, weil Eltern natürlich bei der ganzen Sache durchaus parteiisch sind.

Längst nicht immer drohen aber offene Konflikte. Oft ist man sich auf Anhieb sympathisch. Manche Väter verstehen sich auch so gut, dass beide nach dem ersten Treffen einen Kater haben. Generell empfiehlt es sich, das Treffen der Eltern nicht zu wild zu veranstalten. Entweder verstehen sie sich, oder eben nicht. Beeinflussen können die Kinder das ebenso wenig wie die Eltern.

Sie selbst sollten aber daran denken, dass Ihrem Kind die Beziehung und das Verhältnis zu den Eltern wichtig ist. Zeigen Sie sich deshalb ruhig von Ihrer besten Seite und springen Sie nicht über jedes Stöckchen, das Ihnen hingehalten wird. In anderen Worten: Wenn Sie Fan von Borussia Dortmund sind und Ihr Sohn sich in ein blauhaariges Schalke-Mädchen verliebt hat, dann reden Sie an diesem Abend eben ausnahmsweise einmal nicht über Fußball.

Überhaupt ist die Auswahl des passenden Gesprächsthemas ein Schlüssel zu einem erfolgreichen ersten Kennenlernen der Eltern. Meiden Sie deshalb alle Tretminen: Ein Vergleich von unterschiedlichen Erziehungsmethoden kann nur nach hinten losgehen. Überhaupt sollten Sie Rivalitäten keinen Raum geben. Leider haben Eltern eine natürliche Neigung dazu, bei einem Treffen genau die Themen zu besprechen, die den meisten Konfliktstoff bergen. Wenn Sie sich im Vorfeld darüber Gedanken machen, fällt es Ihnen womöglich leichter, diese Klippen zu umschiffen.

Und allen Kindern sei zum Trost gesagt: Ihr seid ja nicht mit den Eltern zusammen…

Kapitel 6: Interesse am gleichen Geschlecht

Ein heute besonders aktuelles, für viele Menschen aber immer noch heikles Thema. Ein gewisser Prozentsatz an Jugendlichen entdeckt in der Pubertät, dass es sich zum eigenen Geschlecht hingezogen fühlt. Für die betroffenen Jungen und Mädchen stellt sich in diesem Fall eine doppelte, wenn nicht sogar eine dreifache Hürde: Zum einen müssen sie sich selbst dieser Neigung bewusst werden und diese sich eingestehen. Zum anderen geht es auch darum, diese gegenüber ihrem Umfeld festzustellen – dem familiären und dem außerfamiliären. Das ist auch heute noch schwer.

Vielleicht sind Sie eher der progressive Typ, der angesichts einer solchen Enthüllung eher mit den Schultern zuckt und sich nichts weiter dabei denkt. Dann hat Ihr Kind sicher Glück, von Anfang an auf Verständnis und Toleranz zu treffen, allerdings ist es damit nicht abgetan.

Selbst wenn Sie überhaupt keine Probleme mit einer gleichgeschlechtlichen Neigung bei Ihren Kindern haben sollten, besteht dennoch Redebedarf. Ihr Kind freut sich in einer solchen Situation nicht nur über Toleranz und Akzeptanz, sondern vor allem auch über Zuspruch und bestärkende Begleitung. Ein Outing ist eine Herausforderung, auch außerhalb der Familie. Wenn Ihr Kind diese Belastung nicht allein durchstehen muss, ist das eine große Hilfe!

Nach wie vor ist die übliche Form der Liebesbeziehung die Verbindung zwischen Mann und Frau. Das trifft auch auf die meisten Jugendlichen zu. Ein homosexueller Jugendlicher hat es also in seinem Umfeld immer schwer, seinen Platz zu finden – auch dann, wenn seine Veranlagung akzeptiert wird. Eltern und Familie können hier einen wertvollen und unersetzlichen Beistand leisten.

Wenn Sie jedoch zu dem Menschen gehören, die sich schwer mit einer solchen Enthüllung tun – und das sind immer noch sehr viele Menschen, auch solche, die eigentlich in Ihrem Umfeld tolerant gegenüber Homosexuellen sind –, dann gibt es öffentliche Anlaufstellen, die Ihnen dabei helfen können. Dazu gehört das *Bündnis der Eltern, Freunde und Angehörigen von Homosexuellen (BEFAH)*, der *Lesben- und Schwulenverband*, die *Bundeszentrale für gesundheitliche Aufklärung*, die auch eine kostenlose Broschüre zu diesem Thema anbietet, die *Deutsche AIDS-Hilfe*, das queere *Jugendnetzwerk Lambda* oder der Verein *Coming Out Day*, der von der *Aktion Mensch* unterstützt wird. Alle diese Organisationen haben große Online-Präsenzen, auf denen Sie sich unverbindlich und auch anonym informieren können.

Natürlich ist die Pubertät eine Zeit der Unsicherheiten, des Experimentierens und des Ausprobierens. Nicht jeder Jugendliche, der sich in dieser Phase zum anderen Geschlecht hingezogen fühlt, ist wirklich homosexuell. Eltern sollten aber auf keinen Fall irgendetwas in dieser Hinsicht erzwingen wollen. Das gilt auch dann, wenn Sie vielleicht einen leisen Verdacht hegen, dass Ihr Kind diese Neigungen hat und gerne darüber sprechen möchten. Es ist letzten Endes die Entscheidung Ihres Sohnes oder Ihrer Tochter, wann und wie Sie ins Vertrauen gezogen werden. Sie können aber eine Atmosphäre der Geborgenheit und des Vertrauens schaffen, die Ihrem Kind signalisiert, dass Sie immer da sein werden, um jedes, wirklich jedes Thema zu besprechen.

Kinder sind sehr sensibel und feinfühlig, gerade während der Pubertät. Es mag nicht immer so aussehen, aber die meisten Jungen und Mädchen spüren sehr genau, ob sie ihren Eltern eine Sache anvertrauen können oder auf Ablehnung stoßen werden. Dabei spielt auch eine Rolle, welchen Standpunkt Sie selbst zu Homosexualität einnehmen und wie Sie sich in der Vergangenheit dazu geäußert haben.

Eins möchte ich Ihnen aber auf jeden Fall ans Herz legen: Ihr Kind bleibt immer Ihr Kind, unabhängig von seiner sexuellen Ausrichtung. Wollen Sie wirklich wegen eines biologischen Details Ihr Kind verlieren? Eltern sind die natürlichen und wichtigsten Verbündeten ihres Kindes. Das sollte auch so bleiben.

Kapitel 6.1: Was Sie auf keinen Fall sagen sollten

Die Klassiker »Das ist doch nur eine Phase!« oder »Mach dir nichts draus, das geht vorbei!« sind genau die Sätze, die Jugendliche in einer solchen Situation nicht hören möchten. Also sollten Sie solche Sätze auch nicht sagen – denn sie helfen weder Ihnen noch Ihrem Kind. Sie vergrößern lediglich den Spalt zu einer Schlucht, in die letztlich Sie selbst und Ihr Kind fallen können. Und daraus wieder zu entkommen, ist schwer.

Sie sollten nach Möglichkeit auch vermeiden, Ihrem Kind gegenüber allzu unglücklich zu wirken, selbst wenn Ihnen die Situation zu schaffen macht. Allerdings: Wenn Sie lügen oder täuschen, wird Ihr Kind das ohnehin bald oder sogar gleich bemerken, deshalb ist Aufrichtigkeit immer die beste Lösung. Rechnen Sie aber damit, dass Ihr Kind in seinem sozialen Umfeld ohnehin Ablehnung erfährt: Auch wenn Homosexualität immer breitere Akzeptanz findet, ist doch gerade in der Schule die Wahrscheinlichkeit noch hoch, dass Spott- und Schimpfworte fallen. Da ist es gut, wenn es einen sicheren Hafen der Akzeptanz und des Verständnisses gibt.

Auch wenn Sie bestimmte Dinge nicht sagen sollten: Schweigen ist erst recht keine Lösung. Wegschauen auch nicht. Nahezu jeder 3. Suizidversuch bei Jugendlichen hängt mit Homosexualität zusammen. Wichtig ist das Gespräch. Und selbst wenn Sie zunächst unglücklich oder falsch reagieren und etwas sagen, was Sie nicht hätten sagen sollen: Das lässt sich korrigieren. Sie können sich immer noch bei Ihrem Kind entschuldigen. Wenn sie eine gewisse Zeit brauchen, um mit der für Sie neuen Situation fertigzuwerden, dann wird Ihr Kind das verstehen – denn ihm ist es ganz genauso ergangen. Kaum ein Mensch erkennt und akzeptiert seine Homosexualität auf Anhieb.

Schlucken Sie nach Möglichkeit alles herunter, was Ihr Kind belasten würde. Dazu gehört auch die Klage über die ausbleibenden Enkelkinder, die Sie sich doch so sehr gewünscht haben. Nebenbei: Auch heterosexuelle Paare sind keine Garantie für Enkel. Als Eltern haben Sie auch und gerade in dieser Situation eine gewaltige Verantwortung, denn Angst vor dem eigenen Elternhaus ist für viele Jugendliche der entscheidende Faktor, der das Fass zum Überlaufen bringt und eine Kurzschlussreaktion provoziert.

Kapitel 7: Das Internet: Gefahren und Chancen

Es ist nicht immer nett, das Internet. Tatsächlich lauert in den Tiefen des World Wide Webs eine Menge Gefahren – und manche davon befinden sich sogar ziemlich weit an der Oberfläche. Das Problem an der Pubertät ist gleichzeitig die große Stärke: Jugendliche in der Pubertät erleben eine unbändige Entdeckerfreude, einen kaum stillbaren Hunger auf neue Erfahrungen und eine ausgeprägte Sehnsucht nach Grenzübertritten.

Das Internet ist für pubertierende Jugendliche deshalb die ideale Umgebung – und deshalb so brandgefährlich. Aber wir dürfen uns keinerlei Illusion hingeben: Ohne Internet geht es nicht. Ihr Kind muss sich möglichst früh eine ausreichende Medienkompetenz aneignen, wenn es in unserer modernen Welt erfolgreich sein will.

Das Interesse am Internet beginnt heute früh: Als Richtwert gilt ein Alter von fünf Jahren, in dem das Internet für die Kinder interessant wird. Das bedeutet: Wenn Ihr Kind die Pubertät erreicht, hat es längst gelernt, sich im Internet zu bewegen. Es wird auch eine eigene E-Mail-Adresse besitzen, unter der es mit vertrauten Personen korrespondieren kann. Das stärkt neben der Online- auch die Lese- und Schreibkompetenz.

Ein Online-Profil sollte Ihr Kind allerdings vor der Pubertät noch nicht haben – und auch kein Chatprogramm. Denn im Gegensatz zu einer von den Eltern verwalteten E-Mail-Adresse lässt sich ein Chat viel schwerer kontrollieren.

Das Internet ist ein gefährlicher Ort, davor sollten wir nicht die Augen verschließen. Ihr Kind sollte gerade in den ersten Jahren nicht allein und ohne Aufsicht im Netz unterwegs sein. In der Pubertät ist das allerdings nicht mehr möglich, weshalb die Grundprinzipien schon vorher eingeübt werden sollten: Wenn das Interesse an einem Chat zunimmt, sollten Sie diesen gestatten – aber zuvor eindeutige Regeln festlegen. Die wichtigsten lauten:

keine Klarnamen und Daten, keine persönlichen und schon gar keine freizügigen Fotos, keine persönlichen Treffen ohne Rücksprache mit Ihnen! Auf diese Regeln muss sich das Kind einlassen – und Sie sollten auch deutlich machen, warum Sie diese aufstellen.

Ganz ohne Panikmache muss Ihr Kind über die Gefahren im Netz informiert werden. Viele Regeln aus dem analogen Leben lassen sich ins Digitale übertragen: Nicht mit Fremden reden, möglichst nur in vertrauter Umgebung aufhalten. Soziale Kompetenzen sind auch online immens wichtig: Je mehr sich Ihr Kind davon aneignet, desto sicherer wird es sich auch in einer virtuellen Umgebung bewegen.

Kapitel 7.1: Generation Internet

Für die aktuelle Generation ist das Internet kein Angebot, sondern ein Zuhause. Im besten Fall ein zweites, im schlechtesten Fall das einzige. Das Problem: Spätestens in der Pubertät kommen Sie an der Anschaffung eines Smartphones für Ihr Kind nicht mehr herum. Mit einem Smartphone ist Ihr Kind jedoch permanent online – und zumindest theoretisch jederzeit in der Lage, im Internet zu verschwinden.

Die bloßen Zahlen können Eltern nervös machen: Im Jahr 2019 verbrachten Jugendliche zwischen 12 und 19 Jahren im Schnitt an die 205 Minuten am Tag im Internet. Das sind dreieinhalb Stunden. Im Jahr 2007 betrug diese Zeitspanne nicht einmal die Hälfte!

Klarer Spitzenreiter bei den Online-Tätigkeiten ist aktuell WhatsApp, dicht gefolgt von Instagram. Von den regulären Internetseiten abseits der sozialen Medien ist die Videoplattform YouTube der ungeschlagene Spitzenreiter.

Die Jugendlichen schlagen dabei die Erwachsenen klar aus dem Feld: Die Gesamtbevölkerung ist im Durchschnitt nur 196 Minuten online. Allerdings entfallen bei Erwachsenen pro Tag rund 44 Minuten allein auf das Schreiben von E-Mails, was auch viel geschäftliche Korrespondenz miteinschließen dürfte. Ein Umstand, der Jugendliche in der Pubertät eher nicht betrifft.

Für die Jugendlichen ist das Internet vor allem eines: Das Wunderland, das sie jederzeit erreichen können, um die Grenzen der Realität zu überschreiten. Anders als Alice müssen sie dafür nicht einmal dem weißen Kaninchen nachlaufen und in ein Kaninchenloch springen. Das Kaninchenloch der modernen Jugend sind die sozialen Medien.

Gerade darin liegt die große Gefahr des Internets: Unzufriedenheit im wirklichen Leben kann durch eine Online-Scheinwelt kompensiert werden, die natürlich auch die Gefahr birgt, bei Jugendlichen eine Sucht und/oder eine Fluchtreaktion auszulösen.

Das Internet, namentlich die in der Hauptsache genutzten sozialen Medien und YouTube, dient den Jugendlichen als Instrument der Selbstinszenierung. So, wie sich kleine Kinder verkleiden und Ritter oder Pirat spielen, spielen auch die Jugendlichen mittels ihrer Online-Profile eine Rolle. Das Internet bietet den Jugendlichen schier grenzenlose Möglichkeiten, aus der eigenen Lebenssituation auszubrechen und jemand zu sein, der sie sein wollen, aber eigentlich nicht sind. Das birgt selbstredend auch Gefahren.

Kapitel 7.2: Instagram, TikTok, Facebook, YouTube und Co.

Die ältere Generation nutzt hauptsächlich Facebook, aber es gibt inzwischen weitere soziale Online-Plattformen, die bei Jugendlichen höher im Kurs stehen. Das wichtigste Thema, das dort behandelt wird, sind zunächst einmal die Jugendlichen selbst. Egal ob Instagram- oder YouTube-Account, egal, welchen Themen man sich dort vordergründig widmet: Die eigentliche Hauptattraktion ist immer der Account-Inhaber. Und der braucht Publikum.

Das Publikum, die Follower, entspricht im Internet der Einschaltquote von Fernsehsendern. Sie sind das Gold, nach dem im Internet geschürft wird. Die Regeln sind dabei ganz einfach: Wer mit seiner Performance die meisten Interessenten bindet und begeistert, steigt in der Rangliste nach oben. Nicht die Qualität der Kontakte zählt, sondern allein die Quantität.

Für die Jugendlichen ist das wichtig, um in ihrer Clique anerkannt zu sein. Gerne werden da schon einmal die Follower-Zahlen verglichen – das bedeutet auch großen Druck. Um Beifall in Form von Likes (die wichtigste Währung im Internet) zu bekommen, sind Jugendliche zu großem Einsatz bereit. Und dieser Einsatz schießt häufig auch über das Ziel hinaus – und das hat ernste Folgen.

Die vielleicht unangenehmste Eigenschaft des Internets ist sein gutes Gedächtnis. Das Internet vergisst nie. Das gilt auch und besonders für Inhalte, die in den sozialen Medien gepostet oder auf Video- und Fotoplattformen hochgeladen werden.

Wer allzu sorglos und freigiebig mit seinen persönlichen Daten umgeht, lädt möglicherweise zweifelhafte Naturen zu schädlichen Umtrieben ein. Das musste zum Beispiel die erfolgreiche Schweizer Influencerin Antonella Patitucci am eigenen Leib schmerzlich erfahren, als sie das Opfer eines Stalkers wurde, der sie im Internet entdeckte und anhand ihren veröffentlichten Daten im echten Leben ausfindig machte. Inzwischen hat Paitucci ihren erfolgreichen Account gelöscht, um den ständigen quälenden Nachstellungen zu entgehen.

Für wohl alle Eltern ist eine derartige Vorstellung ein echter Albtraum, und sie überlegen, wie sie ihre Kinder schützen können. Hier gilt es aber, die richtige Balance aus Schutz und Chance zu finden.

Wie bei vielen Dingen in der Pubertät ist auch bei der Nutzung der sozialen Medien ein Verbot völlig fehl am Platz. Social Media ist heute obligatorisch. Wer sich dem verweigert, wird abgehängt. Das gilt besonders für pubertierende Jugendliche. Ohne einen entsprechenden Zugang stempeln Sie Ihr Kind zum Außenseiter. Sie können das Rad nicht zurückdrehen – aber Sie können verhindern, dass es überdreht.

Für die Jugendlichen ist die künstliche Welt der sozialen Medien ein Rückzugsort, ein Fluchtpunkt, an dem gesellschaftliche Umbrüche, familiäre Probleme und natürlich die Symptome und Belastungen der Pubertät hinter einer glitzernden Kulisse verschwinden – wenigstens zeitweise. Je labiler das soziale Umfeld ist, desto größer ist die Versuchung, in diese Scheinwelt zu entfliehen. Es ist ein Spiel, in dem es um Sehen und Gesehenwerden geht, ein Spiel, das den Sehnsuchtsort »Heile Welt« zum Inhalt hat.

Eine heile Scheinwelt ist natürlich besonders da interessant, wo die Wirklichkeit deutlich davon abweicht. In einer intakten Familie, in der über alles gesprochen wird und ein grundsätzliches Vertrauensverhältnis vorhanden ist, verliert die alternative Online-Identität an Bedeutung. Oft werden bestimmte Posts oder Inhalte dann auch den Eltern gezeigt und es wird darüber gesprochen. Dabei ist es wichtig, dass die Kinder auf Verständnis und Interesse stoßen.

Besonders gefährlich sind im Internet die falschen Vorbilder. Die sogenannten Influencer, die ein erfolgreiches und begehrenswertes Leben vortäuschen, besitzen in vielen Fällen ein knallhartes finanzielles Interesse. Produkte werden nicht aus Überzeugung empfohlen, sondern weil die dahinterstehende Firma gutes Geld bezahlt.

Noch gefährlicher sind vermeintliche Idole, die ihren jugendlichen Zuschauern Glücksspielangebote nahebringen oder Alkohol und Zigaretten als cool verkaufen. James Dean wäre heute kein Filmstar – James Dean hätte einen YouTube-Kanal.

Kapitel 8: Drogen, Zigaretten, Alkohol und Spielsucht

Im Zeitalter des Internets könnte man sie fast vergessen, aber es gibt sie noch: die guten alten Süchte. Ganz ohne Digitalisierung spielen die analogen Versuchungen Drogen, Zigaretten, Alkohol und Spielsucht eine gefährliche Rolle.

Die bloßen Zahlen sind alarmierend: Trotz zahlreicher Suchtsubventionsprogramme steigt die Zahl der Drogendelikte von Jugendlichen kontinuierlich an. An der Spitze steht dabei Cannabis, das in der Gesellschaft immer mehr Akzeptanz findet und nach Ansicht vieler Experten verharmlost wird. Etwa 19 Prozent der Jugendlichen geben offen zu, schon einmal Cannabis konsumiert zu haben. Die Zahl der Raucher hat sich in den letzten 15 Jahren hingegen um ein Drittel verringert.

Die einzige gute Nachricht: Der Konsum von harten Drogen wie zum Beispiel Heroin oder Kokain ist unter Jugendlichen vergleichsweise gering. Trotzdem ist gerade hier natürlich jeder Einzelfall einer zu viel – und es kann Ihnen niemand garantieren, dass nicht Ihr Kind sich zu einem folgenschweren Experiment verleiten lässt. Das Internet erlaubt leider auch einen leichteren Zugang zu problematischen Stoffen, weil die Jugendlichen nicht mehr auf einen Dealer in räumlicher Nähe angewiesen sind.

Zwar ist auch der Konsum von riskantem Alkoholkonsum bei Jungen und Mädchen zurückgegangen, allerdings ist der Gesamtwert immer noch recht hoch. Deutschland ist ein Hochkonsumland, wobei etwa doppelt so viele Jungen wie Mädchen regelmäßig Alkohol trinken. Das berüchtigte Komasaufen, das in den letzten Jahren vielfach die Schlagzeilen beherrschte, ist inzwischen deutlich zurückgegangen. Trotzdem sind Tabak und Alkohol noch immer die Einstiegsdrogen, die den Jugendlichen häufig den Weg zu weiteren Rausch- und Suchtmitteln bereiten.

Ein weiterer Suchtfaktor ist das Online-Spiel: Dabei geht es nicht nur um Glücksspiel-Casinos im Internet, die auf den ersten Blick als solche zu erkennen sind und die eigentlich für Jugendliche ohnehin verboten sind. Natürlich stellen diese eine Gefahr dar, aber noch weit gefährlicher sind die Online-Spiele wie das derzeit angesagte Fortnite. Diese Spiele sind zum einen darauf ausgelegt, die Spieler zu immer weiteren Investitionen anzuhalten. Neue Waffen, Outfits, Fortschritte aller Art werden durch die Investition von Echtgeld erreicht. Das ist zwar nicht zwingend nötig, aber sehr verführerisch – und oft die einzige Möglichkeit für die Jugendlichen, ihre gleichaltrigen Konkurrenten zu überholen.

Eine weitere Gefahr, die von den Online-Spielen ausgeht, sind pädophile Nutzer. Erwachsene, die sich in vorwiegend von Kindern und Jugendlichen genutzten Spielen registrieren und selbst als Kind oder Jugendlicher ausgeben, um vermeintlich harmlose Kontakte zu knüpfen, die letzten Endes den sexuellen Missbrauch von Kindern und Jugendlichen zum Ziel haben.

Während die Wissenschaft zunehmend die Gefährdung der pubertierenden Jugendlichen durch die sogenannten Killerspiele relativiert, tritt die Spielsucht immer deutlicher als Risikofaktor hervor. Nicht die Art des Spiels ist gefährlich – die meisten Jugendlichen können sehr gut zwischen virtueller Gewalt und dem richtigen Leben unterscheiden –, sondern die Zeit, die mit dem Spiel verbracht wird. Das menschliche Gehirn ist nicht auf stundenlangen Medienkonsum ausgelegt: Das gilt besonders für die Pubertät, wenn das Gehirn eine besonders umfangreiche Entwicklungsphase durchmacht.

Kapitel 8.1: Warum gerade Pubertierende anfällig sind

Pubertierende wollen Grenzen ausloten und neue Beziehungen knüpfen. Gerade innerhalb der Gruppe ist der Zwang zu derartigen Experimenten aber immens hoch. Es ist kein Zufall, dass gerade viele Jugendliche in die Falle des Drogenkonsums und der Spielsucht tappen. In der Gruppe werden außerdem die gesundheitlichen Risiken, die mit Tabak, Alkohol und Cannabis verbunden sind, lächerlich gemacht und relativiert.

Neben der Entdeckerfreude und der natürlichen Neugier könnte es auch biologische Gründe geben: Im Feldversuch haben US-amerikanische Forscher festgestellt, dass das Gehirn junger Ratten mehr Dopamin ausschüttet, als es bei älteren Tieren der Fall ist. Dopamin ist für das Belohnungssystem des Gehirns wichtig. Das den Ratten verabreichte Kokain erzielte deshalb bei jüngeren Ratten einen höheren Effekt als bei älteren – entsprechend stärker sprachen die Jungtiere deshalb auch der Droge zu. Noch ist unklar, ob sich diese Erkenntnisse auf Menschen übertragen lassen, aber sie sind in jedem Fall ein Indiz, dass Jugendliche Drogen intensiver erleben als Erwachsene – und deshalb auch aus biologischen Gründen anfälliger sind.

Ein weiterer Grund, warum gerade Jugendliche in der Pubertät oft zu Drogen greifen, liegt in der Pubertät selbst begründet: Es strömt ungeheuer viel auf die Jugendlichen ein. Wir haben in vorherigen Kapiteln ausführlich darüber gesprochen, mit welchen Herausforderungen sich Jugendliche in der Pubertät auseinandersetzen müssen. Dieser immense Stress muss bewältigt werden – und Drogen versprechen dabei Hilfe. Drogen können nicht nur die Sorgen scheinbar reduzieren, sondern auch vorübergehend verborgene Kräfte beisetzen.

Sie wissen natürlich, dass Kräfte und Trost, der in den Drogen liegt, ein Trugschluss sind. Diese Erkenntnis müssen Sie aber auch Ihrem Kind vermitteln. Deshalb ist Aufklärung oberstes Gebot.

Kapitel 8.2: Aufklärung als oberstes Gebot

Es hilft weder Ihnen noch Ihren Kindern, wenn Sie den Kopf in den Sand stecken und so tun, als gäbe es die Gefahr nicht. Der Elefant steht nun einmal im Raum, ob Sie hinsehen oder nicht. Am besten folgen Sie deshalb der bewährten Maxime: Angriff ist die beste Verteidigung.

Wenn Ihr Kind damit beginnt, sich für Alkohol und Zigaretten zu interessieren, dann rufen Sie nicht das große Tabu aus und schwingen Sie auch nicht den bis zum Himmel erhobenen Zeigefinger. Gehen Sie nüchtern damit um. Wenn Ihr Kind nicht bei Ihnen probieren darf, dann wird es sich an anderer Stelle seine Erfahrungen suchen. Das heißt natürlich nicht, dass sich Väter jetzt einen feucht-fröhlichen Abend mit ihrem 13-jährigen Sohn machen sollen. Aber lassen Sie Ihr neugieriges Kind ruhig mal am Bier nippen. In den meisten Fällten hat sich das Thema dann erst einmal von selbst erledigt. Fast alle Kinder mögen nämlich weder Kaffee noch Bier und fühlen sich nur vom Reiz des Verbotenen angezogen. Zögern Sie aber nicht, offen mit Ihrem Kind über die verbundenen Gefahren für die Gesundheit zu sprechen, die auch von den akzeptierten Drogen Koffein und Alkohol ausgehen.

Beim Rauchen sieht es ein wenig anders aus. Zwar können Sie Ihr Kind nicht letztgültig daran hindern, diese Sache auszuprobieren, aber es sollte schon im Gespräch deutlich darauf hingewiesen werden, welche ernst zu nehmenden Folgen Nikotin auf die Gesundheit haben kann. Überhaupt ist sachliche und unaufgeregte Information ein probates Mittel der Prävention.

Nicht oft genug wiederholt werden kann die Warnung vor allzu häufigen und restriktiven Verboten. Derartige eng gefasste Vorschriften werden von den Jugendlichen als Provokation verstanden – und als Ansporn gedeutet, die Regeln jetzt erst recht zu brechen. Die Jungen und Mädchen in der Pubertät mögen schwierig sein – sie sind aber in den seltensten Fällen blöd. Sinnvolle Gespräche sind möglich, und oft zeigen sich die Jugendlichen dann auch einsichtig.

Soweit es Drogen betrifft, ist auch durchaus umstritten, wie wirksam Prävention ist: Mitunter kann ein umfassendes Thematisieren der Drogenproblematik an der Schule die Risikobereitschaft der Jugendlichen sogar steigern – das ist zumindest die These der jüngeren Forschung.

Natürlich spielt auch immer das Verhalten der Eltern eine Rolle. Wenn Papa mit der dicken Zigarre im Mundwinkel über die Gefahren des Rauchens referiert, dann fehlt dieser Mahnung womöglich ein Stück weit die Glaubwürdigkeit. Das Vorbild der Eltern sollte nicht unterschätzt werden: Auch wenn die Jugendlichen während der Pubertät alles Mögliche versuchen, um sich vom Elternhaus abzunabeln, orientieren sie sich immer noch am Verhalten von Vater und Mutter.

Bei Online-Spielen (nicht den Casino-Spielen, bei denen von Anfang an um Geld gespielt wird) und Computerspielen im Allgemeinen sollten Eltern nicht einfach bestimmte Spiele ganz verbieten (da hilft dann ohnehin schnell der Klassenkamerad), sondern die Zeit regulieren, die im Spiel verbracht werden darf – am besten im Dialog mit dem Sohn oder Tochter.

Kapitel 9: Die Grenzen des Respekts

Grenzen sind nicht mehr sehr gefragt in unserer modernen Welt. Viele Menschen möchten sie am liebsten komplett abschaffen. Während wir die Diskussion über Ländergrenzen gerne der Politik überlassen dürfen, kommen wir um Grenzen im persönlichen Bereich nicht herum. Grenzen sind nicht immer schlecht, sondern können zum einen der Orientierung dienen, zum anderen auch die Verwaltung erleichtern – oder überhaupt erst ermöglichen.

Ein Beispiel: Auch innerhalb Deutschlands gibt es nach wie vor Grenzen, wenn diese auch im Alltag kaum auffallen, weil natürlich niemand kontrolliert wird, der von einem Bundesland zum nächsten fährt. Das heißt nun aber nicht, dass diese Grenzen keine Auswirkungen hätten! In der Verwaltung, bei der Erhebung von Steuern und Zuständigkeiten der Behörden spielen sie sehr wohl eine Rolle. Und auch für Kinder und Jugendliche sind Grenzen wichtig.

Allerdings nehmen Jugendliche in der Pubertät Grenzdefinitionen nicht mehr so diskussionslos hin, wie sie das als Kinder getan haben (wobei auch Kinder schon gern an Grenzsteinen rütteln). Im täglichen Zusammenleben äußert sich dieses Rütteln an den Grenzen durch ein Verhalten, das Erwachsene gerne als vollkommen respektlos bezeichnen – weil sie es auch so empfinden.

Vonseiten der Jugendlichen ist das aber gar nicht unbedingt so gemeint. Auch untereinander zeigen sie dieses Gebaren, Rempeln, Schimpfen, Beleidigen, Beschädigen von Schultaschen und Mobiliar. Kurz: Sie erfüllen mit ihrem schlechten Benehmen alle Vorurteile, die ältere Generationen gerne in Bezug auf die Jugend pflegen. Woran liegt das?

Oft an schlechten Vorbildern: Manche Eltern benehmen sich im Alltag leider ganz ähnlich. Sie sind schnell mit Schimpfkaskaden bei der Hand, streiten sich mit den Nachbarn, drängeln an der Kasse, gehen wenig achtsam mit öffentlichem Eigentum um. Pflegen Vater und Mutter einen aggressiven Umgang untereinander, ist das für Kinder ein negativer Orientierungspunkt.

Oft liegt es aber auch einfach daran, dass die pubertierenden Jugendlichen nicht imstande sind, eine Situation und ihre eigene Reaktion darauf adäquat einzuschätzen. Sie reagieren auf Enttäuschungen völlig überzogen – und stoßen damit ungewollt ihr Umfeld vor den Kopf. Viele Grenzverletzungen sind keine bewusste Entscheidung Ihres Kindes, sondern schlicht eine Art Unfall. In diesem Fall sind Sie als Pannenhelfer und Rettungskraft gefragt, nicht als Unfallgegner.

Die Grenzen des Respekts gelten für Kinder und Erwachsene gleichermaßen. Wenn Sie ständig fluchen, wird es Ihnen schwerfallen, Ihrem Kind dieses Verhalten zu verbieten. Ihre wichtigste Waffe im Kampf gegen Respektlosigkeit sind Ruhe, Gelassenheit und Konsequenz. Das bedeutet aber nicht, dass Sie auf die Grenzen verzichten sollten. Im Gegenteil.

Kapitel 9.1: Wo liegen die Grenzen? Wie weit darf es gehen?

In der Geografie gibt es natürliche Grenzen. Das kann ein Fluss sein oder eine Bergkette. Weit häufiger werden Grenzen aber einfach definiert – mitunter ziemlich willkürlich. Im zwischenmenschlichen Bereich ist es ganz ähnlich.

Gute Eltern sind keineswegs Eltern, die alles erlauben. Im Gegenteil: Die Pubertät ist für die betroffenen Kinder und Jugendlichen vor allem eine Phase der Orientierungslosigkeit. Sie suchen Weg- und Bezugspunkte, weil das bisherige Koordinatensystem für die neu erreichten Dimensionen nicht mehr ausreicht. Solche Orientierungspunkte dürfen – und müssen – auch von den Eltern kommen.

Wenn sich Ihre Tochter zum Beispiel sehr sexualisiert und freizügig kleidet, dürfen Sie durchaus eine Grenze setzen. Denn das Mädchen tut sich damit selbst keinen Gefallen, sondern sendet Signale, die ein falsches Publikum anlocken und ihr unter Umständen selbst gefährlich werden. Das gilt umso mehr, wenn sie sich auf diese Weise im Internet präsentiert.

Verständnis vonseiten der Eltern bedeutet keineswegs, dass sie jedes Verhalten ihrer Kinder akzeptieren und dulden müssen. Das wäre sogar ein gefährlicher und folgenreicher Fehler. Es müssen klare Grenzen gezogen werden – die dann aber für beide Seiten gelten. Wenn der Papa die Mama im Schwitzkasten hält und dabei den Sohn oder die Tochter zu Respekt und Gewaltlosigkeit aufruft, dann wird dieser Appell wenig fruchten. Die Kinder müssen sehen, dass auch die Eltern die Grenzen des Respekts wahren.

Rechnen Sie damit, dass Ihr Kind sich im Ton vergreift – auch wegen Nichtigkeiten. Weil das Lieblingskleidungsstück nicht rechtzeitig getrocknet ist, weil ein Lieblingsessen nicht nachgekauft wurde, weil eine gewünschte Zusage nicht gegeben wird. Die Reaktion kann von einem trotzigen Tränen- und Wutausbruch bis zu derben Beleidigungen reichen.

In einer derartigen Situation sind Eltern zunächst einmal vor den Kopf gestoßen und gekränkt. Der Reflex zu einer harten Antwort liegt nahe. Eine solche würde sie aber nicht weiterbringen. Höchstens in die Bredouille. Denn Ihr Kind ist sich seiner Entgleisung vielleicht gar nicht bewusst – oder innerlich selbst erschrocken über seinen Wutausbruch. Es fehlt ihm während der Pubertät an emotionaler Kontrolle, das müssen Sie sich immer wieder bewusst machen.

Deshalb lautet die goldene Regel: Bleiben Sie ruhig, auch wenn es schwerfällt. Reagieren Sie souverän. Schreien Sie nicht zurück! Atmen Sie tief durch und erklären Sie Ihren Standpunkt in Ruhe. Immer wieder. Geduld ist eine Tugend. Vor allem Ihre – denn pubertierende Jugendliche sind nicht unbedingt damit gesegnet. Wenn Ihr Kind wegen einer Lappalie ein riesiges Drama aufführt – dann kanzeln Sie es trotzdem nicht einfach ab. Denn das ist doch das Problem der Pubertät: Ihr Kind ist zur Hälfte Kind und zur Hälfte auf dem Weg zum Erwachsenen. Das Heulen über die Kleinigkeit ist die Reaktion des Kindes – und das Kind will ernst genommen und getröstet werden.

Mit dem Jugendlichen hingegen können Sie verhandeln. Klären Sie im Gespräch die Frage: Wo beginnt die Toleranz?

Kapitel 9.2: Wo beginnt Toleranz?

Toleranz ist eines der meistgebrauchten Wörter der Moderne. Der Sinn, mit dem es gefüllt wird, unterscheidet sich aber mitunter ganz erheblich. Oft genug bezieht sich Toleranz nur auf die eigenen Vorstellungen und endet ganz schnell da, wo von diesen abgewichen wird.

Toleranz bedeutet in der Erziehung von Kindern und vor allem im Umgang mit Pubertierenden vor allem, sich selbst infrage zu stellen: Wo sind die Grenzen, die ich als Vater oder Mutter ziehen möchte, und wo stehen mir einfach nur meine eigenen Vorstellungen als subjektiver Maßstab im Weg? Ein einfaches Beispiel: Wenn Ihre Tochter oder Ihr Sohn Musik hört, die Ihnen nicht gefällt (was ziemlich sicher der Fall sein wird, wir reden gleich im nächsten Kapitel darüber), dann ist das weder ein Grund zur Beunruhigung noch ein Anlass für Verbote.

Toleranz und Respekt funktionieren dabei nie als Einbahnstraße. Sie beruhen immer auf Gegenseitigkeit. Auch das Kind muss lernen, die Grenzen seiner Eltern zu tolerieren. Es hilft sehr, darüber zu sprechen und einen gemeinsamen Konsens zu finden. Dieser wird von Kindern in den meisten Fällen eher respektiert als eine strenge und kompromisslose Verordnung vonseiten der Eltern.

Sie als Vater oder Mutter vergeben sich nichts, wenn Sie sich mit Ihren Kindern zum Gespräch hinsetzen und auch einmal über Grenzen verhandeln. Beim Gespräch stellen Sie vielleicht fest, dass Sie Ihrem Kind bei einer Sache entgegenkommen können, während eine andere völlig unverhandelbar ist. Im besten Fall führt dieser vertrauensvolle Austausch auch zu einem besseren Verständnis. Beharren Sie nicht starr auf Ihren Standpunkten, wenn Sie mit ein bisschen Entgegenkommen die Dinge in Bewegung bringen und entschärfen können.

Wenn es um die früher erwähnte freizügige Präsentation bei Instagram geht, können Sie Ihrem Sohn oder Ihrer Tochter (meistens sind es hier doch die Mädchen, die Ihren Körper als Währung nutzen) nicht entgegenkommen. Aber was spricht dagegen, die Ausgeh- oder Schlafengehzeit einmal um eine Viertel- oder halbe Stunde hinauszuschieben? Mit Ihrer Bewegung und Verhandlungsbereitschaft signalisieren Sie Ihrem Kind, dass Sie es ernst nehmen und auf Augenhöhe mit ihm umgehen möchten.

Seien Sie aber immer konsequent! Nichts ist so gefährlich, als in Ihrer Entschlussfestigkeit schwankende Eltern. Wenn Ihr Kind erst einmal herausbekommt, dass Ihre Entscheidungen und Vereinbarungen nicht fix sind, sondern mit genügend Theater gedehnt werden können, dann machen Sie sich erpressbar. Sie müssen in den Augen Ihres Kindes verlässlich sein – und zwar in alle Richtungen.

Toleranz und Respekt hängen sehr eng zusammen. Und es ist wichtig, dass die unterschiedlichen Gesichtspunkte ausgetauscht und respektiert werden. So werden auch Sie Ihr Kind besser verstehen. Keine Basta-Erziehung, sondern Beziehungsarbeit!

Kapitel 10: Von Gruftis, Ravern, Rappern bis hin zu Metalheads

Musik und Mode waren schon immer eng miteinander verknüpft – und für die Jugend ein wichtiger Code, um sich zu verständigen und eigene Identität zu finden. Heute sind die Möglichkeiten besonders vielfältig und die Jugendlichen stehen gleich mehreren Fraktionen gegenüber, denen Sie sich anschließen können. Darf ich bekanntmachen?

Da wären zum ersten und wichtigsten die Deutsch-Rapper. Rap ist ja diese Art von Musik, die ganz ohne Musik auskommt – finde ich jedenfalls. Ich gehöre aber auch der uncoolen Elterngeneration an. Wenn ich mich mit dem Nachwuchs über dieses Thema unterhalte, bekomme ich ganz andere Einschätzungen zu hören. Deutsch-Rap ist cool. Und inzwischen sogar irgendwie Mainstream, denn selbst Leute, die eigentlich gar nichts mit diesem Musikstil am Hut haben, können heute etwas mit den Namen Bushido, Sido oder Kollegah anfangen.

Zum Deutsch-Rap gehört die Gangster-Attitüde und teilweise problematische Texte, die nicht eingeweihte Eltern wegen Gewalt- und Sexfantasien mit den Ohren schlackern lassen. Übergroßer Respekt für Frauen und Schwule ist auch nicht unbedingt ein Markenzeichen des Deutsch-Rap. Deshalb ist diese Musikrichtung auch so umstritten und hat teilweise auch die Gerichte beschäftigt. Anhänger des Deutsch-Rap pflegen außerdem einen Kleidungsstil, der eigentlich genau das überhaupt nicht hat: Stil nämlich. Böse Zungen bezeichnen die umgedrehten Mützen, Muskel-Shirts, ausgebeulte Jacken und Hosen sowie Goldkettchen gerne als »Assi-Klamotten«. Aber das sind wirklich ganz böse Zungen.

Eng miteinander verwandt sind Raver und Techno-Fans. Das sind die Lieder, die gefühlt nur aus Percussion bestehen und bei denen die Köpfe und Körper zuckeln, als sei die ganze Disco voll von hochnervösen Wackeldackeln. Oder ein Tennispublikum auf Speed: Sie haben das vielleicht schon mal im Fernsehen gesehen, wenn in Wimbledon die Köpfe nach links und rechts klappen wie bei einem Metronom, immer dem Ball nach.

Gruftis sind leicht zu erkennen. Deren Kleidung und Auftreten bewegt sich zielsicher immer irgendwo zwischen Beerdigung und Halloween-Party. Auch im Hochsommer. Wobei sie da lieber in ihren dunklen Zimmern bleiben und laute Musik hören. Gruftis heißen auch Gothics, und ihre Musik klingt manchmal wie eine Mischung aus Kirchenmusik, Mittelalter und Rock.

Die Metalheads sind Liebhaber rustikaler Musikkunst. Sie mögen es laut. Sehr laut. Ach was, laut ist eigentlich gar kein Ausdruck. Wenn eine Abrissbirne singen würde, käme Heavy Metal dabei heraus. Der kehlige Gesang, der immer an einen heiseren Löwen erinnert, tut sein Übriges. Natürlich begleitet von voll aufgedrehten E-Gitarren. Wenn Sie einen Nachbarn haben, den Sie nicht leiden können, sollten Sie Ihren Sohn oder Ihre Tochter zum Heavy-Metal-Fan erziehen. Mit etwas Glück zieht der ungeliebte Nachbar dann bald freiwillig aus.

In gewisser Weise sind die Klänge und die Kleidung nichts weiter als ein Kokon, in den sich die Jugendlichen einspinnen wie eine Raupe, um irgendwann (hoffentlich) als schöner Schmetterling zu schlüpfen. Ein lauter und anstrengender Kokon, aber eben doch nur ein Kokon. Kein Grund zur Panik also – und schon gar nicht Anlass für übereilte Reaktionen.

Kapitel 10.1: Damals und heute – ein Generationenunterschied

Die Jugend hat ihre eigene Sprache, ihre eigenen Moden und ihre eigenen Trends. Als Erwachsener tut man sich damit mitunter recht schwer – und fühlt sich so richtig alt. Aber eigentlich hat sich gar nicht so viel geändert im Vergleich zu früher: Zu allen Zeiten hat die Jugend Musik gehört und Kleidung getragen, die bei den Erwachsenen ihrer Zeit nur für Naserümpfen gesorgt hat. Kennen Sie noch die Beatles? Oder Elvis Presley? Wirken heute irgendwie brav, waren damals aber schwere Revoluzzer. Schon diese Pilzköpfe! Wer geht denn bitte so auf die Straße?

Individualität und Abgrenzung sind Schüsselwörter der Pubertät. Und die Mode ist ein wichtiges Mittel, mit dem Ihr Kind genau diesen Zweck erreichen möchte. Heute ist das aber so schwer wie nie zuvor – weil sich die Generationen nicht mehr einheitlich kleiden. Haben Sie noch nie Mutter und Tochter beim Einkaufen gesehen und für Schwestern gehalten, weil der Kleidungsstil so ähnlich ist? Auch ältere Männer tragen ganz selbstverständlich Jeans, T-Shirt oder Biker-Jacke.

Akzeptiert wird heute fast alles. Weil nahezu jedermann seinen individuellen Kleidungsstil pflegt und anziehen darf, was immer er möchte, in allen denkbaren Kombinationen, müssen die Jugendlichen, die sich unbedingt abheben und auszeichnen möchten, zu immer radikaleren modischen Mitteln greifen. Dabei hilft Ihnen ein wachsendes Angebot im Internet, das ein praktisch unerschöpflicher Quell an neuen Ideen und Trends ist.

Eltern müssen sich auf diese Entwicklung einstellen und sollten nicht vergessen, dass hier im Kern dasselbe geschieht wie zu ihrer eigenen Jugend.

Wenn Sie alte Fotos aus Ihrer Schulzeit betrachten, dann werden Sie sicher das eine oder andere entdecken, das Ihnen heute peinlich ist. Und Ihre Kinder würden sich wahrscheinlich kaputtlachen. Denn eine Sache vereint die Generationen: Mit ein paar Jahren (oder Jahrzehnten) Abstand fragt man sich mitunter ganz ratlos, was man da früher eigentlich für einen Mist gehört oder getragen hat.

Übrigens ist Kindern und Jugendlichen die Marke einer Kleidung wichtiger als die Herkunft. Unter Umständen können Sie es also auch einmal mit Second-Hand-Ware versuchen, um das Budget zu drücken. Achten Sie aber auf seriöse Angebote, denn gerade die begehrten Marken werden gerne kopiert und als Fälschungen für vermeintlich günstige Preise im Internet angeboten.

Kapitel 10.2: Wann ist es genug?

Jetzt reicht's! Das ist ein Satz, der von den Pubertätswehen ihrer Kinder genervten Eltern durchaus einmal entfährt. Aber wann stimmt er eigentlich? Wann reicht es wirklich? Und was reicht überhaupt? Wir haben bisher immer wieder an die Verständnisbereitschaft der Eltern appelliert und Toleranz eingefordert. Das gilt im Kern auch jetzt noch. Aber nicht in jedem Fall.

Trotzdem sollten Sie grundsätzlich gute Mine zum bösen Spiel machen und Ihren Kindern während der Pubertät möglichst freie Hand lassen, wenn es um die Wahl der Kleidung geht. Sehr viel Einfluss haben Sie ohnehin nicht, und so mancher Jugendliche, der zu Hause von seinen Eltern gemaßregelt wurde, geht halbwegs korrekt gekleidet aus dem Haus und nimmt auf dem Schulweg noch kleine Korrekturen vor – bis hin zum kompletten Outfitwechsel.

Sprechen Sie auf jeden Fall mit Ihren Kindern über deren Modewünsche. Teilen Sie ruhig Ihre Gedanken mit, aber stellen Sie sich auch die Frage: Geht es nur um Geschmack, oder gibt es tiefergehende Gründe? Denken Sie daran: Kinder wollen und müssen ihren eigenen Weg finden, und Sie tun Ihrem Sohn oder Ihrer Tochter keinen Gefallen, wenn Sie ihn/sie ständig in die Enge drängen. Oft steckt auch nur die Lust am Ausprobieren dahinter.

Beziehen Sie Ihr Kind vor allem in die Auswahl der Kleidung mit ein. Die Zeit, in der Sie morgens bestimmt haben, was getragen wird, sind in der Pubertät vorbei – spätestens. Lassen Sie Ihr Kind auch seine Kleidung selbst kaufen, wenn es das möchte. Von den meisten Kleidungsstücken geht keine wirkliche Gefahr aus – außer, dass sich der Träger ein bisschen zum Obst macht. Aber Obst ist bekanntlich gesund, und gerade Kinder und Jugendliche brauchen viele Vitamine.

Manchmal hilft aber alles nichts, dann müssen Sie eingreifen – immer dann, wenn es um die Schattenseiten der Extreme geht.

Kapitel 10.3: Schattenseiten der Extreme

Sexualisierte Kleidung ist insbesondere bei Mädchen ein großes Thema. Eine 12-Jährige, die sich kleidet, als wäre sie 17 und allzu sehr ihre Reize betont, löst bei vielen Eltern Unwohlsein aus und kann auch gefährliche Begehrlichkeiten bei Männern wecken. Wenn Ihre Tochter sich intensiv schminkt, dann will Sie vielleicht nur verschiedene Schminktechniken ausprobieren und die Wirkung auf ihr Umfeld erproben. Wenn Sie sich allzu sehr aufregen, dann wird dieser »Skandal« möglicherweise als Erfolg verbucht.

Es ist absolut geboten, in einem solchen Fall das Gespräch zu suchen. Aber auch in diesem extremen Fall sollten Verbote die Ausnahme bleiben. Besser ist es, wenn sie einen Kompromiss aushandeln und Ihrer Tochter so weit wie möglich entgegenkommen, aber eben auch klare Grenzen ziehen. Es klingt abgedroschen und wurde schon so oft bemüht, aber es gibt einfach keinen Ersatz für das vertrauensvolle Gespräch. Das Schwierige daran für Sie: Sie müssen cool bleiben. Einfach immer cool bleiben, egal, was Ihnen Ihre Tochter oder Ihr Sohn an den Kopf wirft.

Schwierig wird es auch, wenn Ihr Kind fragwürdige Marken tragen möchte – zum Beispiel Thor Steinar, eine Bekleidungsmarke, die eindeutig dem rechtsextremen Spektrum zugeordnet wird. Zeigt Ihr Kind eine derartige Vorliebe, dann dürfen Sie diese Kleidung nicht nur verbieten, sondern sollten auch schnellstmöglich zu ergründen versuchen, ob dahinter eine politische Überzeugung steckt – oder nur die Lust am Provozieren.

Kapitel 11: Leistungen in der Schule

Ein geradezu klassisches Thema: die Schule. Manche Eltern können es kaum fassen, wie ihr geliebter Sprössling, der einst so stolz mit seiner Schultüte zur ersten Unterrichtsstunde aufgebrochen war, plötzlich gegen die Schule rebelliert.

Dahinter muss gar nicht immer gleich eine wirkliche Abneigung gegen die Schule stehen, sondern oft ist es auch einfach nur Überforderung. Der pubertierende Jugendliche bekommt die zahllosen Eindrücke, die auf ihn einströmen und die er verarbeiten muss, nicht mehr mit den schulischen Anforderungen in Einklang gebracht.

Stellen Sie sich vor, Sie fahren als Kind mit Ihren Eltern in einen Vergnügungspark, vielleicht nach Disneyland. Und am Eingang, wo es schon nach Zuckerwatte und Pommes riecht, fröhliche Musik herüberschallt und die ersten bunten Figuren und Gebäude zu sehen sind, sagen ihre Eltern plötzlich zu Ihnen: Jetzt machst du aber erst die Hausaufgaben. Da hätten Sie auch wenig Lust, nicht wahr?

Ein bisschen ist die Pubertät wie Disneyland. Okay, wie ein Disneyland mit ein paar wirklich dunklen Ecken. Aber es gibt so viel zu entdecken und zu lernen – da haben die Hausaufgaben Zeit. Denken die Kinder. Und dann kommt mitunter der Absturz. Oft ist es auch einfach das emotionale Chaos, das die Konzentration erschwert.

Das Paradoxe an der Pubertät: Obwohl die schulischen Leistungen oft einbrechen, sind die Jugendlichen eigentlich andauernd mit Lernen beschäftigt. Kaum eine Zeit, in der so viel gelernt wird wie die Pubertät – nur eben im wahrsten Sinne für das Leben und nicht für die Schule.

Nun ist aber die Schule für das Leben nicht eben unerheblich. Nicht, weil man so viel Wichtiges lernt, sondern weil die Abschlüsse eben eine entscheidende Weichenstellung für die spätere berufliche Laufbahn bedeuten. Deshalb muss man sich mit der Schule auseinandersetzen - wohl oder übel. Eltern können also nicht einfach verständnisvoll zur Seite sehen, wenn sich die Kinder an der Schule schwertun.

Für Jugendliche in der Pubertät sind Belohnungen wichtig. Das bedeutet: Positives Feedback, erstrebenswerte Anreize sind als Motivation äußerst wirksam. Bestrafungen hingegen zeigen kaum Wirkung. Eine englische Studie hat herausgefunden, dass Jugendliche sich bei einem Gewinnspiel mit Symbolen genau jene Zeichen, die mit Gewinnen belegt waren, besonders gut merken konnten - besser als Erwachsene. Diejenigen Symbole hingegen, die mit Strafen behaftet waren, konnten die Jugendlichen weniger gut wiedererkennen.

Das ist sehr interessant und heißt: Think positive! Lehrer können in der Schule ihre Inhalte auf diese Bedürfnisse ausrichten - und auch Eltern können mit positiven Anreizen arbeiten. Man könnte die richtige Erledigung der Hausarbeiten zum Beispiel einmal mit einer verlängerten Ausgehzeit am Wochenende belohnen. Oder die Erfüllung eines Kleidungswunsches an eine gute Zensur knüpfen.

Wichtig ist vor allem, dass eine positive Erwartungshaltung aufgebaut wird und kein negativer Druck. Loben Sie Ihr Kind für Erfolge und spornen Sie es an. Nehmen Sie sich auch die Zeit und helfen Sie einmal bei den Hausaufgaben, wenn es so gar nicht laufen will. Das heißt natürlich nicht, dass Sie Sohnemanns Aufsätze schreiben und Töchterchens Rechenaufgaben lösen sollen. Aber eine interessant gestaltete Zusammenarbeit bei der Bewältigung einer Aufgabe ist weit interessanter für die Kinder als ein langsames Arbeiten im Zimmer.

Oft hilft es auch schon, wenn die Jugendlichen nach der Schule erst einmal abschalten können. Bestehen Sie nicht auf eine sofortige Erledigung der Hausarbeiten, sondern handeln Sie einen Kompromiss aus: Eine Stunde Videospielen, dann eine Stunde Hausarbeiten. Oder so ähnlich. Sie kriegen das schon hin. Zur Not fragen Sie eben Ihre Kinder, die haben bestimmt eine Idee. Denn auch das hat die Pubertät: schöne Seiten. Vernünftige Gespräche mit den Kindern sind eine davon.

Kapitel 12: Die schönen Seiten der Pubertät

Wir hatten es im Vorwort versprochen: Pubertät ist eine schöne Zeit. Das war natürlich eine Übertreibung, aber tatsächlich hat diese besondere und oft schwierige Phase auch ihre schönen Seiten. Plötzlich kann man mit den Kindern etwas anfangen, der Gesprächshorizont weitet sich, das gegenseitige Verständnis wächst.

Es ist ein bisschen wie der Sprung vom Nichtschwimmerbecken mit Schwimmärmeln hin zum Tiefseetauchen. Das Erlernen der Technik kostet Schweiß und Nerven, aber wenn man die Gerätschaften erst einmal gebändigt hat und die Abläufe kennt, dann eröffnen sich neue Welten von einer bis dahin ungekannten Tiefe. Sie müssen sich nicht immer nur mit Ihren Kindern beschäftigen und sie bespaßen – sie können mit Ihnen richtig reden.

In der Pubertät zeigen die Kinder und Jugendlichen auch plötzlich individuelle Stärken. Sie freuen sich auch durchaus, wenn sie als Erwachsene behandelt und um Rat gefragt oder mit Aufgaben betraut werden. Sie möchten sich beweisen und zeigen gerne ihre Selbstständigkeit. Je ernster Sie Ihr Kind nehmen, desto reifer werden Sie es erleben. Nicht immer, aber immer öfter.

Viele Streit-Themen lassen sich vermeiden, wenn die Beziehung zwischen Eltern und Kindern stimmt. Wenn es am Anfang noch wegen jeder Kleinigkeit knirscht und zischt, die Eltern aber ruhig bleiben, dann lernt das Kind eine neue Diskussionskultur kennen und aus dem Streit wird ein Gespräch. Das ist für beide Seiten bereichernd!

Die Welt verändert sich so schnell wie noch nie zuvor. Und niemand begreift diese Veränderungen schneller als Kinder und Jugendliche während der Pubertät. Lassen Sie sich die moderne Technik, die Sie nicht ganz durchschauen, ruhig einmal von Ihren Kindern erklären. Hören Sie vorurteilsfrei zu, wenn Ihr Kind Ihnen angesagte Trends erklärt. Versuchen Sie, die Begeisterung oder das Interesse nachzuvollziehen. Das wird auch Ihnen Türen öffnen.

Denn es ist keineswegs so, dass Pubertierende nur lernen – sie sind mitunter auch ganz großartige und wertvolle Lehrer. Wenn man sie lässt. Manchmal müssen Sie nur das Gewitter aushalten und warten, bis die Sonne wieder zum Vorschein kommt – plötzlich sieht die Wiese so saftig und grün aus wie nie zuvor. Aus dem hässlichen Entlein ist bekanntlich ein schöner Schwan geworden: Die Pubertät verspricht Ihnen Ähnliches, wenn Sie es nur richtig anstellen.

Resümee

Na, das war doch gar nicht so schlimm? Mit der Pubertät verhält es sich ein bisschen wie mit einem Zahnarztbesuch: Man sieht dem Ganzen mit banger Erwartung und ein wenig Furcht entgegen, nur um im Anschluss festzustellen: Es hat ja gar nicht wehgetan. Jedenfalls nicht so sehr, wie man sich das vielleicht im Vorfeld ausgemalt hat.

Ich meine: Früher haben wir uns geschämt, mit zerrissenen Klamotten nach Hause zu kommen – heute schämen sich die Kinder, ohne zerrissene Hosen auf die Straße zu gehen. Wussten Sie, dass Hosen mit Löchern teurer sein können als solche ohne? Und warum verkauft ein Edel-Modelabel wie Gucci jetzt für teures Geld Hosen mit Grasflecken? Wir haben die zu meiner Zeit immer selbst hinbekommen. Unbezahlt. Höchstens eine Standpauke von Muttern gab's, wenn der Wäschekorb wieder übervoll war. Heute ist das ein Statussymbol! Muss ich das verstehen? Nein. Will ich das überhaupt verstehen? Erst recht nicht. Macht es im Verhältnis zu meinen Kindern einen Unterschied? In keiner Weise.

Immer wieder gerne denke ich an den Satz zurück, mit dem mich meine Frau am Abend häufig begrüßte: »Na, hast du heute schon unseren Sohn kennengelernt?« Tatsächlich war der Sohn des einen Tages oft grundverschieden von dem Sohn des anderen Tages. Und später bei unserer Tochter war es nicht viel anders. Es war ein Rubbellos, bei dem jeden Tag aufs Neue spannend war, was unter dem Feld wohl zum Vorschein kommen würde. Und wie es bei einer Lotterie so ist: Mal gewinnt man, mal verliert man. Man darf nur eben nicht aufhören, die Felder freizurubbeln. Was natürlich nicht heißen soll, dass ich Sie an dieser Stelle zum Glücksspiel auffordern möchte. Aber es ist ein bisschen vom Glück und von der Tagesform abhängig, was Ihnen begegnet.

Die beste Vorbereitung auf die Pubertät beginnt bei der Geburt. Beschäftigen Sie sich von Anfang so viel wie möglich mit Ihrem Kind und sorgen Sie für ein allmählich wachsendes Nähe- und Vertrauensverhältnis. Vertrauen lässt sich nicht an- und ausknipsen wie eine Stehlampe. Es muss beständig gehegt und gepflegt werden. Wenn Ihr Kind Ihnen vertraut und eine enge Beziehung mit Ihnen pflegt, dann wird die Pubertät deshalb nicht zum Selbstläufer. Und es kann auch trotzdem zu schmerzhaften Abnabelungsprozessen kommen. Aber es ist ein gutes Fundament gelegt, ein verlässliches Sicherheitsnetz gespannt, ein kräftiger Airbag aufgepolstert.

Und wenn am Ende alles vorbei ist, dann können Sie irgendwann mit Ihren Kindern auf der Couch sitzen und sagen: War doch gar nicht so schlimm.

Ich wünsche Ihnen fröhliches Pubertieren!

Printed in Poland
by Amazon Fulfillment
Poland Sp. z o.o., Wrocław

75831344R00171